자연법의 문제들

박 은 정 저

세창출판사

Problems of Natural Law

by

Un Jong Pak

Professor of Law, Seoul National University

2007

Sechang Publishing Co.
Seoul Korea

머 리 말

20년 전 저자는 『자연법사상』을 출간한 바 있다. 부제에서도 드러났듯이 그 책은 자연법론을 실천에 관한 일반이론의 문제로서, 그리고 '실천철학의 복권'의 맥락에서 다루었다. 그러는 가운데 저자는 우리 법철학계에서 자연법을 둘러싼 논의가, 이론적으로는 법의 문제를 가능한 한 덜 단편적으로 포착할 수 있도록 하는 데 보탬을 주고, 실천적으로는 보다 나은 법에 대한 호소와 함께 우리 사회의 법치문화를 한 단계 높이는 비판적 성찰을 촉구하는 데 기여할 수 있다고 생각했다.

20년이 지난 지금도 이러한 생각에는 변함이 없다. 같은 맥락에서 저자는 예나 이제나 자연법론을 정법론으로 파악하며, 자연법의 이념을 궁극적으로 인간이념에 가닿는 것으로 이해한다.

그러므로 서양에서 가장 오래된 법사상이요 법개념과 법이념의 보고(寶庫)인 '자연법 다시보기'를 통해, 저자는 기본입장에 있어서나 독자에 대한 바람에 있어서 변한 것이 없다는 것을 밝힌다. 다만 『자연법사상』이 법학도 이외에도 철학도, 사회과학도를 염두에 두고 쓰였다면, 이번의 책은 법학도를 더 염두에 두었다.

이 책의 일정 부분은 전작(前作)으로부터 발췌된 것이다. 제4장의 일부와 제6장, 제7장, 그리고 제8장이 그러하다. 사실 수년 전부터 저자는 『자연법사상』의 절판을 아쉬워하는 학계 일각의 몇 분들과 독자들의 말을 들어왔다. 그러나 저자는 『자연법사상』의 새로운 판을 내기보다는, 오늘날 법철학계의 논의 동향을 주시하면서 자연법의 문제를 좀더 법학도의 시각에서 다루는 새로운 저술을 택했다. 그러면서 자연법 이해에 도움이 되는 기본 내용이 담긴 전작(前作)의 일부를 이 책에 싣기로 한 것이다. 그러나 물론 그 부분에 대해서도 내용을 일부 수정, 보충하고 가독성을 높이는 방향으로 문장을 다듬었다. 제10장은 저자가 편역한 『라드브루흐의 법철학』(문학과지성사, 1989)에 실었던 논문을 토대로 쓴 것이다.

저자가 몸담고 있는 대학을 위시하여 법과대학들은 이즈음 법학전문대학원, 즉 로스쿨 준비에 여념이 없다. 학부에서 다양한 영역에서 폭넓게 공부한 후에 법학을 전공케 한다는 본래의 교육이념에 충실한다면, 로스쿨에서 특별히 법철학 등 기초법이 부실해지리라는 전망은 기우에 불과할 것이다. 그리하여 저자는 『자연법의 문제들』이 로스쿨에서도 살아남아 법학도들에게 일단의 고민거리, 생각거리를 제공하게 되기를 강력히 희망한다.

끝으로 이 책이 나오도록 물리적 여건을 마련해준 세창출판사에 깊이 감사드린다.

2007년 7월

박 은 정

차 례

제 4 장

제 5 장

제 6 장

자연법의 문제들

Problems of Natural Law

제1장

자연법의 개념과 문제점

Ⅰ. 왜 자연법인가?

서양에서는 아주 오래 전부터 권한을 가진 당국에 의해 제정되었거나 혹은 사람들 사이의 약정 등 인위적 제정이라는 권위에 의존하지 않고도 법과 국가기관, 그 중에서도 특히 입법자를 구속하는 법이념이 있었다. 그래서 만약 입법자에 의해서 제성된 실정법의 내용이 이에 합당하면 정당하다고 생각하고 또 승인하지만, 실정법이 이 법이념에 합치하지 않으면 부당하며 그래서 비판을 받아 마땅하다고 생각할 뿐 아니라 심지어는 저항의 대상이 된다고 보았던 것이다. 이 법을 고대 희랍 사상가들은 사람이 제정한 법인 실정법(νόμῳ δίκαιον)과 구별하여 '자연법(φύσει δίκαιον)' 즉 '자연으로부터의 법', '자연에 합당한 법', '사언에 따라 옳은 법'이라고 불렀다. 이 법은 로마세계에도 이어져 '자연법(ius naturae)'으로 불렸으며, 서구 근대에 이르러서는 '이성법(Vernunftrecht)'이라고 불리기도 했다. 그것은 우주의 본질에 근거하고 이성에 의해 인식될 수 있는 어떤 객관적 규범원리가 있다는 데 대한 줄기찬 주장이었다. 고대 희랍 이래 수천 년 동안 실질적으로 정당한 규범원리에 대한 탐구는 이 자연법이라는 이름으로 다루어져 왔다. 적어도 19

세기 이전까지 서구에서 법철학의 역사는 다름 아닌 자연법의 역사였다.

자연법은 선(先)실정적이고 초(超)실정적인 법이념으로서 법의 윤리적 척도의 구실을 해왔다. 실정법에 대한 척도이념이었던 까닭에, 자연법은 실정법과 충돌할 때 언제나 효력에 있어서 실정법의 우위에 놓이는 것으로 이해되었다. 즉 법학 안에서 자연법에 대한 주된 이미지는 부당한 법 즉 악법은 법이 아니라는 주제로 요약되어 왔다. 자연법론자들은 법이 가진 힘은 그 정당성의 정도에 달려 있다고 보고, 이 정당성원리를 '자연'에 대한—그것이 인간의 자연(본성)이든, 우주적 혹은 신적 자연개념이든—관찰을 통해 이끌어 낼 수 있다고 본 것이다. "…정당하지 못한 법은 결코 법이 아니라고 생각한다. 결국 법이 가진 힘은 그것의 정당성의 정도에 달려 있다. … 인간이 정한 모든 법은 자연법에서 도출된 한에 있어서만 법의 본질을 지닌다. 그러나 어떤 면에서든 자연법에서 이탈하면 그것은 더 이상 법이 아니라 법의 타락인 것이다."[1)]

자연법이론의 대가 토마스 아퀴나스(Thomas Aquinas)의 위의 표현은 제2차 세계대전 직후 "법률적인 불법과 초법률적인 법"이라는 짤막한 논문을 통해 다시 자연법의 의의를 강조한 구스타프 라드브루흐(Gustav Radbruch)에게도 생생하게 살아 있다. "정의가 조금도 추구되지 않은 경우, 정의의 핵을 이루는 평등이 실정법을 제정할 때에 의식적으로 부정된 경우 이와 같은 법률은 단순한 '악법'이 아니라 오히려 법으로서의 본질을 전혀 결여한 것이다. 왜냐하면 사람들이 법이라고 칭할 때에는 그것이 실정법이라 하여도 그 의미로 보아서 정의에 봉사하도록 정하여진 제도나 규정으로 정의하여야 하지 이와 전혀 다르게 할 수는 없기 때문이

1) Summa Theologiae, Ⅰ-Ⅱ, q.95. *Die Deutsche Thomas-Ausgabe,* Gemeinschaftsverlag, 1951 사용.

다."[2] 이와 같은 척도에 비추어 결코 타당한 법으로서의 존엄성을 획득할 수 없었던 나치의 법을 그는 "법률적인 불법"으로 지칭했던 것이며, 그러므로 "초법률적인 법"이란 바로 자연법을 뜻했던 것이다.

자연법은 법과 국가제도뿐만 아니라 일체의 윤리적 실천영역을 망라한, 즉 인간에 있어서 일체의 실천을 위한 초실정적 구속력에 대한 총괄 개념이기도 했다. 그런 만큼 자연법사상은 일반 윤리학논의로부터도 많은 영향을 받아왔다. "인간은 어떻게 살아야 하는가"라는 물음은 "자연에 합당하게 살아라"라는 대답을 통해 풍성하게 논의되어 왔던 것이다. 이러한 의미에서 자연법론은 '실천을 위한 보편이론'[3]으로 소개되기도 하는 것이다.

오늘날 자연법적 사고로 간주되는 많은 부분들은 윤리적 전통에서 발전된 것이기도 하다.[4] 특히 기독교 윤리가 자연법에 끼친 영향은 지대하다.[5] 그러나 자연법의 사유전통이 윤리학으로부터 영향을 받았다 하여 자연법론을 도덕이론의 일종으로 이해해서는 안 된다.

서구의 사유전통이 일체의 실천을 위한 전제를 추구하면서 유독 법의 옷을 걸치고자 했음은 특별히 유념할 필요가 있다. 자연법은 생활실천에 대한 철학적 반성이 법의 옷을 걸치고 이루어질 수 있었던 서구의 독특한 사유전통을 만들어냈다. 오늘날 법치주의가 단순한 법률적 개념이 아니라 문화적 차원의 그것으로 받아

2) 구스타프 라드브루흐, 『법에 있어서의 인간』, 손지열·황우려 공역, 육법사, 1981, 143, 144면.

3) 필자의 『자연법사상』(민음사, 1987)의 부제는 그런 의미에서 '실천을 위한 보편이론'이다.

4) 이에 대해서는 Boyle, "Natural Law and the Ethics of Tradition," in: *Natural Law Theory*, Robert P. George (ed.), Oxford, 1994, 3면 이하 참조.

5) 기독교 자연법과 일반 자연법의 관계에 대해서는 알렉산더 홀러바흐, "일반 자연법의 관점에서 본 기독교 자연법," 『법철학과 법사학』, 최종고/박은정 역, 삼영사, 1984, 8-48면 참조.

들여지게 된 것도, 수천 년을 지속해 내려오면서 법사고를 윤리적·철학적 사고에 연관시킨 자연법의 전통과 무관하지 않을 것이다. 오늘날 자연법적 사고를 필요로 하는 법철학의 문제영역들은 대체로 법판단에서 정치적 도덕성의 국면을 보여주는 영역들이며, 기본적으로 법과 도덕의 관계에 관한 설명을 거쳐서 논의될 문제들인 것이다.

근대국가의 탄생은 자연법개념이 없이는 설명하기 어렵다. 자연법은 16세기 말까지의 유럽의 정치, 경제, 사회 변화를 법이론적으로 수렴시켜서 근대국가를 탄생케 한 이념이다. 자연법논의는 근대에 전성기를 맞아 법 및 국가철학의 핵심을 이루면서 서구 근대법의 발전과 국가발전에 결정적인 영향을 미쳤던 것이다.

근대 자연법은 구체제를 비판하고 무너뜨리는 이념적 무기였는가 하면, 새로운 국가법체제를 확립하고 정당화하는 이론구성의 발판이 되었기도 했다. 즉 근대에서 자연법적 요청은 단순히 이념으로만 머물지 않고 혁명을 통해 정치적으로 실현되었던 것이다. 자유와 평등이라는 프랑스 혁명이념이 바로 그것이다. 이 점에서 근대자연법은 이념적 인식을 사회현실에 연결시키는 과정, 즉 '제도화', '실정화'에 동반된 이념이었다. 혁명을 통해 자연법적 요청의 주요부분들은 제도화 즉 입법화될 수 있었으니, 그것이 바로 근대 헌법의 탄생이었던 것이다. 근대법을 모태로 발전하여 그 연속선상에 놓이는 것이 현대법이라면, 우리는 오늘의 법문제들을 제대로 이해하기 위해서도 그 이념적 철학적 원천에 해당하는 자연법에 대해 공부하지 않으면 안 된다.

17,8세기에는 '시대의 철학'으로 군림했던 자연법론은 19세기에 들어서면서 법학에서 퇴조를 보이게 된다. 자연법이념이 부분적으로 제도화되면서 법비판 내지 법쇄신의 동기가 자연스럽게 수그러들게 된 것이다. 자연법의 주요 요청이나 내용이 헌법이라는 국가법질서에 실정화되면서, 자연법은 법으로서의 성격도 서서히

잃게 된다. 자연법은 실정법과의 관계에서 효력상 우위를 점한다는 규범적 지위로부터 이제 '도덕철학'으로, 아니면 '실정법의 철학'으로 옮겨 앉게 된 것이다.

20세기에 들어와 법치국가 재건이라는 시대요청 앞에서 자연법 논의는 다시 부활한다. 제2차 세계대전 직후 파시즘의 인권유린을 야기한 실정법체제의 청산을 위해 다시 등장한 자연법론은 입법 및 판결실무에 커다란 영향을 미치면서 '자연법의 르네상스'로 통용되기도 했다. 법의식의 쇄신 및 법치국가의 확립에 공헌한 이러한 논의 분위기는 독일 등 유럽에만 국한했던 게 아니라 실로 세계적인 흐름으로 나타났다.[6] 전후 자연법의 재생요인으로서 역사적 정치적 요인 이외에, 교회법이론에서의 사연법사상의 지속, 사회주의의 법실증주의 비판, 국제법의 융성 등을 드는 학자들도 있다. 1948년 유엔인권선언이나 1950년 유럽인권협약은 당시 국제법 논의 무대에 자연법 바람이 가세하면서 실현된 것이었다.

나치의 악법이 청산되고 법치국가가 다시 안정을 되찾게되면서 자연법논의는 다시 후퇴하는가 싶었다. 어느 법률가는 "정법을 위한 풍성한 보장책이 이미 관습화된"[7] 오늘날과 같은 자유민주 법치국가에서는 자연법은 저 시대의 유물일 뿐이라고 단언하기도

---

6) 독일 Heinrich Rommen, *Die ewige Wiederkehr des Naturrechts,* München, 1947(제2판); Erik Wolf, *Das Problem der Naturrechtslehre. Versuch einer Orientierung,* Karlsruhe, 1955; 프랑스 A. P. d'Entrèves, *Natural Law : An Introduction to legal Philosophy,* London, Jacques Maritain, *Les Droits De L'homme ET La Loi Naturelle,* French and & European pubns, 1945; 오스트리아 Heinrich Mitteis, *Über das Naturrecht,* Berlin, 1948; Johannes Messner, *Naturrecht. Handbuch der Gesellschaftethik, Staatsethik und Wirtschaftsethik,* Innsbruck/Wien/München, 1950; Alfred Verdross, *Statisches und dynamisches Naturrecht,* Freiburg, 1971; 스위스 Hans Ryffel, *Das Naturrecht. Ein Beitrag zu seiner Kritik und Rechtfertigung vom Standpunkt grundsätzlicher Philosophie,* Lungern, 1944; 미국 Leo Strauss, *Natural Right and History,* University of Chicago Press, 1953; 일본, 田中耕太郎, 『自然法と世界法 : 田中先生還暦記念』, 有斐閣, 1954.

7) 전 독일연방대법원장 G. Mueller, Naturrecht und Grundgesetz, 1967, 15면.

했다. 그러나 이러한 단언은 성급한 감이 없지 않았다.

법에 관한 가장 오래된 철학이요 법이념의 보고(寶庫)인 자연법사상은 21세기를 들어서는 전환시점에서 실정법에 위탁된 새로운 과제를 환기시키면서 다시 부상하고 있다. 지난 20여년 이래 법철학계에서 강세를 나타내기 시작하는 목적적·정책적·규범적 논의들은, 설사 논자들이 자연법개념에 대해 직접 혹은 간접적으로 언급하지 않았다 할지라도, 자연법의 포괄적 이념과 그 사유전통에 닿아 있다고 생각한다. 자유민주국가의 법적 안정성 이념과 사회적 복지국가의 정의 이념의 통합, 세계화 시대의 법다원주의 논의, 가치상대주의의 극복, 생명복제 등 첨단과학기술시대에서의 윤리와 복지의 조화, 지속가능한 발전, 미래세대를 위한 정의로운 저축 … 이 모든 이론적 과제들은 실정법질서를 다시 한 번 비판적으로 성찰하면서 법사고의 새로운 지평을 열 것을 요구하고 있다.

Ⅱ. 자연법개념의 다의성

지난 2500년 동안 서양에서 자연법이라는 표현은 지속되었으나 그 개념의 의미는 동일하지 않았다. 예컨대 로마의 자연법은 근대자연법에서와 같은 자연적 권리, 즉 자연권개념을 알지 못했다. 또한 그 시대에는 중세처럼 실정법을 전적으로 자연법에 종속된 지위에 놓이는 것으로 이해하지도 않았다. 자연법적인 것이 초월적·종교적 색채를 띤 적도 있었으나 그렇지 않은 시대도 많았다.

자연법개념에 있어서 많은 혼란은 자연개념 자체의 모호성에 기초하고 있는 것은 사실이다. 자연개념의 다의성 내지 모호성은 자연법에 관한 의미 있는 논의 자체를 불가능하게 여길 정도로 우리를 혼란스럽게 한다. 예컨대 아리스토텔레스만 해도 적어도 세 가지 이상의 자연개념을 구사하고 있다. 즉 그는 자연이 변한다는 사실을 설명하면서, 자연에 따르면 오른손이 강하지만 사람에 따라서는 양쪽 손을 똑같이 사용하는 사람도 있다는 예를 들었다. 이때 자연개념은 단순히 인간이 물리적으로 행동하는 양식으로 이해될 수 있겠다. 또 타락한 세 가지 국가형태—Tyrannis, Oligarchie, Demokratie—에 대해서 언급하는 대목에서는 이러한 형태들이 "자연적으로 생겨날 수밖에 없다"고 말함으로써, 현실적 자연개념에 의지하고 있다. 이에 비해 Tyrannis는 자연에 위배된다고 지적한 대목에서는 분명 자연개념은 규범적으로 이상적인 가치규준을 시사하고 있다.[8)]

『자연법론의 문제』에서 독일의 법철학자 에릭 볼프는 다양한 자연개념과 법개념을 분류하여 이에 따라 22가지나 되는 자연법 개념들을 늘어놓기도 했다.[9)] 자연법의 개념사를 훑으면서 볼프는, 자연개념과 법개념을 무엇으로 파악했는가에 따라 자연법의 의미가 어떻게 변천했는지 나열했다. 그에 의하면 우선, 자연을 본질의 고유함으로 파악하면 자연법은 '존재법'으로, 원천성으로 파악하면 '원초질서'로, 순수성으로 파악하면 '고결한 상태'로, 인과성으로 파악하면 '자연법칙'으로, 합리성으로 파악하면 '이성법'으로, 그리고 자연을 이상적인 어떤 것으로 파악하면 자연법은 '법이념'으로 각각 규정된다. 그런가 하면 자연을 사실성 혹은 사물의 속성으로 생각한 사람에게는 자연법은 '사물정의' 내지는 '사물의 본성'으로, 창조성으로 인식한 사람에게는 '창조질서'로, 단순히 현실의 활력으로 생각한 사람에게는 강자 혹은 다수의 '실력법'으로, 또 사회성으로 이해한 사람에게는 자연법은 보수적

---

8) 이에 대해서는 박은정, 앞의 책, 166, 167면 참조.

9) Erik Wolf, *Das Problem der Naturrechtslehre,* Karlsruhe, 1964(1955), 27면 이하 참조.

혹은 혁명적 정치색을 띤 '시대정신'으로 각각 정의되었다는 것이다.

볼프에 의하면 또 자연법론자들이 '법'개념을 무엇으로 파악했는가에 따라서도 자연법개념은 달라질 수밖에 없었다. 우선 법을 '질서' 내지 객관적 의미로 본 경우, 자연법은 입법을 위한 학설체계 내지 모델로 생각되었다. 한편 법이 어떤 요청 내지 주관적 의미의 법으로 이해된 경우, 자연법은 개인이 타고난 권리의 총괄개념 혹은 '인격법'으로 간주되었다. 또 법이 실정적인 법으로 파악된 경우에는 자연법은 '형평법'으로, 법이 정의로 파악된 때에는 자연법은 절대적으로 타당한 형식법'이념' 아니면 상대적으로 타당한 실질법'이념'으로 규정되었다. 그런가 하면 법이 순전히 유용성의 각도에서 파악된 경우에는 자연법은 개인적인 혹은 상대적인 '행복'을 위한 규범으로 이해되었다. 그 밖에 법이 단지 안정성을 확보해 주는 것이어야 했을 때는 자연법은 '좋은, 그리고 오래된 법'으로, 그리고 마지막으로 법이 인도성에 기여하고자 했을 때는 자연법은 '인권'의 총괄개념으로 나타났다는 것이다.[10)]

사실 자연법에 있어서 처음부터 문제시된 것은 규범력의 원천으로서의 자연이란 과연 무엇을 일컫는가 하는 것이었다. 그것은 우주론적 원리의 의미의 자연인가? 인과적 물리현상으로서의 자연인가? 창조주의 섭리로서의 자연인가? 인간본성으로서의 자연인가? 또 그렇다면 이념형으로서의 인간의 자연인가 아니면 현실형으로서의 그것인가? 그리하여 이성적 자연인가 아니면 의지적·충동적 자연인가? 불변의 자연인가 아니면 가변적인 자연인가? 요컨대 자연개념을 어떻게 이해하느냐에 따라 자연법을 둘러싼 무수한 이론의 대립상들이 나타난다. 절대적 자연법과 상대적 자연법, 이념적 자연법과 실존적 자연법, 기독교적 자연법과 세속

---

10) 이에 대하여 자세히는 박은정, 앞의 책, 209, 210면 참조.

적 자연법, 보수적·순응적 자연법과 혁명적·해방적 자연법, 일차적 자연법과 이차적 자연법, 체계적 자연법과 비체계적 자연법, 불변의 자연법과 가변적 자연법, 정적 자연법과 역동적 자연법, 추상적 자연법과 구체적·역사적 자연법 등등….

자연법론은 당위의 내용을 자연으로부터 도출하고자 했으며, 아리스토텔레스 이래 이 당위의 내용도출의 방법은 모든 시대에 통용될 수 있었지만, 도출된 당위내용, 즉 무엇을 자연에 합당한 것으로 혹은 자연에 반하는 것으로 보았는지는 시대와 저자에 따라 저마다 달랐던 것이다. 이 점에서 벨첼은 자연법을 비판하면서 모든 자연법론은 일종의 순환논법에 빠져 있을 수밖에 없다고 주장했다. "사람들은 자연에 부합되는 것을 타락한 사물로부터가 아니라, 최선의 ('자연에 합당한') 상태에 있는 사물로부터 도출해야 한다. 이러한 과정이 순환논법임은 명백하다. 즉, 우리는 무엇이 '자연에 합당한 것'인지 혹은 '자연에 반하는 것'인지를 확인할 수 있기 전에, 먼저 무엇이 사물의 최선의 상태인지 혹은 타락한 상태인지를 알아내야 한다. 그러므로 '선'이나 '악'을 '자연에 합당한 것'이나 '자연에 반하는 것'으로부터 얻을 수는 없다. 실제로는 그 반대이다. 자연법론자들은 가치표상을 사물에 투입하고 나서, 그 가치표상을 '자연적인 것' 혹은 '자연에 반하는 것'으로 거기서 다시 끄집어 내보이는 것이다."[11]

Ⅲ. 자연법의 기능

이렇듯 다의적인 자연개념 그리고 이에 따른 천태만상의 자연법이론들을 앞에 두고, 혹자들은 절망한 나머지 자연법에 대한

11) 한스 벨첼, 『자연법과 실질적 정의』, 박은정 역, 삼영사, 2002, 338면.

학문적 논의가능성 자체에 대해서 회의하기도 한다. 그러나 그러한 태도는 성급한 것이다. 무엇보다도 우리는 법의 본질에 대한 문제를 너무 의미론적으로 접근해간 감이 없지 않다. 법개념에 대한 의미분석적 접근이 한계를 안고 있듯이, 자연법개념에 대한 의미론적 접근도 한계를 지닌다고 보지 않을 수 없다. 자연법은 서구 정신사의 성과요, 역사적 변천의 산물이다. 그런 만큼 자연법 개념과, 그 이론 및 그 내용이 다양할 수밖에 없음은 당연하다. 자연법이라는 표현은 참으로 다양한 목적에 종사했으며 내용도 다양했고, 이에 따라 서로 각축하는 자연법이론들이 이어져 왔다.

자연법과 더불어 우리가 주목해야 할 것은, 다양한 자연법개념들 혹은 자연법내용들이 아니라 그 사회적 기능이다. 흔히 전통적인 자연법에 가해지는 비판은 자연법의 주장이 추상적이며 구체적인 내용이 없고, 있다 하더라도 아주 상반된다는 것이었다. 그러나 이 점은 자연법의 기능이 결코 법원에서 다투는 기술적인 문제를 해결하는 데 있지 않았음을 간과한 것이다.[12] 우리는 그 내용에 있어서 혼란스러울 정도의 다양성에도 불구하고 역사에서 자연법의 기능은 한결 같았다는 것을 주목할 필요가 있다. 즉 어떤 자연을 규범력을 가진 자연으로 볼 것인가에 대해서는 의견이 일치하지 않았다 하더라도, 그래서 서로 다른 자연법내용이 주장되었다 할지라도, 올바른 규범적 판단의 기초가 되는 자연법원리가 존재한다는 주장만큼은 면면이 흘러내려 왔다는 점을 강조할 필요가 있다. 이러한 정황은 자연법이 그 내용적 측면에서 다루어지기보다는 질서의 위기상황에서 담당해온 그 사회적 기능의 측면에서 다루어져야 제대로 파악될 수 있다는 것을 뜻한다.

자연법의 개념을 다양하게 늘어놓았던 에릭 볼프도 자연법의

---

12) 호세 욤파르트, 『법철학의 길잡이』, 정종휴 옮김, 경세원, 2006, 237면 참조.

기능에 대해서는 이러한 두 가지의 성격으로 요약하고 있다. 즉 실정법을 정당화시키는 근거로서의 기능과, 경험적·역사적 법의 규범적 기준으로서의 기능이 그것이다. 그는 자연법의 이 이중적 기능이 역사적 변천과정에서 각각 다른 사회적 목적들과 결탁할 수 있었다고 보고, 그에 따라 자연법은 기존의 제반 사회적·경제적·법적 제도를 도덕적으로 정당화하는 보수적·제도유지적 역할을 수행하거나, 또 때로는 혁명적·비판적 역할을 수행할 수 있었다고 보았다.[13)]

자연법 역사의 큰 줄거리는 자연법이 질서의 위기상황에서 실정법을 비판하는 혁명적 기능을 떠맡아 왔음을 보여준다. 자연법을 실정법의 한계에 관한 이론인 동시에 실정법의 근거에 관한 이론이라고 할 때 그 의미는, 자연법이 실정법을 비판하는 기능을 수행하며 공동체구성원의 의식 속에서 보편적으로 관철되어서 실정법을 끊임없이 새롭게 적극적으로 합리화시키는 기능까지를 수행한다는 것이다. 즉 실정법을 평가하는 기능뿐만이 아니라, 더 나아가서 실정법 속에서 실현되고 또 실정법을 변화시키는 실천적 기능까지를 수행한다는 것이다. 전후에 자연법론이 입법 및 판결실무에 끼쳤던 영향력은 바로 자연법의 실정법에 대한 이 실천적 기능을 뒷받침해 준다. 이러한 자연법의 기능은 정치와 도덕을 매개짓는 기능이기도 하다. 바로 도덕적 판단에 따라 정치가 고쳐질 수 있게 만들고, 또 도덕을 정치적으로 의미심장하게 만드는 기능인 것이다.

서양에서 가장 오래된 이 법사상은 결론적으로 말하면 법비판학이었다. 자연법사상은 서양문화에서 신학의 문제로서가 아니라 실정법에 대한 비판으로서 출발했다. 그런 의미에서 자연법은 서양의 법사상 중에서 가장 오래된 사상임에도 불구하고 구약성서

13) Wolf, 앞의 책, 196면 이하.

가 아니라 바로 고대 그리스의 소피스트철학으로부터 탄생한 것이다. 즉 소피스트들은 본성(자연)으로부터의 정당한 것에 기초하여 실정법을 거부하거나 비판했던 것이다.

역사적으로 자연법은 실정법질서의 위기에 처해 법을 다른 눈으로 보게 하는 이념적 요청으로 나타났다. 그 요청은 법비판, 법쇄신 요청이었다. 무엇보다도 자연법사상에는 법이 현존하는 권력의 명령과 단순히 같지 않다는 생각이 도도히 흘러내려 왔다. 서구 정신사에서 정법이념으로서의 자연법은, 정치적·사회적 공동체의 근본질서는 그 어떤 자의적 질서에 내맡겨질 수 없다는 의식 속에서 싹텄다. 그런 의미에서 자연법은 인간사회에서 일어나는 세부사실들을 규율하기 위한 법은 아니었다.

사실 자연법론자들은 실정법대신에 자연법에서 연역적으로 개별적인 법문제들을 해결해나갈 수 있다는 식의 주장을 하지는 않았다. 요컨대 자연법론자들은 실정법의 존재나 그 필요성을 부인하기 위해 자연법을 주장한 것은 아니었다. 토마스 아퀴나스도 자연법 이외에 실정법의 필요성을 인정했다. 그는 자연법으로부터 연역적으로 도출될 수 있는 실정법 이외에, 예컨대 형법상의 구체적 처벌규정처럼, 제반 실정법적 상황에 따른 실정법상의 독자적인 구체적 결정사항도 인정했다. 사실 자연법론자들이 관심을 둘 필요가 없는 실정법분야도 적지 않을 것이다. 다만 자연법론자들의 우선적인 관심은 입법자들이 부당한 법을 제정할 수도 있다는 점에 있었으며, 바로 이와 관련하여 그들은 대개의 실정법은 자연법을 구현한 것이어야 한다고 주장한 것이다. 그런 의미에서 자연법은 실정법이 반드시 도덕적 내용을 가져야만 하는 근거를 제시해 주는 법으로 통용되었던 것이다. 즉 자연법은 법과 도덕의 상관관계에 관한 이론, 실정법의 근거와 한계, 그리고 정비 및 발전에 관한 이론인 것이다.

Ⅳ. 자연법에 대한 이데올로기혐의 문제

자연법을 비판하는 사람들은 자연법에는 지배적·주관적 도덕을 절대시하는 양상이 나타나며 그 결과 사회에서 정의에 대한 개방된 토론을 불가능하게 하는 일종의 독단주의가 도사리고 있다고 주장한다. 이들은 서구의 법문화전통에 나타난 자연법이 대부분 그 시대의 종교적·도덕적 혹은 정치적 요청을 강력한 배경으로 삼고 있음을 지적하고, 자연법은 결국 이러한 요구에 부응하여 문화정책적·법정책적 임무를 수행하는 데 동원된 이데올로기에 불과했다고 주장한다. 이들은 대표적으로 아리안족의 우수성을 통치이념으로 내세운 나치의 "피와 땅에 기초한" 자연법[14]의 예를 들고 있다.

벨첼은 『자연법과 실질적 정의』의 마지막 장에서 자연법론의 이데올로기성에 대해서 다음과 같이 언급하고 있다. "자연에 의거한다는 것은 투쟁수단, 공격과 방어의 무기를 얻는다는 것이다. 이는 사회윤리적 현존재 설계에 아무런 새로운 실질적 근거를 부여해 주지는 않으면서, 투쟁의 구호로서 자기진영의 승리에 대한 확신을 강화하고 적수의 저항의지를 흔들리게 하려는 것이다. 그러한 한에서 모든 자연법론은 '이데올로기적'이다."[15] 그러나 그의 저서에서 바로 이어지는 다음 문장을 더 주목할 필요가 있다. "그러나 이는 그래서 그(자연법) 내용도 잘못된 것이라는 뜻이 아니라, 그 근거지음이 지나치다는 것, 즉 자신이 갖지 않은 타당성을 참칭한다는 것을 뜻한다." 즉 벨첼이 강조하고자 하는 것은 "그 근거지음이 지나칠 때" 자연법론은 이데올로기의 부름을 받

---

14) H.-H. Dietze, "Naturrecht aus Blut und Boden," in: *Zeitschrift der Akademie für Deutsches Recht*, 1936, 818면 이하 참조.

15) 벨첼, 앞의 책, 341면.

거나, 어떤 초월적인 것을 직접 파악할 수 있다고 생각하는 신앙론의 계열에 속하게 된다는 것이다.

그러나 자연법과 이데올로기는 구별되어야 한다. 자연법이 역사에서 때로 기존의 사회, 경제, 법제도를 도덕적으로 정당화하는 역할을 수행해 왔으며 정치적·법적 이데올로기 싸움에서 영향을 끼친 중요한 무기로 쓰인 적이 있었던 것은 사실이다. 자연법의 문제는 현실의 법구조를 그대로 묘사하는 문제가 아니라, 현실의 법이념에 대한 긴장관계를 드러내 보이는 문제이다. 그것은 법이념의 문제이기 이전에 법이념과 실정성(현실성) 사이의 긴장에 의해서 존속하는 동적인 문제인 것이다. 또한 자연법은 인간의 본질에 관한 신념체계에 의거하여 인간의 행위를 위한 방향제시를 의도하기는 하나, "인간의 행위를 지배하고자 하는" 이론은 아닌 것이다. 사물에 대한 실천적 인식은 사물에 대한 지배와는 당연히 구별해야 한다. 전자가 실천철학의 원리에 관한 것이라면 후자는 바로 이데올로기를 일컫는다.

현실을 위한 이론은 현실로부터 나오는 이론, 다시 말하여 현실에서 인간행위를 지배하고 형성하는 개념들이 곧장 철학을 표방함으로써 탄생하게 되는 이데올로기와는 구별되는 것이다. 자연법론을 포함하여 실천철학이 실천을 위한 이론이라면, 그래서 필경 현실과 간격을 두고 있는 철학이라면, 이데올로기는 현실에 흡수되어 있다. 즉 그것은 단순히 이론으로 그치는 것이 아니라, 삶의 방식에 그리고 사회집단과 제도 안에 구체적으로 표현되고 있다. 인간본질에 관한 신념체계가 어떤 집단에 의해 생활방식의 근원으로 여겨지는 체계가 이데올로기이다. 그런 의미에서 기독교와 공산주의는 이데올로기에 속한다. 반면 예컨대 실존주의는 인간본질에 관한 통찰을 바탕으로 인간의 생활방식에 영향력을 주는 이론이기는 하나, 생활방식을 규정해줄 대상으로서의 뚜렷한 사회적 집단이 없기 때문에 이데올로기라고까지 할 수 없다.

자연법의 이론구조는 인간의 본질에 관한 통찰을 바탕으로, 인간이 안고 있는 문제들을 진단하고 잘못된 것을 바로잡기 위한 처방을 제시하는 속성을 지닌다는 점에서 이데올로기와 비슷하지만, 그로써 인간의 행위에 방향제시적 의미의 영향력을 목표할 뿐 삶의 방식을 구체적으로 지배하고자 하는 개념틀과 거리가 멀다. 구태여 말한다면 자연법은 우리를 지배하고자 하는 이론이 아니라 우리가 안고 있는 문제들을 해결할 수 있다는 "희망을 주는 이론"이다.

현실정치의 합목적성에 대한 도덕적 고려는 '정당성'이 아닌 '정상성'의 규범체계의 응집과 지속역할을 할 뿐이라고 할 때 자연법적 사고는 이데올로기 즉 지배자의 논리와 구별하기 어렵게 된다. 만약 이 구별이 어렵게 된다면 우리는 독재에 의한 법왜곡과 억압의 시기에서 자연법론에 의존하여 시련을 이겨낼 수 있는 정신적 토론을 벌릴 수 있기는커녕, 예컨대 저 나치가 표방한 지배이데올로기 또한 "피와 땅에 기초한" 민족생활공동체의 자연법임을 인정하지 않을 수 없게 되어, 천태만상의 자연법이론에 또 하나의 이지러진 표현을 보태는 길을 터주고 말게 되는 것이다.

자연법론은 서구의 정신활동사에서 이데올로기를 초월하는 법이념을 끊임없이 추구해온 노력의 산물이다. 그런 의미에서 자연법론은 이데올로기가 아니라 이데올로기비판이론이라고 말해야 한다. 만약 자연법을 이데올로기와 구별할 수 없다면 우리는 인권이라는 법이념에 대해서도 의미 있게 말할 수 없을 것이다. 인권이란 자유시장적 자본주의체제하에서 경시될 수 없는 것과 마찬가지로, 계획경제적 사회주의체제하에서도 결코 상대화시킬 수 없는 차원에 놓이기 때문인 것이다. 인권이야말로 이데올로기를 초월하는 관점에 세워지며, 자연법은 바로 인간의 존엄을 정의의 유일한 기초로 받아들인 이론구조 이외에 다른 어떤 것일 수 없기 때문이다.

V. 법으로서의 성격의 문제점

자연법은 법으로 불리기는 하나 그것은 실정법이 법인 의미에서의 법은 분명 아니다. 자연법은 실정법처럼 일종의 규범목록일 수는 없으며, 실정법적 의미의 구속력을 띠는 강제질서도 아니다. 그러므로 자연법과 실정법을 개념적으로 대립시켜서 이 둘을 택일적 경합관계에 두는 것은 잘못된 생각이다. 자연법은 그것이 확인되기만 한다면 실정법보다 월등히 나은 것이어서 실정법과의 경쟁에서 이긴 자연법은 실정법을 대체할 수 있다는 의미로 통용될 수는 없는 것이다. 자연법을 비판하는 사람들 중에는 실정법체계 안에서의 자연법적 사고의 가능성을 처음부터 인정하지 않으려는 태도를 견지하는 사람들이 적지 않은데, 이는 바로 이 두 법을 택일적 경합관계에 있는 것으로 대립시킨 결과이다. 자연법과 실정법의 대립은 다만 의미론적 차원에서만 언급할 수 있을 뿐인 것이다. 자연법에 대립되는 것은 실정법이 아니라 실정법률의 외관을 띤 비도덕적이고 자의적인 법, 그야말로 "법률적 불법" 일 뿐이다.

자연법은 '규범목록'이 아니라 법적 행위의 타당성을 다시 한 번 비판적으로 검토하는 '사유양식'으로 이해되어야 한다. 독일의 법철학자 로버트 스페만은 그런 의미에서 자연법을 다음과 같이 정의한다.

"자연법은 오늘날 더 이상 일종의 규범목록 혹은 메타헌법의 일종으로 파악될 수 없다. 그보다도 자연법은 하나의 사유양식, 즉 모든 법적인 행위의 타당성을 다시 한 번 비판적으로 검증하는 사유양식인 것이다."[16)]

16) Robert Spaemann, "Die Aktualität des Naturrechts," in: *Naturrecht in der Krise*, Hrsg. v. F. Böckle/E. W. Böckenförde, Mainz, 1973, 276면.

자연법이 법적 행위의 타당성을 다시 한 번 비판적으로 검토하는 사유양식이라는 말은 무엇을 의미하는가? 그것은 첫째, 자연법은 현실의 법질서체계 안에서 실현되어야 할 과제, 바로 실정법이 안고 있는 과제이게 된다는 것이다. 결국 자연법성에 접근하는 길은 실정법의 내용 및 그 과제를 관철시키는 기회를 증대하는 길인 것이다. 현실의 실정법체계로부터 차단된 자연법의 이론가능성은 처음부터 존재할 수 없다. 현실의 실정법질서 체계 및 그 상황과 무관한, 자연법철학의 독자적인 실천지향성은 존재하지 않는다. 도대체가 법철학자가 실정법을 생략할 수 없음은 바로 역사를 생략할 수 없는 것과도 같다. 당대의 법제도 및 법학을 정당성이라는 관점을 향해 눈떠 있게 하는 역동적인 지적 활동은, 언제나 새로운 조건 밑에서 내용이 채워져야 할 실정법적 과제의 항구성의 의미로 풀이될 수 있다. 한스 벨첼은 그의 역저 『자연법과 실질적 정의』를 바로 그런 의미로 이렇게 끝맺은 바 있다.

"자연법사상으로부터 남는 것은 영원한 실질적인 법원리의 체계가 아니라, 실정법이 위탁받는 과제이다. 실정법에 위탁된 이 과제야말로, 항상 새로운 조건들 밑에서 사회관계의 올바른 형성을 위한 투쟁이 정신적인 대결로 남도록 하고, 인간에 의한 인간의 억압이나 파괴로 끝나지 않도록 돌보는 일이다."[17)]

둘째, 사유양식으로서의 자연법을 실정법에 위탁된 과제의 의미로 이해할 때, 자연법은 어느 정도 실정법에 내재한다고 말할 수 있다. 이 내재성은 물론 체계순응적이 아닌 체계비판적 의미로 받아들여져야 할 것이다. 실정법 안에서의 자연법의 내재성은 적극적인 철학의 방식으로는 무엇이 법에 요청되는가, 어떤 법명제 및 국가원리가 실질적으로 옳은가, 어떤 생활영역이 법에 의

17) 벨첼, 앞의 책, 353-4면.

해 규정되어도 좋은가라는 목표를 설정한다. 또한 소극적인 철학의 방식으로는 무엇이 우리가 피해가야 할 자연적인 불법인가, 무엇이 인권으로서의 자연법에 반하는가, 무엇이 피해가야 할 논증인가를 확실히 해가는 작업이 될 것이다.

셋째, 자연법은 실정법 이외의 또다른 법적 구속력을 요구하는 구체적 형태의 법규범체계를 제시하지는 않지만, 그것은 방향을 설정해주는 기준상의 역할을 한다. 알렉산더 홀러바흐가 "자연법론자는 아마도 종교와 윤리 그리고 정치의 각축장에서 법에 고유한 길을 가르치는 데 기여해야 하는 법정책가인지도 모른다"[18]고 말했을 때 그는 바로 '자연법의 실정법 내재성'에 대해서 이야기하고 있는 것이다. 그는 이 내재성을 우리 인간의 미래에 대한 배려요소로 파악했다. 즉 과거와 현재에서의 인간의 역사적 체험을 거쳐, 오로지 미래설계에 의해서만 의미 있게 존재할 수 있는 우리 인간의 미래에의 배려라는 전망하에, 전통 자연법사상의 중요한 요소는 오늘날 받아들일 수밖에 없을 뿐만 아니라 활성화할 필요가 있다고 말했던 것이다. 에밀 브루너의 다음과 같은 통찰도 비단 기독교 자연법뿐만 아니라 일반 자연법을 위해서도 통용될 수 있다. "(기독교 자연법은) … 방향을 설정해주는 기준상으로 머물러, 그 안에 바로 사물정의(事物正義)에의 충동을 포함하고 있으므로 기독교적 현실주의라는 특색을 나타낸다. 추상적 관념의 도식에 따른 세계의 현실성의 겁탈이 아니라, 개개의 삶의 영역의 사물논리가 본질적으로 함께하는 완전한 현실성의 전개를 위한 질서와 형성, 이것이야말로 자연법의 특수한 기능이자 고유한 의미이다."[19] 이리하여 규범철학으로서의 자연법의 역할과 깊이는 "인간의 윤리적·법적 자기형성 및 세계형성을 위한 방향과

18) 홀러바흐, 앞의 책, 46면.

19) E. Brunner, "Naturrecht und christliche Weltgestaltung," in: *Hochland,* 40 (1947/48), 481면 이하 (여기서는 홀러바흐, 앞의 책, 47면에서 재인용).

원칙을 제시해 보임으로써 존재와 의식, 이미 주어진 것과 과제로 주어진 것 사이의 긴장 가운데서 '정신-자연'과 '역사'의 형이상학적 뒤섞임을 추구"[20]하는 데까지 이른다.

넷째, 사유양식으로서의 자연법의 역할은 단순히 법의 흠결을 보충하는 원리로 이해해서는 안 된다. 자연법은 실정법이 인정하는 범위 안에서 실정법을 보충하는 역할을 하는 것으로는 파악될 수 없다. 자연법은 예컨대 우리 민법 제1조에서 법원으로 인정한 '조리(條理)'처럼 단순히 법흠결을 보충하는 원리가 아니다.

자연법에 관한 규정을 실정법에 둠으로써 자연법의 실천적 의의를 더 공고히 할 수 있는가? 소위 자연법의 '실증주의적 집행' 혹은 "자연법실증주의"는 관철되어야 하는가? 예를 들어서 오스트리아 민법은 제7조에서 자연법규정을 두고 있다. 법조문의 해석상 의문이 있을 때나 법흠결의 경우에 "세심한 주의를 기울여서 충분히 상황을 고려하여 자연법의 근본명제에 따라 판단할 것"을 정하고 있는 이 규정은 오스트리아법정에서 법관들에 의해 의식적으로 기피되었다. 우선 이 조문상의 자연법명제의 성격을 어떻게 이해할 것인가와 관련하여 당연히 의견이 분분하였는데, 실무가들은 이 분분함 자체 때문에도 이 조문의 적용을 기피했을 법하다. 이를테면 어떤 사람은 자연법명제를 사물의 본성으로부터 자유로이 법을 발견할 것을 위임한 것으로 보았는가 하면, 또 어떤 사람은 법공동체의 실제생활에서 논란의 여지없이 널리 알려진, 명백히 오스트리아 법질서의 기초를 이루고 있는 가치들로 파악하기도 했다.

실무가들은 이 자연법규정을 실정법의 비판적 해석 혹은 실정법의 과제의의미로 새기지 않고, 흡사 실정법 자구의 의미를 해석하듯이 대했다. 자연법규정에 해당하는 독일 라인란트팔츠州

20) 홀러바흐, 앞의 책, 48면.

헌법 제23조 1항만 하더라도—"혼인과 가정은 자연으로부터 주어진 인간사회의 기초이다. 고유한 자연적 법의 공동체로서 이들은 국가의 특별한 보호를 받는다"—자연법개념의 모호성 및 내용의 다양함 때문에, 실무가들에게 비판적으로 법을 점검할 용기를 주기보다는 오히려 자연법의 "종교화" 논쟁에 휘말렸을 뿐이었다.

결국 자연법의 실증주의적 집행은 흡사 저항권의 실정화가 모순을 불러일으키는 불필요한 조처인 것과 마찬가지 이유에서 거부되어야 한다. 저항권을 헌법 안에 실정화하게 될 때, 이는 국가권력의 지도하에 국가권력에 저항하라는 식이어서 모순을 불러일으키는 것과 마찬가지로, 자연법의 실증주의적 집행은 자연법이 개념필연적으로 법비판 및 법쇄신의 시각을 지닌다는 점을 간과하게 만든다.

자연법론은 규범에 관한 연구를 좁은 의미의 '법이론'을 넘어서서 제기하는 계기를 늘 포함해 왔다. 즉 그것은 법사고를 개인과 사회의 관계, 사회와 국가의 관계, 지배의 정당화문제, 이론과 실천의 관계문제와 연관지어 포괄적으로 다루어온 영역인 것이다.

자연법의 개념사를 조망해보면 우리는 자연법적 사고가 얼마나 포괄적이었는가를 짐작할 수 있다. 규범적 사고의 전환기에 자연법은 '존재법', '이성법', '자유법', '혁명법', '문화법', '사회법', '긴급법', '미래법' 등의 다양한 의미를 부여받았던 것이다. 즉 자연법론자들은 질서의 위기에 처한 시대전환기에 때로는 존재에 관한 근본물음을 통해 철학적 질문의 자의성에 한계를 긋고자 하는 노력 속에서 '존재법'으로도 통용되었다. 그런가 하면 실천적 이성의 자기입법능력의 일환이었다는 점에서 '이성법'으로도 불렸으며, 자유를 전제하는 한 자연에 대해서 의미 있게 말할 수 있다는 통찰과 함께 '자유법'으로, 이념을 정치적으로 실현하고자 하는 의지와 관련하여 '혁명법'으로도 불렸다. 더 나아가 인간의 규범적 본성을 문화적 바탕에 두는 시각에 따라서는 '문화법'으로, '지배'가 아니라 '사회'가 인간생활관계를 일체 조직하는 주체라는 생각에서 '사회법'으로, 그리고 위기에 처하여 예언적이고자 하는 노력을 법사고에 실어 나르면서 마침내는 '긴급법', '미래법'으로도 불렸다. 자연법에 대한 이 모든 의미부여는 법사고의 장을 부단히 넓힌 역사적 실험의 흔적이요, 보다 나은 법을 위한 토론의 성과인 것이다.

Ⅵ. 자연법의 역사성의 문제

흔히 자연법론에 가해지는 비판은 불변성과 보편성을 주장하고 역사성은 충분히 고려하지 않고 있다는 점이다. 그러나 전통적 자연법론을 포함하여 자연법론자들에 의해 거부된 것은 상대주의의 한 형태인 역사주의였을 뿐, 정당한 법의 본질적 징표로서 역사적 가변성은 인정되었다. 최소한의 원칙의 보편타당성에 대한 주장과 함께 역사성을 인정한 것이다. '자연'개념은 처음부터 언제나 같은 형태로 혹은 완결된 형태로 주어진 것으로 여겨진 것이 아니라 점차적으로 자라는 어떤 것을 의미했다. 이는 아리스토텔레스와 토마스 아퀴나스의 자연법사상, 그리고 근대합리주의 자연법사상에서도 마찬가지였다.

그때그때의 실정법에 대한 비판적 척도를 모색하고, 실정법의 효력의 근거를 규명하려는 작업에서 중요한 것은 불변한다는 속성이 아니라, 그 구체적 내용은 시대에 따라 변할 수는 있어도 어쨌든 입법자의 의지와는 다른 객관적 근거가 존재한다는 것이다. 또한 모든 자연법사상에서는 선악을 판단하는 실천이성의 능력을 전제하고 있는데, 이때 선악의 판단을 내리기 위해서는 역사적 상황을 고려해야 하며, 그리고 실천이성 자체의 불완전성도 인정하지 않을 수 없게 된다. 요컨대 자연법론에 있어서의 핵심은 '변할 수는 있어도' 입법자가 결코 '마음대로 바꿀 수 없는' 궁극적인 기준이 있다는 점이다. 불변성이 아니라 말하자면 비자의성에 자연법적 주장의 핵심이 있는 것이다. 아리스토텔레스가 "공동체의 정의로운 규칙이, 사람들이 그것을 승인하건 않건 간에 어디서나 동일한 효력을 지닐 때 자연적인 것으로 일컫는다"[21]라고 말했을 때 이 또한 비자의적인 영역을 가리키는 것이다. 그리고 키케로가 "우리는 원로원이나 민회에 의해서도 이 법의 구속에서 벗어날 수 없다"[22]고 말한 것도 같은 뜻으로 새겨야 할 것이다.

'자연'개념이 법 및 국가의 정당성의 기초이자 척도라고 할 때, 이 개념의 규범적 속성이 어떻게 이해되어야 하는가는 지금까지의 설명으로 이제 분명해졌다. 바로 비자의성의 요소이다. 자연법의 인간행위의 궁극적인 전제들을 총괄하는 개념으로서의 '자연'은 개인이든 단체이든 인간이 지배적인 세력이나 사회적·역사적 자의로부터 벗어난 관점을 가리킨다. 자연법적 타당성은 즉 인간행위의 궁극적인 전제들은 그 이전의 어떤 행위나 기존 제도, 혹은 문화영역에 의해 자의적으로 정해져 있지는 않은 조건들이라는 의미를 띠는 것이다. 이 점에서 '자연'은 그 개념상 이미 초실정적·선실정적으로 타당한 것을 지칭한다.

자연법은 역사적으로 그 규범적 요청을 채워가는 개념을 뜻했다. 이 규범성은 절대적 불변의 보편타당성으로서의 규범성이 아니라, 역사적 구체화에 열려 있는 규범성이다. 비자의성의 요소와 역사적 가변성의 요소를 결합시키면 이제 자연법의 규범적 요청

21) Aristotle, *The Nicomachean Ethics* V, 1134b. *Aristotle in Twenty-Three Volumes* XIX, with an English Translation by H. Rackham, Harvard University Press, 1975, 295면.

22) Cicero, *De Re Publica* III, 22(33), The Loeb Classical Library XVI, Harvard University Press, 1970, 211면.

은 다음과 같이 드러난다. 그것은 바로 지배나 자의로부터 벗어나 있고, 그러면서도 역사적으로 다양한 구체화에 열려 있는 차원이다.

자연적인 것의 비자의성과 역사적 가변성을 가장 잘 드러내 보이는 철학의 관점은 무엇인가? 그것은 존재론이다. 우주적 존재이든 인간존재이든, 존재의 근본에 관한 물음을 던지면서 일체의 인간행위를 위한 전제를 객관적인 것과 초인격주의적인 것에 근거짓고자 한 사람들이 법존재론자들이었다. 올바름의 기준으로서의 질서원리를 사물의 존재적 질서로부터 이끌어 낼 수 있다고 보는 존재론적 법고찰이야말로 자연법논의에서 큰 비중을 차지해 왔다. 오늘날 좁은 의미로 통하는 자연법을 법존재론으로 부르는 사람도 있다. 이들에게 존재는 카오스로서의 존재가 아니라 처음부터 코스모스로서의 존재였다. 즉 자연적이라는 것은 그냥 존재가 아니라 질서 있는 존재라는 의미를 지녔던 것이며, 따라서 자연법사상은 존재와 질서를 결합하는 사유활동이었던 것이다.

법사고가 존재의 근본물음을 겨냥할 때 필히 드러나는 차원은 바로 인간학의 차원이다. 그러므로 법존재론으로서의 자연법론은 예외 없이 인간학의 차원을 드러낸다. 오로지 존재에 있어서 인간의 특별한 위치 때문에 법은 인간학적인 그 무엇으로 나타난다. 특히 오늘날 철학계에서 '철학적 인간학'의 이념이 주목되면서 법철학 안에서 존재론적 법고찰은 활기를 띠게 되었다. 자연법은 전통적으로 법의 본질을 인간이란 무엇인가의 물음을 통해 규명하고자 했다. 즉 법의 본성을 인간의 본성을 통해 설명하고자 했던 것이다. 존재론적 접근을 시도하는 자연법론이 내용상으로는 천태만상이지만, 방법상으로는 인간의 존재양식에서 법의 존재양식을 근거짓고자 하는 '존재유추(analogia entis)'를 사용하고 있다는 점에서는 공통이다.

자연법사상이 인간존재의 근본적인 문제를 겨냥하고 있다는 생각은 새로운 것은 아니다. 그것은 존재에 관한 사고와 관련하여 '철학적 인간학'의 이념이 현대철학에서 주목되면서 다시금 강조된 것에 불과하다.[23] 자연법 문제는 오늘날 다시금 인간실존의 핵심으로 이어지는 진정한 철학적 문제를 설정해보이고 있는 것이다. "자연법은 진정한 인간존재의 요청으로서 법과 정의에 관한 인간의 지식인 동시에 절대적인 형태의 의무의 근거로서의 인간의 존엄에 관한 지식이다."[24]

법을 탐구함에 있어서 존재론적 고찰의 핵심은 무엇인가? 그것은 법사고에 있어서 비자의성, 불가침성을 근거짓고자 하는 노력이다. 그것은 법사고에 있어서 철학적 질문의 자의성이 더 이상 불가능한 관점이 있음을 확인하는 것이다. 존재적이라 함은 결국 임의로 규정할 수 없는, 함부로 바꾸거나 할 수 없는 그 어떤 의미영역을 지시한다. 존재성이 우리에게 주는 의미는 우리들이 적어도 마음대로 할 수 없는 영역이 있다는 것이다.

법과 인간을 의미 있게 연관지어 인간의 욕구와 함께 인간의 규범적 가능성을 추구하는 법인간학도 바로 '자연적 비자의성'을 밝히려는 노력을 기울였다. 자연법의 철학적 기초를 끊임없이 인간존재에 환원시키고자 한 사람은 인간존재의 근본구조로부터 어떻게 법과 불법을 구별하는 이념이 비롯되는가를 추구한 사람들이었던 것이다. 법이라고 불리는 그 무엇을 인간존재의 근본이나 인간조건에 비추어 다시금 묻는 기회는, 인간존재의 자유로운 일상이 어떠한 강요된 이념이나 원리에 희생당함이 없이, 그것 자

---

23) "철학적 인간학의 과제는 어떻게 인간존재의 근본구조로부터 인간만의 특별한 업적들과 작품들이, 즉 언어, 양심, 도구, 무기, 법과 불법에 대한 이념, 국가, 영토, 예술, 신화, 종교, 과학, 역사성과 사회성 등이 비롯되는가를 분명히 지적해 내는 것이다."[Max Scheler, *Die Stellung des Menschen im Kosmos*, Bern, 1975(제8판), 87면].

24) Johannes Messner, "Zur Naturrechtsethik," in: *Archiv für Rechts- und Sozialphilosophie* 40, 1952/53, 231면.

체로서 법의 기여로 나타나는 세계상을 설계한다는 데 있다. 존재론적 시도들의 밑바탕에 함축된 철학성은 법형성의 원천으로부터 자의적인 요소를 배제시키고, 법질서를 끊임없이 변하는 새로운 조건하에서 객관적인 기초 위에서 설명하고자 하는 데 있는 것이다. 자연법론을 어떠한 경우에도 순전히 우주물리학적이고 생물학적인 혹은 자연주의적인 이해와 동일시할 수 없는 이유는 여기에 있다.

법실증주의와 자연법론을 모두 비판적으로 고찰하면서 벨첼은 자연법에서 남는 것은 무엇인가라는 물음을 던지고 스스로 다음과 같이 답하고 있다. "여러 번 사라졌다 항상 다시 시작되어 2,500년간 지속되어온 자연법론의 실질적 정의의 모색의 노력에서 남는 것은 무엇인가? 자연법론이란 한 시대의 사회윤리적 이상을 때로는 혁명적으로 전개시켰고, 때로는 방어적으로 보호했던 하나의 역사적 현상인가? 혹은 법에 대해 말할 때마다 항상 염두에 두는 시대초월적 요소를 지니고 있는가? 이러한 의문을 가지고 자연법의 변화무쌍한 역사를 조망해보면, 우리는 남아있는 것을 자연법이라는 단어의 앞부분에서가 아니라 뒷부분에서 찾아야 한다는 것을 깨닫게 된다. 자연법이라는 말의 앞부분, 즉 '자연'은 매우 상이한 내용들에 대한 공통된 명칭임이 밝혀졌다. 기만적인 공통된 이름 하에 서로 다른 것, 대립되는 것, 변화하는 것이 감추어져 있다. 모두에게 공통되는 것과 남아 있는 것은 이 단어의 뒷부분인 법이라는 관념뿐이다. '자연법', 그것은 법의 정당성의 문제, 사실상 존재하는 사회질서의 정당성의 문제인 것이다. 사람들이 자연법하에서 무엇이든 자기가 원하는 바대로 이해했을지라도, 항상 그 속에는 법은, 단순히 존재하는 권력이 명하는 바와 동일하지 않다는 생각이 흐르고 있는 것이다."[25)]

---

25) 벨첼, 앞의 책, 333면.

벨첼은 자연법이 남겨놓은 핵심으로 질서의 정당성의 추구 이외에도 여러 가지를 들었다. 첫째, 의무를 부과하는 당위개념이다. 그에 따르면 "명령이나 관습에 의존하지 않고 우리의 가장 깊은 내면에 행위를 의무지우는 어떤 것이 존재한다는 것"[26)]이다. 즉 자연법사상은 "현존재를 초월하는, 의무를 부과하는 당위의 존재가 의미 있는 인간 실존의 가능조건"임을 분명히 해주었다는 것이다. 둘째, 책임 있는 주체로서의 인격에 대한 승인이다. "인간을 책임 있는 인격으로 승인하는 것은 사회질서가 되기 위한 최소한의 전제조건이다. 그 사회질서가 단지 힘으로만 강제하는 것이 아니라, 법으로서 의무지우려고 하는 한 그렇다."[27)] 셋째, 합법칙성의 사상 즉 윤리적 및 법적 행위의 질서성의 사상이다. "의미 있는 통일적 삶이 가능하려면 행위지시적 규칙, 질서, 규범도 내적 연관성 속에 있어야 한다. 즉, 사회윤리적 질서의 '일치'가 있어야 한다."[28)] 넷째, 사회생활을 위한 의미설계의 시도이다. "당위내용에 대한 언급은 인간이 그의 현존재의 의미를 해석하려고 시도하고, 그것을 의무지우는 기속적 행위목표를 설정하는 근원적인 '의미설계' 속에 뿌리를 두고 있다. 이 의미설계들이란 인간이 삶을 형성해가고 있는 지금 여기라는 역사적인 상황에서 이루어지는 선험적 당위에 대한 해석의 시도이다."[29)]

자연 혹은 본성 개념의 남용은 비판받아야 한다. 자연개념으로부터 모든 법적·규범적 속성에 대한 해답을 이끌어 낼 수는 없다고 본다. 이 점에서 벨첼의 자연법 비판은 정당하다. 그러나 그렇다고 하여 그가 '자연-법'에서 남는 것은 무엇인가라는 물음에 답하면서 자연개념의 다의성 때문에 '자연'개념을 법의 내용과 실

26) 벨첼, 앞의 책, 334면.

27) 벨첼, 앞의 책, 337면.

28) 벨첼, 앞의 책, 337면.

29) 벨첼, 앞의 책, 339면.

질적 정의의 판단기준으로서 포기하고, 그 대신 '법'개념으로 넘어가, 절대적으로 의무지우는 법 자체의 당위 개념만이 의미 있는 것이라는 결론을 내리는 데는 동의할 수 없다. 자연개념은 그 다의성 때문에 더 이상 추구할 가치가 없다기보다는 오히려 그 다의성을 통한 규범적 의미설계 작업이라는 과제가 여전히 남는 것이다.

제 2 장

자연법과 실정법질서의 관계

Ⅰ. 자연법이냐 법실증주의냐?

자연법론은 사실 지금까지 실증주의에 반대하는 연합전선으로서 이해되어 왔다. 법철학의 역사를 훑어보면 법을 둘러싼 이론적 논쟁은 다른 어떤 학문분야에서보다도 더 양극적 대립양상을 보임을 알게 된다. 특히 제2차 세계대전 직후 세계 법철학계를 휩쓸었던 '자연법의 르네상스'시대는 '자연법이냐 법실증주의냐'의 양자택일을 당대 법철학자들에게 강요하는 분위기를 유도하면서, 자연법논의를 법실증주의에 첨예하게 대립시켜 놓았다. 법의 본질이 무엇이며 법에 있어서 정의가 어떠해야 하는가를 추구하는 이론논쟁에서 이 둘은 서로 상반된 노선을 걸어 오늘에까지 이르고 있다. 이때 자연법론은 보통, 법의 도덕적 차원을 강조하는 이론, 혹은 법을 도덕의 일부로 보는 이론으로 통용되었으며, 자연법에 대한 이러한 개념규정들은 암암리에 법실증주의와 대치관계를 강조하고 있는 것이다.

법실증주의자들은 법과 도덕 사이의 필연적인 관계를 부인하는 까닭에, 법이 좋으냐 혹은 법에 복종할 의무가 있느냐는 중요한 문제이기는 하지만, 무엇이 법이냐를 결정짓는 데는 그 문제들은 개입될 필요가 없다고 본다. 요컨대 그들은 부도덕한 (실정)법이 법이 아니라고 말할 근거는 존재하지 않는다고 주장한다. 이에 비해 법학으로부터 법의 도덕적 중요성에 관한 물음들을 분리시키려는 시도들을 단연코 거부하고 실정법에 대한 도덕적 분석을 중심주제로 삼는 자연법론자들은, 도덕적 요청에 부응하는 데 실패한 실정법에 대한 복종의무를 거부한다. 따라서 그들은 도덕에 일치하지 않는 법에 대해 법으로서의 성격을 박탈할 것을 주장한다.

"악법도 법이다"와 "악법은 법이 아니다"라는 두 진영의 막다른 구호는 총을 들지 않은 전쟁터의 양상이었다. 그러나 이론을 출발시키는 데 막강한 바탕을 이루는 우리들의 경험현실은 자연법론과 법실증주의의 이리한 숨찬 대립에 저항한나. 인간조건은 한순간 외칠 수 있는 구호보다는 더없이 복잡하다. 법과 더불어, 법을 때로는 방패삼아 때로는 창으로 삼아 살아갈 수밖에 없는 우리 인간존재에게, 두 진영은 모두 법을 둘러싼 문제를 올바로 설정해 보이지 못했다. 경험에 비추어 우리들은 법실증주의 진영으로부터는, 자기 체계 안에서 도덕적 실서를 고려할 능력을 가질 수 없다는 점에서 실천상 안게 될 위험을 감지한다. 법학에서 의무니 좋은 법이니 하는 말을 빠지게 한다 하더라도 우리는 법정에서 그리고 법률가 자신들의 입에서 이러한 말들이 수시로 흘러나온다는 사실을 알고 있다. 반면 우리들은 반드시 도덕에 일치되지 않은 무수한 법들이 있어 왔음을 역사를 통해 알고 있다. 그러므로 자연법론자들을 따라서 이러한 법들에 대해 법이라고 말해서는 안 된다고 하는 것은 우리의 상식을 긴장시킨다고 말할 수밖에 없다. 자연법론은 실정법의 질서짓는 힘의 구속력을 인정하는 데 인색함으로써, 아무래도 법에 대한 신뢰를 약화시킬 실천상의 위험을 안고 있다.

법실증주의와 자연법론은 그렇기 때문에 그들 각자의 입장을 견지하기 위해 경험의 통상적인 예들을 벗어난 극단적인 예들이 필요로 했는지도 모른다. 저 나치의 법스캔들은 그래서 법실증주의와 자연법론의 싸움에서 결코 빼놓을 수 없었다. 한쪽에서는 나치법도 법이라면 법이 어떻게 정의와 연관될 수 있겠는가라고 반문하면서, 그러면 다른 한쪽에서는 그런 것이 법이 아니라면 무엇으로 법과 도덕을 구분할 수 있겠는가라고 되받으면서.

자연법을 비판하는 사람들 중에는 실정법체계 안에서의 자연법적 사고의 의의와 가능성을 처음부터 인정하지 않으려는 태도로부터 출발하는 사람들이 적지 않다. 이러한 태도는 물론 간혹, 자연법을 옹호하는 사람들 중에서도 발견된다. 이들 옹호론자들은 자연법적 사고를 실정법과는 별도의 초실정적 진리의 인식문제로 보는 나머지, 이 진리에 도달하는 확고한 통로를 실정법적 우연성에 대비시킨다. 자연법 비판론자들에게 나타나는 이러한 태도는 크게 둘로 나누어 실명해 볼 수 있다. 하나는 오스틴 이래의 분석법학적 실증주의의 전통에 따라 법이론을 구성하는 가운데, 특별히 '자연법'이라는 타이틀이 별도로 필요하다고 느끼지 않는 데서 나온다. 또 다른 태도는 자연법과 실정법을 개념적으로 대립시켜서, 이 둘을 언제나 택일적 경합관계에 두려는 데서 비롯된 것이라 할 수 있다. 자연법을 전적으로 부정하는 베르그봄의 주장대로,[1)] 자연법이 만약 실정법에 배치된다면 그러한 자연법은 법이 될 수 없고, 반대로 그것이 실정법에 일치한다면 그런 자연법은 불필요하다는 식으로!

자연법을 규범목록의 일종으로 생각한 베르그봄으로서는 이러한 법의 단일성의 사고는 당연하며 훌륭하기까지 하다. 요컨대 현실의 실정법체계로부터 차단된 자연법의 이론적 가능성은 처음부터 존재하지 않는다. 현실의 실정적 법질서체계 및 그 상황과

1) K. Bergbohm, *Jurisprudenz und Rechtsphilosophie Ⅰ*, Leipzig, 1872, 109면. 그는 자연법이 법일 수 있기 위해서는 단순한 '법원리'에 그쳐서는 안 되며, 직접적으로 관련된 사실에 적용될 수 있어야 한다고 생각한다.

무관한, 자연법론의 독자적인 실천지향성은 존재하지 않는다. 이 점에 관한 한 자연법론은 확실히 메타이론은 아니다. 도대체가 법철학자가 실정법을 생략할 수 없음은 역사를 생략할 수 없음과도 같다. 그러므로 자연법적 사유를 전개한다고 하여, 처음부터 법사고로부터 현실성을 생략하려는 추상적 규범주의의 노선을 따르는 사람들로 오해받지는 않을 것이다. 결론적으로 말하자면 자연법은 실정법의 내용 및 그 과제를 관철시키는 기회를 증대하는 길에 방해가 되지 않는다.

자연법과 실정법 사이의 관계를 올바르게 조망하는 데 있어서 무엇보다도 우리는 아리스토텔레스로부터 직접 다시 배울 바가 있다. 그는 자연법과 더불어 그 어떤 고정된 내용의 일반명제들을 떠올렸던 게 아니었다. 오히려 그는 일련의 구체적 결정들을 떠올렸다. 또한 그는 자연법을, 실정법에 대립시켜서 이 실정법을 위한 유일한 비판적 척도로서만 보지 않고 오히려 '생활현실로서의 모든 법질서'에 공통되는 구성요소로 보았다.[2)]

요컨대 아리스토텔레스는 자연법을 모든 법질서 안에 섞여서 함께 떠올렸다. 생활공동체를 위해서는 자연법과 실정법이 다 필요하다고 말하면서도, 아리스토텔레스는 이 자연법을 거창하게 '영원불변한' 자연법으로 만들지는 않았다. "많은 사람들은 도대체가 모든 법은 오로지 고정된 것이라고 생각한다. 그들은 자연으로부터 존재하는 모든 것은 불변하며, 마치 여기서 타는 불이 페르샤에서도 마찬가지로 타는 것처럼, 모두 똑같은 효력을 지닌다고 말한다. 그러나 우리는 법이라는 개념을 변하는 것으로 본다. 전적으로 그렇지는 않지만, 어느 정도까지는 그렇다. 물론 신

2) 이 점에서 한스 켈젠은 아리스토텔레스의 자연법을 아예 실정국가법의 한 구성부분으로 규정하면서, 그가 과연 자연법론의 진정한 대변자였을까 하는 도전적인 의문을 던지기까지 했다. Kelsen, "Die Grundlage der Natur rechtslehre.," in: *Österreichische Zeitschrift für öffentliches Recht*, Neue Folge, Bd. XIII, Heft 1/2, 19면 이하 참조.

들에게 있어서는 결코 그와 같은 변화에 대해서 입에 담을 수 없겠으나 어쨌거나 우리 인간에게 있어서는 자연법 같은 것도 있어서, 이러한 자연법은 항상 변하기도 하는 것이다."[3]

아리스토텔레스에 의하면 무엇이 자연에 따라 변하는 것이고, 무엇이 실정법률에 따라 변하는 것인지는 누구에게나 명백하다. 무엇이 자연에 따라 변하는 것이며, 무엇이 실정법률에 따라 변하는 것인지의 구별이 가능하기 위해서는 하나의 통일된 자연개념이 전제되어야 한다. 그런데 앞서 언급한대로 아리스토텔레스의 자연개념의 다의성이 여기서 장애가 될 수 있다. 예컨대 아리스토텔레스의 자연개념에는 3가지의 상이한 의미차원, 즉 물리적 자연개념과 신적 자연개념, 그리고 인간적 자연개념이 뒤섞여 나타난다. 만약 우리가 그의 자연개념의 다의성을 문제로 삼는다면, 그가 말하는 이 구별은 처음부터 기대될 수 없을 것이다. 아리스토텔레스를 사변 철학자가 아닌, 어느 정도 경험주의적으로 접근하는 철학자로 보기로 한다면, 여기서 그의 자연개념이 지니는 모호함과 다의성에 대해서 크게 마음 쓸 필요는 없다고 생각한다.

그의 자연법론은 생활현실에 대한 하나의 해석학으로 새겨볼 수 있는 가능성을 지니고 있다. 그의 자연법에 있어서 '자연'개념이, 인간이 그 완성을 위해 발전적으로 추구해야 할 이상적 유형으로 일관되어 나타났는지, 아니면 단순히 인간이 현상적으로 행동하는 양식까지도 그 안에 포함시켰는지를 개별적인 논의에서 가려내는 일은 여기서는 일단 논외로 한다.[4] 중요한 것은 자연개념이 공동체의 생활현실의—이 현실이야말로 윤리적 명제들이 얽혀 있는 장소이며, 인간학적·사회학적 토대로부터 나오는 과

---

3) Aristoteles, *Nikomachische Ethik*, Übs. v. Fr. Dirlmeier, Reclam, 1969, 1134a.

4) 그는 자연개념을 구사함에 있어서 '본성상' 일어나는 필연적 현상과 '대부분의 경우'에 일어나는 현상을 구별했다. 불길이 위로 타는 것처럼 '언제 어디서나' 일어나는 필연적 자연현상에 비하면, 보다 많은 자연현상은 그에 의하면 이 '대부분의 경우'에 해당한다.

제들이 읽혀지는 장소이다 — 질서원리를 그것 자체로서 투사하고 있다는 점이다. 이 점에서 아리스토텔레스의 자연법론은 "현존하는 법에 대한 해석학"[5]으로 불릴 만하다. 아리스토텔레스는 자연의 법을 전적으로 '가치의 천상(天上)에서 찾거나, 무엇을 갈망하는 인간자연의 추상적 개념으로부터 이끌어 내거나 하지 않고, 생활현실 속에서 자유로운 제도와 법현실 자체에서 구체적・역사적 이성으로서 해석학적으로 찾아냈다'[6]고 평가할 법한 것이다.

"현존하는 법에 대한 해석학," 이것이야말로 이른바 자연법론과 법실증주의가 대립에서 벗어나 서로 화해의 손을 내밀 수 있는 새로운 가능성을 시사한다. 한 마디로 아리스토텔레스의 자연법사상은, 실증주의적 법이론의 전략에 따르더라도 접근할 수 있는 요소를 띠고 있다. 자연법론과 법실증주의가 1960,70년대식의 공방전을 끝내고, 각각 그들의 시각을 조정하기 위해서 이론전략상 적어도 무엇을 포기하고 무엇을 고수해야 할 것인가를 검토하는 분위기에서 아리스토텔레스의 이론은 충분히 하나의 예시적 지침역할을 할 수 있다고 생각된다.

Ⅱ. 자연법과 실정법질서의 관계

법실증주의와 대립된 의미에서의 자연법이라는 표현이 법철학 논의에서 뒤로 물러나면서, 자연법에 대한 공격 또한 이전보다는 훨씬 유연하게 전개되는 것은 사실이다. 무엇보다도 이 시점에서부터 자연법에 대한 비판은 켈젠식의 이데올로기비판의 형태로

5) Joachim Ritter, *Naturrecht bei Aristoteles*, Stuttgart, 1961. 이 리터의 시도에 대해 R. 스페만도 "화해라는 특성을 향해 있는 현존하는 법해석학"이라고 묘사했다("Die Aktualität des Naturrechts." in: *Naturrecht in der Kritik*, Mainz, 1973, 266면).

6) Spaemann, 앞의 글, 265면.

전개되었다. 이데올로기비판의 형태로 제기된 자연법비판은 자연법적 논의 가능성 자체를 그 바탕에서부터 흔들어버리고자 하는 의도로 제기되지는 않는다. 그것은 여러 관점에서 이전보다는 많이 누그러진 형태로 제기된 비판이었다. 논쟁의 핵심은 이제 자연법을 포기해야 한다는 데 놓이는 대신, 자연법론 중에서 무엇을 포기해야 할 것인가에 놓이기 시작했다.

이러한 약화된 자연법비판의 태도는 보다 납득할 만한 새로운 자연법적 표현방식을 찾고자 하는 노력의 이면으로 풀이될 수 있다. 그리고 그러한 노력은 어떠한 형태로든 간에 자연법론과 법실증주의의 통합을 지향하는 개념들의 모색으로 풀이될 수 있다. 아무튼 이러한 화해의 분위기는 순수이론적 요청이었다기보다는 실천적 노력의 결과로 보여진다. 전후 자연법론이 입법 및 판결실무 등에 끼쳤던 영향력은, 물론 이제까지 과대평가되기도 했지만, 바로 자연법적 사고가 사회의식 속에서 관철됨으로써 규범의식을 실천적으로 강화시키는 데 기여할 수 있음을 증명해 보인 한 예에 해당한다. 자연법은 이론의 영역에 있어서는 실정법에 결합될 수 없는 마지막 본질적 요소를 남길지 모른다. 그러나 실천의 영역에서는 필연적으로 실정법에 결합됨으로써만 사회질서의 형성력으로 나타날 수 있는 것이다. 이 점에서 전후 입법 및 판결에 있어서의 자연법의 영향이, 법의식의 쇄신 및 법치국가의 확립에는 중요한 공헌을 했다는 것은 맞는 말이다.

자연법의 이론은 실정법의 한계에 관한 이론이며, 동시에 실정법의 근거에 관한 이론이다. 자연법론은 실정법을 비판하는 기능을 수행하며, 더 나아가 공동체구성원의 의식 속에 보편적으로 관철되어서 실정법을 끊임없이 새롭게 적극적으로 합리화시키는 기능까지를 수행한다. 자연법이 실정법을 합리화하는 기능을 수행할 수 있다는 말은, 자연법이 실정법을 평가하는 기능뿐만이 아니라 더 나아가서 현실에서 실정법을 변화시키는 실천적 기능까지를 수행한다는 의미를 지닌다. 자연법은 알프레드 페어드로스의 말대로, "실정법으로 하여금 결실을 맺도록 하고 실정법 속에서 실현되고자 하는 경향"을 지닌다.[7)]

전후 자연법론이 입법 및 판결실무에 끼쳤던 영향력은 바로 자연법의 (실정법에 대한) 이 실천적 기능을 뒷받침해 준다. 자연법은 실정법개념에 결합됨으로써만 사회질서의 현실적 형성력으로 작용할 수 있다. 자연법이념은 그 실현을 위해서 실정법이 만들어질 것을 요청한다.

자연법이 실정법의 근거에 관한 이론이라고 말할 때, 이는 자연법이 올바른 법내용을 요청할 뿐만 아니라, 실정법의 존재를 그것 자체로서 근거지으며 그와 함께 정치권력의 정당성을 근거짓는다는 것을 의미한다. 자연법의 이러한 의미에서의 실천적 기능은 그러므로 궁극적으로 정치와 도덕을 매개짓는 기능으로 이해되기까지 하는 것이다.

Ⅲ. 실정법의 과제와 자연법

사람들이 자연법에 반대하는 이유 중의 하나는 자연법은 현실의 법적 문제를 해결하기 위한 지침을 실정법에 줄 수 없다는 것이다. 자연법원리로부터 법질서 전체를 일반화시킬 수 있다고 기대할 수 없는 한은 자연법론을 무의미하다고 보는 것이다. 베르그봄만 하더라도, 자연법이 관련된 사실들을 직접적으로 규율할 수 없는 추상적 구성원리에 불과하다고 하여 이것을 배격했던 것이다. 그러나 자연법론은 자연법 혹은 자연법적 근본원리들로부터 법질서 전체의 일반화를 시도하는 의미의 법이론은 아니다.

---

7) A. Verdross, *Statisches und dynamisches Naturrecht*, Freiburg, 1971, 13면.

이 점은 여기서 분명히 해둘 필요가 있다. 자연법론은 그런 (좁은)의미에서는 법이론이 아니다. 정치적 합목적성에 대한 고려를 부단히 도덕적 평가에 예속시키는 역할을 한다는 의미에서의 자연법의 실천적·윤리적 의미 역할에 비추어 본다면, 자연법론은 법이론이 아니라 도덕이론으로 불리어도 좋을지 모른다. 아무튼 자연법적 논의가 법실증주의식으로 표상된 '법'이론에 다 수렴되지 않음은 명백하다. 자연법론은 "법이 무엇인가"라는 (실증주의적)법이론의 문제영역 이외에, 이를 넘어서서 "왜 법에 복종해야 하는가"라는 정치이론의 문제영역에 걸려 있다. 자연법의 윤리적 실천적 기능은 바로 이 두 문제영역의 통합선상에서 나타난다고 볼 수 있다.

법이론은 언제나 법체계의 실질내용적 연관관계 속에서만 의미 있게 검토될 수 있다. 어떠한 법이론도 법체계의 실질내용상의 연관관계로부터 발을 완전히 뺄 수는 없다. 어떠한 실증주의 법이론의 관점도 예컨대, 입법가와 법관의 실천적 모럴이나 실천적 법이성을 완전히 배제시킬 수는 없는 것이다. 이 점에서 자연법의 소위 '실정법 내재성'은 바로 자연법의 실천철학으로서의 가능성을 의미한다. 자연법은 실정법에 내재됨으로써만, 법적 해결을 돕는 사유양식으로서 실천철학의 이론, 즉 실천에 관한 이론이 되는 것이다. 자연법이 법에 관해서 총체적으로 비판적으로 묻는 사유형식이라는 로버트 스페만의 말도 이런 관점에서 그 의미가 살아난다.

법적 행위의 타당성을 다시 한 번 비판적으로 검토하는 사유양식은, 이러한 비판적 검토를 위해서 불가결한 내용적 규준원리를 발전시키는 과제를 전제한다.[8] 그리고 이 과제야말로, 실정법에

---

8) 알렉산더 홀러바흐(Alexander Hollerbach)는 자연법에 대한 스패만식 파악이 법의 내용적 규준원리를 발전시키는 과제를 소홀히 취급할 여지가 있다고 우려하지만, 이는 비판적 검토가 결국 내용에 대한 언급을 전제하지 않을 수밖

대한 해석 및 적용을 통해서 이루어지든, 아니면 법정책적으로 이루어지든, 현실의 법질서 체계에서 실현되어야 할 과제이다. 이러한 입장에 서면 자연법과 실정법의 관계를, 전자가 후자를 대체하거나 아니면 후자보다 옳은 것이어서, 후자보다 우월한 지위에 서 있다는 식으로 잘못 생각하는 길을 처음부터 피해갈 수 있다. 어떤 사람은 자연법이, 자의적인 내용으로 제멋대로 채워질 수 있는 정도로 추상적이어서도 안 되고, 또 그렇다고 해서 기존의 법질서를 대체할 만큼 월등히 나은 것이어서 유효한 실정법과 경쟁할 정도로 구체적이어서도 안 되는 만큼, '중간 정도의 추상형식'을 취해야 옳다고 주장하기도 하지만, 이는 결국 쓸데없는 노심초사에 불과하다.

자연법은 실정법을 대체하는 식의 '법'일 수는 없다. 만약 그렇게 된다면 자연법론에 남는 것은, 기껏해야 실정법이 인정하는 범위 안에서 전적으로 실정법을 보충하는 기능뿐이게 된다. 이러한 식의 자연법이 존재한다면 그 자연법조문은 법관에 의해 그 적용이 기피되기 십상이다. 이런 식으로 이해된 자연법의 기능은 예컨대 우리 민법이 제1조에서 법원으로 인정한 조리(條理)의 기능과 유사하게 된다. 우리나라 민사 판결에서 조리야말로 직접적으로 해석의 규준으로 적용된 예가 거의 없다.[9)]

자연법은 실정법이 인정하는 범위 안에서 법흠결을 보충하는 원리로 이해되어서는 곤란하다. 그렇다면 그것은 한낱, 자연법론과 대립되는 관점에서 파악된 법실증주의의 관철을 의미할 뿐일 것이다. 자연법 규정은 법관에게는 무용지물이었을 뿐만 아니라, 입법가들에게 의해서도 대체로 조심스러운 반응을 불러일으켰다.

에 없다고 본다면 그리 염려할 바는 못 된다(홀러바흐의 논문, "Was ist aus der deutschen Naturrechtsdiskussion geworden?," in: 『韓獨法學』, 第5號, 1985, 18면 참조).

9) 민사실무에서 조리를 적용한 예는 극히 드물다. 大判 1965. 8. 31, 65다1156.

자연법은 오늘날 일부 철학자들에서처럼, 고도의 추상적인 경지에서 초실정적 메타이론의 형태로 전개되어서도 곤란하지만, 그렇다고 해서 또 실제 법문제에 직접적으로 적용되는 규범목록일 수 있다고 생각되어서도 안 되는 것이다. 자연법의 실증주의적 집행(자연법실증주의)의 위험성에 대해서는 이미 1960년대의 자연법비판에서 충분히 검토된 셈이다. 특히 독일에서 신토마스주의 진영으로부터 촉구된 자연법의 '영원한 회귀(回歸)'가 '자연법실증주의'의 색채를 띠면서, 실제에 있어서 전후의 자연법 논의분위기를 오도하고 편협하게 만드는데 영향을 미쳤다. 자연법의 '영원한 회귀'가 법의식의 쇄신 및 법치국가의 확립에 기여했음에도 불구하고, 소위 법의 가톨릭화 내지 종교화라는 비난을 끝내 이기지 못하고 만 사실은 이미 잘 알려진 바이다.

개방사회체계에서 법관이나 공무원은 당연히 사회의 정의감이나 도덕을 바탕으로 부단히 법을 적용하고 평가하는 직무에 종사한다. 폐쇄체계에서는 사실 법적용자들이나 법종사자들이 도덕을 바탕으로 일상적으로 평가해야 하는 압력을 거의 느끼지 않고 지낼 수도 있다. 그들은 법은 어디까지나 법이다라는 실증주의의 빈 형식 속으로 자신의 양심을 살짝 밀어 넣을 수 있는 것이다.

올바른 법내용을 요청하는 문제로서의 자연법의 문제는 곧, 실정법의 존재를 그것 자체로서 근거지으며 그로써 정치권력의 정당성을 근거짓는 문제이다. 그와 함께 법제정행위와 법적 결정행위와 관련하여 법규범의 내용분석 문제가 불가피하게 제기된다. 법실증주의의 거두 베르그봄조차도, 이런 의미에서는 실증주의에도 언제나 여전히 자연법적 사고가 들어가 있다고 말하지 않았던가. 우선 법제정 절차 자체가, 실제에 있어서 법체계가 도덕이나 이른바 사회윤리와 함께 작용하는 체계임을 가르쳐 준다. 법의 절차나 합리적 과정 속에 이미 도덕성이 스며 있지 않다면, 그것은 대체 우리들의 생활질서의 어디에 나타난단 말인가. 하트(H.

L. A. Hart)와의 유명한 논쟁으로 영미권의 자연법논의에 불을 당긴 풀러(Lon L. Fuller)는, 그렇기 때문에 우리들의 삶의 목적에 비추어 보건대, 도덕이라는 것과 합리성 내지 효율성을 엄격하게 구별해내는 일은 불가능할뿐더러 바람직하지도 않다고 적고 있다. 일견 법적 안정성의 이념을 의미하는 듯 보이는 풀러의 8가지 법제정의 원칙이, 그에 의해서 '합법성'의 원리로 불리는 동시에, "법적 도덕의 원리," "법의 절차적 자연법(the procedural natural laws of law)"[10]으로 일컬어지는 배경도 이러한 관점에서 이해해 볼 수 있다.[11] 법제도가 존재하기 위한 최소한의 필요조건은 도덕과 빼어놓을 수 없는 관계에 있다. 풀러에 의하면, 자연법은 인간사회에서 일어나는 세부사실들을 규율하는 법이 아니라, 실정법이 반드시 도덕적인 내용을 가져야만 하는 근거를 제시해 주는 법이다.

절도 있는 실증주의 법이론가들은 이 점을 마땅히 중시했다. 예컨대 오타 바인베르거에 의해서도 법제정행위와 법적 결정행위는 법규범의 내용분석 문제에 불가피하게 연관된다.[12] 그의 밀대로 법의 내용에 대해서 말하는 입장은, 법의 본질을 파악함에 있어서의 한 관점일 뿐이지, 결코 자연법만의 특허품은 아니다. 법체계는 사회적으로 구속력을 지녀야 하는 만큼, 당연히 가치적

---

10) 론 L. 풀러, 『法의 道德性』, 강구진 역, 법문사, 1971(1964), 117면.

11) 이는 법사회학적으로 접근하면서 '합법성(legality)'이라는 개념을 들고 나오는 셀즈닉의 견해와도 일치된다. 셀즈닉은 합법성의 본질적인 요소를 전적으로 '자의성의 축소'로 이해하면서, 합법성의 이념이 가장 잘 나타날 수 있는 조건들을 추구했다. 그에 의해 제시되는 4가지 조건, 즉 정당성으로부터 합법성으로의 이동, 이성적 합의의 극대화를 통한 시민의 참여권 확대, 비판의 제도화, 권력행사자의 자제 등에 대해서는 Philip Selznick, "*The Sociology of Law*," *in: International Encyclopedia of Social Sciences*, Vol.9, 1968, 54면 이하 참조.

셀즈닉 자신도 풀러의 법의 도덕성의 원리를 원용하고 있다("Sociology and natural Law," in: *Natural Law Forum*, Vol.6, 1961, 98면).

12) Ota Weinberger, "Über schwache Naturrechtslehren," in: *Jus Hamanitas, Festschrift für Alfred Verdross*, Berlin, 1980, 321면 참조.

실현에 관계하는 한 과정으로 파악된다. 다만 그에 의하면, 법이 사회윤리 내지 도덕이념을 법정책적·법철학적 정법논증을 위한 유일무이의 규준으로 삼으려 한다면 이는 위험하다는 것이다. 그는 요컨대, 현실의 기존 가치들이 법적 논의에서 사회적 현실의 일부로서 자연스럽게 고려됨을 강조하고자 한다.

바인베르거는 또, 법체계 자체가 사회윤리를 적극적으로 형성해 나가는 측면을 중요시했다. 그는 기존의 사회모럴에 대한 호소를 법적 논의 안에 의미 있게 끌어들인다. 그러면서도 법이론이나 법철학의 문제 자체를, 도덕적인 것이 적극적으로 무엇인가의 문제로까지 몰고 가려고 해서는 안 된다고 말하는 것이다. 그런 까닭에 그는 다소 오해를 받을 여지를 무릅쓰면서도, 법에 있어서 도덕적인 고려는 현실사회의 기존윤리를 논의하는 단계에서 그쳐야 한다고 말했던 것이다.

바인베르거는 법을 논증하는 이론적 작업 이외에, 자연법이념이 별도로 필요하다고 보지는 않는 듯하다. 그는 자연법에 관해서라면, 그의 표현대로 고작해야 '취약한 자연법론(schwache Naturrechtslehre)' 정도로 만족하고자 한다. 어쨌거나 여기서, 그의 '취약한 자연법론'이 그의 실증주의 법이론체계와 적어도 모순되거나 대치되는 관계에 놓이지는 않는다는 점을 지적해 둘 필요가 있다.

소위 법실증주의자들은 법에 대한 도덕적 평가 자체를 부인하지는 않는다. 그들은 법은 다만 어디까지나 법 자체로 족하고, 이 법이 내용적으로 그릇된 경우, 도덕을 바탕으로 즉 법외적(法外的)으로 비판될 수 있음을 부인하지 않는다. 뿐만 아니라 이 도덕적 평가가 합리적 논변의 대상이 될 수 있다는 점 또한 부인하지 않는다. 그리고 실증주의자들의 이러한 경향은 필연적으로는 아닐지라도 자주 법개혁과 도덕발전에 우호적으로 작용했다.[13] 실증주의자들도 자연법론자들과 마찬가지로, 사회의 도덕적 가치에 대해서 합리적인 접근을 꾀하고 있음은 의문의 여지가 없다. 이 점은 유럽의 실천철학의 역사적 전통에 비추어서도 거의 납득될 만하다. 다만 앞서 이야기한 대로, 실증주의적으로 사고하는 사람들은 현재의 문명단계의 즉 기존의 가치연구에 몰두하기를 더 좋아하기는 한다.

법이 여하한 자의적인 내용도 그 안에 포함할 수 있다는 따위의 주장은, 바인베르거에 의하면 실증주의자들의 주장이라기보다는 오히려 실증주의를 적대시하는 측의 주장에 가깝다고 한다. 사실 모든 자의적인 내용이 결코 규범의 내용으로 될 수 없음은, 우선 사회적으로나 기능적으로 살펴보더라도 실제로 분명하다. 뿐만 아니라 인간학적 관점에 서더라도, 일련의 내용들에 대해서는 명백히 규범으로서의 성격이 배제된다고 보여지는 것이다. 물론, 소위 법에 복종케 하는 권위의 요소가 전혀 상실된 채, 오로지 강압적인 힘에 의해서만 강제된 권력체제 안에서는 극악한 정도의 비인도적·비도덕적 내용의 법규범도 사회적으로 일시 기능할 수 있을 것이다. 그러나 그것은 역시 일시적일 뿐이다. 법이 여하한 자의적인 내용도 포함할 수 있다는 주장을 통상의 법체제 안에서 일반화시킬 수 있는 실증적인 예를, 역사는 쉽게 드러내주지는 않는다. 독일의 나치정권만 하더라도 그러한 주장을 일반화할 수 있는 예로서 들기에는 너무나도 극단적인 상황이 아니었던가. 사실 금세기에 일어났던 법악용의 예는 법학의 장래를 위해서는 치명적이었다. 극단의 악법을 법실증주의 태도와 연결시킬 수 있게 만든 저 역사적 예는 법학적 스캔들임에 틀림없었다. 히틀러와 더불어 법학은 근본적으로 지금껏 재기불가능한 것처럼 보일 정도로, 문명된 금세기 유럽에 있어서 저 스캔들은 아직도 현대법학의 망령으로 남아 있다.

---

13) 예컨대 Dennis Lloyd, *The Idea of Law*, Penguin Books, 1983(1964), 113면.

비판적 도덕에 입각한 건전한 법의식과 함께라면, 법실증주의는 오히려 자연법적 기능을 하고 좋은 사회를 유지하게 하지만, 무기력하고 무비판적인 법의식을 가진 사회에서 법실증주의는 악법을 탄생시키는 온상이 된다.[14] 사실 극단의 법률만능주의의 사례는 실증주의의 정신의 산실인 영미계통에서 나오지는 않았으며, 경험적으로 존재하는 판례와 관습법을 원천으로 삼는 영미법문화권에서 특히 영국의 법실증주의는 오히려 민주주의를 정치적·법적으로 발전시키는 데 있어서 세계적으로 꼽힐 만하다는 지적도 있다.[15] 결론적으로 법규범이 어떠한 자의적 내용도 띨 수 있다는 말의 의미는, 바인베르거의 말대로, 다만 가능한 법가치에 대한 '선험적 여과(濾過)'를 인정할 수 없다는 정도로 받아들여야 한다.

법이 사회적으로 일정한 기능을 수행하고 이러한 기능을 수행하는 데 적합한 내용을 지니며, 입법의지는 본질적으로 인간본성에 맞는 사항을 지향한다는 사실은 모든 공동체에 공통된다. 이 점에서 사회현실이나 제도를 서술하는 데는 규범목적적 요소가 당연히 포함된다. 바인베르거는 자신의 실증주의 법이론을 '제도적 법실증주의(institutionalistischer Positivismus)'라고 밝힌 적이 있는데, 여기에는 법을 사회적 현실의 한 구성부분으로 파악하면서 목적론적 논의를 떼어 놓지 않으려는 그의 의도가 반영되어 있다.[16] 모든 법실증주의는 어떠한 형식으로든 미리 전제된 정법의 규준을 부인한다는 점에서는 공통된다. 바인베르거가 절대적 가치의 의미에서의 자연법 근본명제의 존재가능성을 부인한 것은

14) 이와 관련하여 오병선 "하아트와 풀러의 법이론 비교고찰," 『미국학』, 서울대학교 미국학연구소, 1985, 31면 참조.

15) Lloyd, 앞의 책, 112면 참조.

16) Weinberger, *Normtheorie als Grundlage der Jurisprudenz und Ethik. Eine Auseinandersetzung mit Hans Kelsens Theorie der Normen*, 1981, Berlin, 74면 이하 참조.

당연하다. 그러나 그와 함께 일체의 목적론적 관점이 법이론으로부터 배제되어야 한다고 본 것은 아니다. 바인베르거는 다만, 올바른 당위에 대한 무조건적인 규정을 부인한다는 의미에서 이른바 실천적 인식의 가능성을 부인했지, 목적적·가치적 요소들을 어느 정도 인식할 수 있는 가능성까지도 배제하지는 않았다. 이러한 요소들이 법적 근본명제들로서 자연법론의 한 형태로 검토되어야 할 것인지 여부는 사실, 그의 이론체계 안에서는 별 의미를 지니지 않는다.

바인베르거는 법이론을 구성함에 있어서 인간학적 고찰의 의의를 인정했다. 그러면서도 그는 막상, 이러한 인간학적 고찰 내용들을 다만 실정법개념 및 법질서의 한 구성요소로 여겼기 때문에, 법에 있어서 인간학적 고찰내용들을 하트식으로 '자연법의 최소한의 내용'으로 이론화할 필요를 느끼지 않았다.[17] 바인베르거가 이러한 결론에 도달한 데에는, 그 나름대로 이유가 있다고 보아야 한다. 그는 인간존재에 대한 고찰이 법을 위해서 유용하고 불가결하기는 하지만, 이로부터 이끌어낼 수 있는 내용들은 결국 취약하고 이미 자명한 몇몇 일반적 전제들일 뿐이므로—'취약한 자연법론'(!)—거기서 법이론적으로 크게 기대를 걸 만한 사항을 발견할 수 없다고 생각했기 때문이었다. 그에 따르면 이러한 취약한 전제들로부터는 다만 뼈대만을 거론하는 식의 결론들밖에는 유도되지 않으며, 이러한 결론들은 정보를 제공한다는 측면에서도 빈약하다는 것이다. 뿐만 아니라, 이는 결국 법의 기능을 확정시켜 주는 것 이외의 아무것도 아니어서, 이론적으로 설정된 문제가 어떻게 규범적으로 해결되는가에 대해서는 아무런 출발점을 제공하지 못한다는 것이다.

바인베르거는 자연법에 있어서 인간학적 전제의 빈약성을 문제

17) Weinberger, 앞의 책, 79면 참조.

삼았다. 사실 어느 면에서 보면, 법개념을 생존목적에 연결시켜 이로부터 인간과 외계를 보호하기 위한 지침을 얻고자 하는 하트의 '최소한의 자연법'이나, 인류는 살아남아야 한다는 식의 탐멜로의 '긴급법'으로서의 자연법 등도 취약한 전제들을 제공해 줄 뿐이기는 하다. 어쨌거나 법고찰에 있어서 인간학적 전제에 대한 바인베르거의 이와 같은 소극성은, 실정법체계 밖에서의 자연법 논의 가능성을 가능한 한 좁히려는 의도와 연관된 듯 보인다.

자연법적 논의가능성을 실정법체계 밖에서 별도로 인정하지 않으려는 태도에는 요컨대, 자연법개념과 실정법개념을 은연중에 대립시키는 시각이 숨겨 있다. 목적적 원리 내지 가치들의 작용을 실정법체계 안에 포함시키면서도 자연법적 원리를 거부하는 바인베르거의 태도는, 순수히 논리적·분석적으로만 본다면, 하트의 말대로 '불필요한 반복'[18]을 피하기 위한 뜻으로 풀이할 수 있을지도 모른다. 어쨌든 여기에는 자연법적 사고를 실정법과 동시에 존재케 할 수 없다는 일종의 선택 강박관념이 엿보이고 있는 것이다.

그럼에도 불구하고 그의 이론체계는 자연법적 사고를—특히 법률정책적 요청으로서, 혹은 법평가의 규준으로서— 그 어느 이론체계보다도 더 잘 받아들일 수 있게 만들어져 있다고 생각된다. 그의 법실증주의는 말하자면 자연법론을 향해 열려 있는 실증주의, 그러므로 실증주의의 가장 포괄적인 유형에 속한다 할 것이다. 다만 그는 자연법을 경원시하는 가운데 형성된 실증주의 법이론가들의 공감대를 선뜻 빠져나올 수가 없었던 것이다. 그렇지 않았다면 그는 실증주의의 관점에 서서 이로부터 자연법 일반이론을 발전시킬 수 있는, 오늘날 법철학계에서 기대되는 몇 안 되는 이론가의 하나로 꼽힐 수 있었을 것이다.

18) 허버트 하트, 『법의 개념』, 오병선 옮김, 아카넷, 2001(1961), 381면.

제3장

자연법의 사법적 적용가능성

Ⅰ. 법개념과 법실무

필자는 수년전 법원으로부터 "자연법의 사법적 적용가능성"이라는 제목으로 판사들을 대상으로 특강을 해달라는 요청을 받은 적이 있다. 필자는 제목을 듣는 순간 잘못 들은 것이 아닌가 싶어 되묻기까지 했다. 우리 법조계에서—물론 법학계에서도 자연법은 아주 무시되거나 잊혀져가는 존재이기 때문이었다. 일반인의 의식 속에서도 마찬가지다. 오래 전의 이야기지만, 필자의 졸저 『자연법사상』이 서점에서 자연과학 코너에 꽂혀 있는 것을 보고 실소한 적도 있었다. 오늘날 전세계적으로 자연법에 대해 말하는 법이론가들은 대개 "나는 자연법론자는 아니지만…"이라는 식의 토를 단다. 물론 필자도 정서적으로 그러하다.

자연법은 법실무가들, 그중에서도 특히 법관들에 의해 기피 내지 냉대당하고 있다. 제2차 세계대전 직후 법쇄신과 법개혁 분위기 속에서의 '자연법의 르네상스' 분위기를 제일 먼저 깨고 나온 사람들도 실무가들이었다. 독일만 해도 이미 1960년대에 연방대법원장의 입에서 정법을 위한 풍성한 보장책이 이미 관습화되어 있는 오늘과 같은 자유민주법치국가에서는 자연법은 구시대의 유물일 수밖에 없다는 단언이 나왔다. 자연법문제의 고유영역은 오늘날 법 안에서 기껏해야 저항권문제[1] 정도라고 말한 사람도 있다. 한국의 사법실무에서는 저항권과 같은 개념마저도 거론하기를 기피하는 실정이다. 이런 분위기에 실무계로부터 자연법에 관한 강연을 제안받은 필자로서는 뜻밖이라고 생각하지 않을 수 없었던 것이다.

그러나 곰곰 생각해 보면 최근 우리나라 법원이 자연법에라도 한 번 기웃거리고 싶은 충동이 생긴 데는 시대상황과 사회변화에 따른 필연이 있었다고 볼 수밖에 없다. 비실증주의적 법개념에 대한 법원 일각의 관심은 대체로 다음과 같은 한국의 정치적·사회적 환경변화에 따른 결과라고 생각한다.

첫째, 지난 30여 년간 이어온 권위주의 군사정권이 물러나고 문민정부, 국민의 정부, 참여정부가 들어서면서 필연적으로 제기된 이른바 '과거청산', '역사청산'과 관련하여 법원으로 넘어오는 여러 사건들에 대해 법원은 법실증주의 태도만으로는 이것들을 원만히 해결할 수 없다는 통찰에 이른 것이다. (필자에게 강연을 청한 당시 지법원장만 해도 1996년 12월 16일 12.12 군사반란 및 5.17/5.18 내란 사건의 항소심 재판장을 맡았던 분으로서 '성공한 쿠데타'로 최고권좌에 올랐던 전직 대통령 두 사람에게 반란 및 내란죄를 인정하여 각각 무기징역과 징역 17년을 언도했던 판사였다.) 민주법치국가의 통상의 형법이 다루는 데 익숙하지 않은 '거시범죄', '정부범죄', '국가범죄' 등을 취급해야 했던 검찰과 법원의 당혹감은 상당했을 것이다. 이른바 '하드 케이스'를 앞에 놓고 우리 사법부는 국민의 법감정이 납득할 만한 해결책을 내놓지 않으면 안 되게 된 것이다.

---

1) 전(前) 서독 연방행정법원장 Fr. Werner, Bericht über die Tagung der deutschen Sektion der internationalen Juristen-Kommission, Würzburg, 1961.12. 2-3, 61면.

거시범죄나 국가범죄에 대해 통상의 형법을 적용하게 되면 처벌을 받아야 하는 사람이 경우에 따라서는 오히려 보호되기도 하여, 수범자들이 납득하기 어려운 사태에 이르게 된다. 즉 조문과 종전의 판례만 따르게 되면 이상하게 보이는 결과를 초래할 수 있는 것이다. 이 시점에서 법관들은 직업적 타성에서 잠시 벗어나 나름대로 참다운 법실천이란 무엇인가라는 근본적인 물음을 앞에 놓게 되었다고 볼 수 있다. 법철학은 법의 근본문제를 다함께 다시 한 번 비판적으로 생각해 보는 학문이다. 우여곡절의 한국헌정사는 법관에게 이런 의미의 법철학을 할 기회를 제공했으리라고 생각된다.

둘째, 법은 전통적으로 예측가능성, 명료성, 중립성, 확실성, 객관성의 대명사였다. 반면 지난 한 세대 이래 우리사회의 파행적이고도 급속한 경제발전, 사회변천은 예측가능성이 무너지는 이른바 불확실성의 시대를 초래했다. 법관도 이 시대정신에 감염될 수밖에 없다. 격변의 시대흐름으로 인한 불확실성은 오늘날 국내적으로만 아니라 지구촌 전체에 해당하는 화두이기도 하다. 그렇지만 한국은 그 변화의 내용이나 속도에 있어서 어느 나라와도 비교할 수 없을 정도이다. 우리사회는 불과 한 세대 만에 농경사회에서 실리콘벨리로 옮겨왔기 때문이다. 특히 1990년대에 들어오면서 '세계화'와 함께 구조조정, 개방 등의 여파로 정치, 경제, 사회, 문화적 일대 격동에 휘말려 있다. 이에 따라 법관의 법발견도 어느 정도는 유연성의 사고를 필요로 하게 된 점이다. 법관의 법해석도 변화하는 현실에 부합하고 당사자들이 납득할 수 있는 논거를 바탕으로 하지 않으면 안 되게 되었다. 법리 혹은 합법성이라는 것이 유연성을 결하게 되면 그것은 정작 모든 사람들이 보는 해악을 보지 못하도록 막는 결과를 초래하여, 법이 기능을 발휘해야 할 바로 그 자리에서 법의 기능이 멈추게 될 수도 있다. 결론적으로 불확실성의 시대, 위기의 시대의 직업인으로서 법관들도 법해석의 이름으로 어느 정도까지 유연한 사고를 펼칠 수 있는지 묻지 않을 수 없게 된 것이다.

셋째, 근대 이래 어떤 학문분야에서보다도 법학은 법적인 것과 비법적인 것을 구분하는 데 많은 정열을 바쳐 왔다. 법학의 독자적인 영역이 확보된 만큼 법률가집단의 존재근거도 막강해진 것은 말할 것도 없다. 기본적으로 실정법국가에서 사법에 대한 입법의 우위는 확고하다. 그러나 그런 만큼 법률가들은 입법적·정책적 영역의 가치논쟁에서 벗어나 자족적인 사법의 성을 탄탄하게 쌓을 수 있었다. 즉 제정법의 내용이 무엇인지에 대해서는 상관할 바 없이 법 그 자체의 논리라는 것에만 몰두해도 되는 그들만의 전문영역이 주어진 것이다. 이것이 자유민주주의 체제하에서 법의 지배의 존립기반이 되는 '법의 자율성'이다.[2] 그런데 이 법의 자율성 내지 독자성이 도전에 직면해 있다. 문화다원주의, 가치상대주의의 시대 분위기에서 법원을 찾는 사람들은 법원의 권위나, 법관만이 잘 안다고 생각하는 법리를 수긍하기보다는 "나를 납득시켜 보라"고 요구하는 형국이다. 그래선지 오늘날 어느 나라나 할 것 없이 판결문은 점점 길어지고 있다. 논증과 그에 따른 설득이 요구되는 법정에서 이제 법관은 법과 사회, 그리고 개인과 사회의 관계를 조망하여 동시대인들이 납득할 만한 구체적 정의를 보여주지 않으면 안 된다.[3] 이러한 상황에서 법률가나 법이론가들은 이제, 다른 사회과학자들은 법과 사회 그리고 개인과 사회의 관계를 어떻게 설명하는지 관심을 갖지 않을 수 없다. 오랜 동안 학제적 통찰의 무풍지대였던 법과 법학은 오늘날 각종 '하드 케이스'에 처해 학제적 연구의 필요를 느끼면서 외

---

2) Roger Cotterrell, *The Sociology of Law. An Introduction*, Butterworths, 1984, 317면 이하 참조.

3) Pavel Holländer, "The Judge Today: A Barrier to Postmodern Deconstruction or an Industrial Factory for Decision-Making?", in: *Systems of Justice in Transition*, Ashgate, 2003, 77면 이하 참조.

부세계, '비법의 세계'를 향해 구원을 청하고 있다. 세계단위 혹은 블록단위의 법의 통일화 경향, 정부조직 혁신차원의 사법개혁 요구, 사회다양화에 따른 권리구제 요구 확대, 헌법재판의 증대 등 오늘날의 제반 상황은 사회화되고 학제적 관심을 가진 법률가가 아니고서는 전체적인 상을 조망할 엄두를 내기 어렵다.

넷째, 과거 같으면 법원으로 넘어오지 않고 정치권이나 행정당국의 위원회에서 해결했을 법한 많은 정치적 혹은 정책관련 사안들이 오늘날 법원으로 넘어오고 있다. 여의도에서 여야 국회의원이나 정당간의 싸움, 노사정 간의 불협화음, 정부와 환경단체의 싸움은 날이 새기가 무섭게 법정으로 넘어온다. 정책관련 사안들을 대거 떠안고 고심하는 판사들이 모인 법원은 어느 듯 '작은 국회'가 되어가고 있다는 느낌이 든다. 오늘날 헌법재판소는 법적 관심과 정치적 참여의 수렴양상을 잘 보여 주고 있다. 국가와 사회의 질서확립, 집단간의 권한쟁의나 이익조정 문제 등, 첨예한 정치적 의제들이 헌법재판소에서 근소한 의견 차이로 위헌 혹은 합법으로 결정된다. 법관 한사람이 선거에 의해 뽑힌 수많은 국회의원들의 결정사항을 뒤바꾸는 경우를 우리는 심심치 않게 목격하는 것이다.

법원은 이제 조문이나 과거의 판례에만 의존하여 사적 이익간의 균형을 고려하여 '중립적'인 결론을 내리기보다는 각종 정부목표나 사회적 효율, 사회구성원들의 도덕적 요청 등을 고려하는 정책판단도 겸하지 않으면 안 된다. 법관들이 판례집 이외에 통계숫자나 여론조사, 아니면 심지어 시사주간지도 뒤적이고 있다는 사실은 한 마디로 법판단에서 정책적 사고의 비중이 점점 커지고 있음을 뜻한다. 이른바 육법전서라는 말에 익숙해 있는 사람들은 요즈음 법이 계약법이니, 회사법, 파산법, 통상법이니 하는 식으로 주로 거론되는 분위기에 당혹할 것이다. 요컨대 경제학도의 관점에서 법을 볼 줄 아는 능력이 점점 중요해지고 있다.

법적 분석과 경제적 분석의 통합현상 이외에 법적 판단과 도덕적 판단의 통합도 일어나고 있다.

다섯째, 생명공학을 위시한 오늘날 첨단과학기술의 급속한 발전과 이 기술의 광범위한 적용에서 야기되는 문제들이 법률가들에게 새로운 고민을 안겨주고 있다. 현대사회는 뭐니 뭐니 해도 과학기술사회이다. 1970년대 중반부터 시작되어 1990년대에 이르러 엄청나게 빠른 속도로 발전하는 생명공학과 이에 의존한 첨단의학은 인간의 생명, 건강, 환경에 미치는 영향이 확실히 예측되지 않는 가운데 곧바로 광범위한 적용을 불가피하게 만드는 측면때문에 안전성과 윤리성의 관점에서 많은 문제를 낳고 있다. 안전성 및 윤리성 문제는 법이라는 둔중한 무기로 다루기에는 너무 미묘하고 복잡하다. 최근 인간복제를 금하고 배아를 보호하는 법률도 만들었지만 곧장 개정 요구에 직면해 있다. 이 분야에서 입법 요청은 계속 늘고 있지만 막상 입법이 용이하지는 않다. 현재 기술이 발전 중에 있어서 위험예측이 어렵고 위험 자체에 대해서도 전문가들 사이에 의견이 극히 엇갈리고 있기 때문이다. 그러는 가운데 예전 같으면 과학자나 의사의 직업윤리에 맡겨졌을 다양한 갈등들이—배아나 유전자를 둘러싼 문제, 생명연장술, 생명복제, 인체실험 등등—첨예해지면서 법정으로 넘어 오고 있다. 그러나 법관이 이런 문제들에 다가가는 데는 많은 난관이 따른다. 생명과학기술의 적용으로 야기된 갈등들을 승자와 패자를 가려주는 법정이라는 곳에서 충돌 내지 경합하는 권리들의 묶음인 법언어로 다루는 데는 한계가 있다. 기술적용과 관련하여 법이 보호하고자 하는 이익이 아직 확실하지 않고 과학공동체와 당국, 의사와 환자, 환자와 가족, 배아와 산모 등의 관계는 신뢰보호관계에 놓이기 때문에, 과도하게 권리관계로 법화시키려 들면 의외로 개인들이 더 고통스럽게 되는 측면도 있기 때문이다.

생명윤리의 문제를 떠안은 법률가들에게는 추상적인 정의 수호

보다는 오히려 섬세한 배려의 자세가 요구된다. 이런 자세는 지금까지의 법관에게는 요구되지 않았던, 따라서 낯선 것이다. 이와 관련하여 또 한 가지 요구되는 것은 미래적 사고이다. 법관들은 대체로 과거지사를 판단해온 사람들이다. "아이가 물에 빠졌는데 누가 책임져야 하느냐"를 판단하는 식이었다. 그런데 생명공학기술이 사회에 던지는 갈등문제는 미래에 미치는 영향에 대한 판단을 포함한다, "산전의 유전자치료행위가 장차 아이에게 어떤 영향을 미치는가"를 가지고 고민해야 하는 것이다. 요컨대 과학기술사회에서 법관은 미래지향적 예방적 법사고의 지평을 확보하지 않으면 안 된다. 법은 이제 '경계'를 가리키는 데 그쳐서는 안 되고 '길'을 가리킬 수 있어야 한다.

마지막으로 분단법시대, 분단법논리를 극복하고 화해와 통일에 대비하는 법해석 마인드가 필요하게 되었다. 한국사회에서 그동안 분단의 논리를 주도해온 것이 법학이요, 법률가집단이었다고 말해도 지나친 말은 아닐 것이다. 법해석을 통해 체제통합, 사회통합을 좀더 수월하게 하는 방향으로 법률가들이 노력한다면 통일은 앞당겨질 것이다. 법치주의의 확대, 법을 통한 사회의 합리화 및 조직화가 바로 법률가들이 한반도의 통일에 기여하는 길인 것이다.

한국사회의 이 모든 상황변화는 법조전문직이 미래에도 계속 영향력을 발휘하기 위해서는 지금보다 훨씬 더 사려가 깊고 사고가 개방적이어야 한다는 것을 깨닫게 해준다. 지금까지의 관행과는 다르게 법을 운영해야 한다는 요구는 최근 사법개혁에 대한 범국민적 열망으로도 나타나고 있다. 한국사회는 입법정의보다는 사법정의, 즉 재판을 통한 정의구현의 기대가 국민정서에 더 잘 부합해온 사회라고 생각한다. "사람 나고 법 났지 법 나고 사람 났나"라는 속담에 담긴 정의감은 의회입법보다는 법관법을 향하고 있다. 이점에서 가까운 일본이나 독일과도 구별된다고 생각한다. '법의 지배'는 우리사회에서 곧 '재판의 지배'로 더 잘 다가온다. 시민들은 그들의 운명에 크나큰 영향을 미치는 법의 마지막 모습을 법정과 법관의 모습으로써 더 잘 기억하는 것이다. 이는 지난 시절 독재정권, 쿠데타 정권이 많은 비상입법기구 내지 사이비입법기구를 배출했기 때문에, 그 와중에서 법에 대한 일반인들의 기대는 사법부를 향했기 때문이라고도 생각한다.

법관들에게 지금까지와는 다른 눈으로 법을 볼 줄 아는 능력이 필요하게 되었다는 것은 그들의 관심이 우선 법전이나 판례의 의미로 좁혀진 실무법률가적 법개념보다는, 조문의 배후원리에 연관된 복합적인 법개념을 향할 필요가 있다는 것을 뜻한다. 말하자면 전문직업적 상황을 초월하여 훨씬 거시적으로 법의 의미를 추구해 들어가야 한다는 뜻이다.

Ⅱ. 법관을 위한 법개념

법을 이해하고 설명하는 데는 특정한 실천적 의도와 함께 합목적성에 대한 고려가 잠재적으로 포함되어 있다. 그러므로 법은 그것을 정의하고자 하는 목적, 즉 인식관심에 따라 그 개념의 폭이 신축적일 수밖에 없다. 법개념을 정의하는 일은 법이라고 부르는 그 무엇을 명확히 알기 위해서 우리가 관심을 돌리는 다양한 대상들—예컨대 법전, 법원, 소송절차, 입법행위, 법해석, 국제법, 법원조직법, 행형, 인권, 위헌판결, 법률구조 등등— 가운데 공통된 요소를 찾는 일이다. 이들 대상들에 공통된 요소들을 조합한 것이 법개념이 되는 것이다. 이때 어떻게 조합하느냐, 즉 여러 공통요소들 중에서 어떤 것을 골라서 개념구성요소로 취하느냐의 문제가 바로 인식관심에 따라 정해지는 것이다.

추상적 규칙성, 권위적 제정성, 강제를 통한 사회적 관철, 최소한의 정당성 등은 법을 법이게끔 하는 요소들이다. 그런데 이 중에서 누구는 무엇을 빼고, 혹은 누구는 무엇을 강조하여 저마다 각각 다른 정의를 내리는 것이다. '법은 국가권력에 의한 강제규범', '법은 정의실현에 봉사하는 의미를 지니는 현실', '법은 공무원들이 분쟁에 관하여 행하는 바에 대한 예측' 등등. 이때 무엇을 빼고 무엇을 강조하는가는 바로 저마다의 인식관심에 따라 정해진다. 국제법도 법인가, 나치법도 법인가라는 물음을 둘러싼 공방전은 예컨대 이 인식관심에 있어서의 극단적인 예들을 보여주는 것이다.

법이 무엇인가를 둘러싼 논쟁의 역사는 실로 그 시대의 인식관심에 가장 잘 기여하는 법에 관한 개념을 찾고자 하는 긴 투쟁의 과정이었다. 인식관심이 시대의 산물이라면 법이 무엇인가의 물음은 필연적으로 어느 때의 법인가의 물음을 동반한다. 그리하여 우리는 오늘날 자유민주주의체제를 염두에 두고 이에 상당한 법개념을 추구하게 되는 것이다. 법의 권위가 형이상학이나 카리스마가 아닌 법의 내적 논리, 바로 막스 베버가 말하는 합법성으로 이동한 이래, 법사고에서 법의 내적 논리 이외의 요소를 모두 제거하고 법지식의 영역을 명확하게 설정하자는 주장은 법이론의 주류를 이루어 왔다. 그리고 이러한 요청은 입법을 독점하면서, 즉 법의 '실정성'을 강조하면서 탄생한 국민국가 단위의 법생활에 가장 잘 부합하는 것이기도 했다.

오늘날 법이론의 주류를 이루고 있는 것은 실증주의적 분석법학이다. 이 주류법이론들은 이 시대의 인식관심에 잘 부합하는가? 법의 '실정성' 혹은 법의 내재적 논리를 강조하면서 무엇이 법인가는 그 실질내용이나 도덕적 가치와는 무관하게 확인될 수 있다는 주장을 근간으로 하는 법실증주의, 분석법학의 법개념론은 이 시대의 인식관심에 잘 부합하는가? 아니면 그것은 국민국가 단위의 법시스템 유지에 경도되어 있었고 법지식 영역을 가치적 정책적 논의와 결별시킨 채 법률전문가 집단의 전유물로 보기 때문에 더 이상 이 시대의 인식관심에 합치되기 힘든 것이 아닌지? 물론 민주법치국가에서 법관을 포함하여 공무원들의 공무수행활동은 법효력의 근거를 확보해주는 중요한 지표 역할을 한다. 그러나 거기에는 전제가 따른다. 사법부의 독립, 부패와 독직이 없는 공무원 기강, 민주적 대중정당의 존재, 건전한 선거풍토 등이 그것이다. 이러한 전제가 충족되지 않으면 법관이나 공무원의 법에 대한 인식관심은 경우에 따라서는, 루소식으로 표현하자면, 일반의지가 아닌 개별의지의 표현에 지나지 않게 된다. 그 개별의지적 편향성이 극단적인 경우에는, 그들의 인식관심은 설상가상으로 법으로부터 배제되어야 할 인식관심일 수도 있게 된다.

새로운 시대는 법에 대한 인식의 변화를 요구하고 있다. 인식관심의 편향성을 극복하고 법관들의 참다운 법실천을 돕는 법개념에 관한 논의가 필요하다. 필자는 그러한 법개념론은 다음과 같은 기본입장을 지니게 되리라고 생각한다.

첫째, 법에 있어서 개념은 이념과 연관시키지 않고서는 논의될 수 없다. 법개념에 관한 이론 안에는 그것이 실천과 어떻게 연관되는가에 대한 잠재적 도식이 포함되어 있다. 이 실천과 연관된 이론의 부분이 바로 개념의 이념적 구성요소를 이룬다. 법이 무엇인가의 물음은 법원리와 이상에 관한 토론, 건전한 대안에 대한 상상, 사회성원이 받아들여야 할 기본가치에 관한 논의의 일부일 뿐이다.

법이란 무엇인가라는 개념에 관한 물음은 법이란 무엇이어야 하는가라는 이념에 관 한 물음으로부터 철저히 떼어낼 수 없다. 법이란 무엇인가의 물음은 법이 명하는 것과 도덕이 명하는 것 사이에, 법이 명하는 것과 정의가 명하는 것 사이에, 그리고 '있는 법'과 '있어야 할 법' 사이의 연관을 둘러싼 논쟁을 통해 그 내용이 채워져 왔기 때문이다. 이러한 법개념론은 반드시 자연법론에의 회귀를 뜻한다고 풀이할 필요는 없다. 이른바 '포용적 법실증주의(Inclusive Legal Positivism)'[4]의 이름으로도 이러한 법개념을 받아들일 수 있는 것이다. 이들 약화된 법실증주의에 의하면 법과 도덕은 반드시 분리되어야 한다는 이른바 '배제적 법실증주의'는 더 이상 견지될 수 없다. 주지하다시피 오늘날 성문헌법은 일련의 도덕적 가치들을 포함하고 있으며 이를 입법과 법해석의 기준으로 삼고 있다. 따라서 헌법에서 승인된 도덕원리를 침해하는 의회입법과 법관법은 법일 수 없다. 도덕원리는 이처럼 법의 존재와 내용을 결정하는 근거가 된다. 이러한 '연성 법실증주의'의 주장은 사실 '역사적 자연법론'과 통한다. '연성 법실증주의'가 도덕적 원리는 헌법에 의해 법으로 편입되었기 때문에 법의 일부라고 말한다면, '역사적 자연법론'은 도덕적 원리는 도덕적 원리로서의 그 불변의 진리속성 때문에 법의 일부가 된다는 수상을 유보한다.

둘째, 법개념은 법효력과 밀접하게 연관지어 논해야 하는 문제이다. 법개념을 추구하는 일은 인이적 명확성을 기하기 위한 문제만이 아니라 현실에서 만족스러운 법적 해결책을 찾는 데도 도움이 되지 않으면 안 된다. 예컨대 법개념은 입법자가 바람직한 법정책적 고려에 이르는 데도 도움이 되어야 한다. 그런가 하면 법관이 그의 직무에 합당한 결정을 내릴 때에도 의존하는 개념이어야 하는 것이다. 그러자면 법개념 논의에서 우리는 법오용 내지 법왜곡의 현실상황도 고려하지 않을 수 없다. 입법자들이 언제나 최선의 입법을 하는 것은 아니며, 아니 심지어는 최악의 입법을 감히 획책하기도 하기 때문이다. 이러한 극단적 상황에서는

---

4) 포용적 법실증주의라는 명칭은 W. J. Waluchow, *Inclusive Legal Positivism*, Oxford, 1994에서 나왔다. 이에 대해서는 심헌섭, "권위에 대하여 —배제적 법실증주의에서 포용적 법실증주의에로," 『법학』 제39권 제2호, 서울대학교 법학연구소, 1998, 111면 이하 참조.

즉 극단적인 부정의를 내용으로 하는 규범에 대해서는 효력을 인정할 수 없으며, 그러므로 법으로서의 성격 또한 박탈할 수밖에 없다. 만약 법이 너무나도 내용적으로 부당하면 효력이 없고, 효력이 없으면 법이 아니다라고 말할 수밖에 없게 된다. 법관에게든 시민에게든, 법의 이름으로 이유불문의 복종을 요구하는 이른바 "판단의 항복"은 받아들여질 수 없다. 여기서 법효력론은 법개념의 한 요소를 이루게 됨을 알게 되는 것이다.

셋째, 궁극적으로 법관이 사례에 적용해야 할 규범을 찾는 데 도움이 되는 법개념을 가지기 위해서는 법개념 안에는 '법원리'까지 포함되지 않으면 안 된다. 효력을 법개념에 연관지어 설명해야 하는 까닭이 예외적인 불법국가 상황이 있을 수 있기 때문이라면, 법개념 안에 '법원리'까지를 끌어들여야 하는 까닭은 일상적인 법치국가 상황에서도 해결하기 어려운 사안들이 있기 때문이다. 또한 법흠결의 경우, 법규가 모호한 경우, 모호하지는 않더라도 법규의 해석을 둘러싸고 의견의 불일치가 심할 경우에는 원리에 입각하여 법을 발견할 수 있게 됨으로써 그렇지 않으면 야기될지도 모르는 법적 불확정성의 상황을 어느 정도 극복할 수 있다.

법관이 사례에 적용할 규범을 찾는 일은 단순히 사실을 기술하는 문제가 아니다. 법관은 기술적 태도로 법을 대하는 게 아니라 규범적 태도로서 법을 대한다. 그는 사례에 법을 적용함으로써 단지 현상을 해석하는 사람이 아니라, 법이 실현하고자 하는 목표와 가치를 극대화하라는 명령의 이행자가 된다.[5] 법관은 이런 의미에서 실제로 법규와는 구조적으로 차이가 있는 법원리를 엄연히 적용하고 있다. 오늘날 민주헌정국가에서 이 명령은 헌법이념을 최대한으로 실현하라는 요구로 이해될 수 있다.

---

5) R. Alexy, "Zum Begriff des Rechtsprinzip," in: *Rechtstheorie*, 1979, 59면 이하 참조.

넷째, 법개념을 얻기 위해서는 관찰자의 관점이 아닌 참여자의 관점을 취하지 않을 수 없다. 일찍이 분석법학의 주창자들이 법을 도덕의 일부로 보았던 형이상학적 자연법을 거부하고 법학의 고유한 대상을 정립하고자 과학적 분석주의로 나아간 것은 좋았다. 그러나 법과학은 마치 생물학자가 흰개미왕국의 법칙을 기술할 때처럼 외부에서 관찰하는 대상은 아니다. 앞에서 법은 인식관심에 따라 개념 폭이 정해진다고 말한 바 있는데, 이때 인식관심의 내재화가 바로 참여자적 관점에 해당한다. 내재적 인식관심은 크게는 참여민주주의와도 통한다. 즉 자유민주주의 체제하에서 법과 법생활의 의미를 추구하는 것이다.

참여자의 관점은 무엇이 올바른 결정인가에 대한 관심을 표명하는 관점이다. 법개념을 논하면서 앞에서 설명한 세 가지 기본입장은 법이란 무엇인가를 묻는 사람이 관찰자가 아닌 참여자의 입장에 있다는 것을 전제로 해서만 가능하다. 관찰자의 관점은 "한 법체계 내에서 무엇이 명령 혹은 금지되어 있으며, 무엇이 허용되어 있고 무엇에 대한 권한이 부여되어 있는지에 대한 논의에 참여하는 사람의 입장을 취한다. 참여자의 관점에 서는 대표적인 집단이 법관들이다. 다른 참여자들, 예컨대 법학자나 변호사 혹은 법체계에 관심이 있는 시민들은 특정한 법체계의 내용에 대해 찬성하거나 반대하는 논의를 할 때 그들은 궁극적으로, 만약 법관이 올바르게 결정하고자 결심할 경우에 그는 어떻게 결정해야만 하는가에 관심을 둘 것이다."[6]

포스트 분석법학의 이론흐름에서 두드러진 경향의 하나가 참여자적 관점이다. 그들은 대개 자유민주주의체제를 전제하고 그 안에서 통용가능한 법이론과 법실천을 모색한다.

---

6) R. Alexy, *Bebriff und Geltung des Rechts*, Freiburg/München, 1992, 47면.

Ⅲ. 법개념의 보고(寶庫): 자연법론 다시 보기

앞에서 우리는 당대의 법률가나 법학자들이 지금까지와는 다른 관행으로 법을 운영하고 지금까지와는 다른 눈으로 법을 볼 수 있어야 한다는 것이 대해서 말했다. 법의 역사에서 자연법사상은 법의 위기 혹은 질서의 위기에 처해 당대 법종사자로 하여금 법을 다시금 새로운 눈으로 보게 하는 실천적 의미를 띠었다. 자연법사상은 법의 이름으로 이루어진 반성적·비판적 성찰의 보고(寶庫)였다. 또한 그것은 미래적·정책적 법사고의 원천이기도 했다. 법사고의 윤활유 역할을 하기도 했던 이 자연법사상은 오늘날 한국의 법률가와 그들의 법실무에 어떤 의미를 지닐 수 있을 것인가?[7)]

자연법론을 도덕이론의 일부로 보기보다는 법비판학으로 이해하는 필자는 법관의 법인식의 지평을 확대하기 위해 이 법사고의 윤활유는 언제나 유용하다고 생각한다. 자연법론은 정치적·사회적 공동체의 근본질서는 그 어떤 자의적 질서에 내맡겨질 수 없다는 의식의 산물이다. 현실의 법과 제도가 완벽하지 않는 한 뭔가 더 나은 제도를 향한 추구는 계속될 것이다. 자연법의 매력은 바로 여기에 있다. 법의 이름으로 법쇄신을 위한 성찰을 제공한다는 점에서 자연법은 법의 자기수정이념이라고 말할 수 있다. 이 법의 자기수정이념을 서구문화권에만 고유한 산물로 보아야 할 근거는 없다, '법'을 '법률'과 구분하는 우리 사유전통을 간직하고 있는 공동체라면 다 법의 자기수정이념에 대한 민감성을 지니고 있다.

자연법을 법비판학으로 이해하는 한은 자연법은 실정법이 법인

---

7) 자연법의 역사적 의의, 사회적 기능에 대해서는 필자의 『자연법사상』, 민음사, 1987, 163면 이하 참조.

의미에서의 법이 아닌 것은 분명하다. 자연법은 실정법처럼 일종의 규범목록일 수는 없으며, 실정법적 의미의 구속력을 띠는 강제질서도 아니다. 그러므로 자연법과 실정법을 개념적으로 대립시켜서 이 둘을 택일적 경합관계에 두는 것은 잘못된 생각이다. 자연법은 그것이 확인되기만 한다면 실정법보다 월등히 나은 것이어서 실정법과의 경쟁에 이긴 자연법은 실정법을 대체할 수 있다는 의미로 통용될 수는 없는 것이다. 자연법을 비판하는 사람들 중에는 실정법체계 안에서의 자연법적 사고의 가능성을 처음부터 인정하지 않으려는 태도를 견지하는 사람들이 적지 않은데, 이는 바로 이 두 법을 택일적 경합관계에 있는 것으로 대립시킨 결과이다. 자연법과 실정법의 대립은 다만 의미론적 차원에서만 언급할 수 있을 뿐인 것이다. 자연법에 대립되는 것은 실정법이 아니라 실정법률의 외관을 띤 비도덕적이고 자의적인 법, 그야말로 "법률적 불법"일 뿐이다.

이 점에서 필자는 자연법을 '규범목록'이 아니라 법적 행위의 타당성을 다시 한 번 비판적으로 검토하는 '사유양식'으로 이해하는 독일의 법철학자 로버트 스페만의 입장을 지지한다.[8)]

자연법이 법적 행위의 타당성을 다시 한 번 비판적으로 검증하는 사유양식이라는 말은 무엇을 의미하는가? 첫째, 자연법은 현실의 법질서체계 안에서 실현되어야 할 과제, 바로 실정법이 안고 있는 과제에 대한 비판적 성찰을 뜻한다. 당대의 법제도 및 법학을 정당성이라는 관점을 향해 눈떠 있게 하는 역동적인 지적 활동은 언제나 새로운 조건 밑에서 내용이 채워져야 할 실정법과제의 항구성으로 풀이될 수 있다.

둘째, 사유양식으로서의 자연법은 실정법 안에서의 '자연법의 내재성' 명제를 받아들인다. 이 내재성은 물론 체계순응적이 아닌

8) Robert Spaemann, "Die Aktualität des Naturrechts," in: *Naturrecht in der Kritik*, Mainz, 1973, 276면.

체계비판적 의미를 띠고 있다.

셋째, 자연법은 실정법 이외의 또다른 법적 구속력을 요구하는 구체적 형태의 법규범체계를 제시하지는 않지만, 그것은 방향을 설정해주는 기준상의 역할을 한다.

넷째, 사유양식으로서의 자연법의 역할은 단순히 법의 흠결을 보충하는 원리로 이해되어서는 안 된다. 자연법은 실정법이 인정하는 범위 안에서 실정법을 보충하는 역할을 하는 것으로는 파악될 수 없다.

Ⅳ. 비실증주의적 법개념의 사법적 적용 예: '불법논변'과 '원리논변'

법관의 실천적 임무를 염두에 두고 자연법적 사유양식을 전개해간 법철학자로서 필자는 독일의 구스타프 라드브루흐(Gustav Radbruch)와 미국의 로널드 드워킨(Ronald Dworkin)을 꼽고 싶다. 이들은 둘 다 사법에 역점을 두고 그들의 법철학을 전개시킨 사람들이다. 말하자면 법관이 친숙할 수 있는 자연법적 사유양식을 개발한 사람들이다. 한 사람은 '불법논변', 그리고 다른 한 사람은 '원리논변'이라는 해석적 실천을 통해서. 필자는 이 두 논변이 오늘의 한국 법관들에게 여러 면에서 큰 영향력을 끼칠 수 있다고 생각한다. 무엇보다도 법관으로 하여금 사회변화에 처해 법해석을 통해 용기를 가지고 능동적으로 대처할 수 있게 해줄 수 있다.

법치국가란 매 끼니의 밥이나 마실 물, 숨 쉬는 공기와도 같다고 말한 라드브루흐는 법치국가가 타락하여 불법국가가 되었을 때 이 잘못된 과거를 청산하고 법을 쇄신시키는 힘든 작업을 과연 누가 맡아야 하는가를 두고 고심했다. 그의 대답은 법원이 이 과제를 떠맡아야 한다는 것이었다. 그는 법치국가를 자정하는 힘을 법관에게 실어준 것이다.

다음과 같은 말을 한 드워킨은 또 어떠했는가? "사법(司法) 및 기타 법실무의 제 측면을 법철학과 구분짓는 확실한 선은 없는 것이다.… 판사의 의견이란 그 자체 법철학의 한 단편이며, 설사 그 철학이 은폐되어 있고 드러난 논거가 주로 인용이나 사실의 나열인 경우에도 그렇다. 법철학은 사법의 총론이며, 법적 판단의 묵시적 서장(序章)인 것이다."[9] 그 또한 법관들 사이의 불일치가 심각한 '하드 케이스' 즉 해결하기 어려운 사례를 앞에 두고 법관은 어떻게 해야 하는지 고심했다. 그는 헌법이념이나 입법지침 등 법이념을 재판에서 적용가능한 법원리의 수준으로 구체화시키는 이론개발에 힘썼다. 그는 법관들 사이에 의견이 엇갈린다고 해서 법적 물음에 정답이 없을 수 없으며, 법관은 그 정답을 찾아 법제도를 최상의 빛으로 조명해야만 하는 사명을 띠고 있다고 보았다. 법관은 그에 따르면 법이 실현하고자 하는 목표와 가치를 극대화시키라는 명령을 받은 사람이다. 그리하여 그는 철인왕이 아닌 철인법관, 법해석의 복잡한 구조를 우리에게 보여주기 위한 가상의 판사 '허큘레스(Hercules)'를 『법의 제국』의 제왕으로 내세운다.

라드브루흐와 드워킨에게서 필자는 재판을 통한 정의실현의 욕구가 강한 한국의 풍토에 맞는 사법(司法)철학을 발견할 수 있다고 생각한다. 라드브루흐의 '불법논변'이 법치주의의 신봉자였던 그가 예외적 불법국가적 상황을 염두에 두고 법관에게 법쇄신의 용기를 주기 위한 이론이었다면, 드워킨의 '원리논변'은 일상적 법치국가하에서 해결하기 어려운 사안을 맞게 될 때 법관이 처하게 되는 불확실성의 상황에서 법관의 직업적 확신을 증대시켜 주는 이론이다.

---

9) 로널드 드워킨, 『법의 제국』, 장영민 옮김, 아카넷, 2004(1986), 141면.

'불법논변'의 핵심은 극도의 불법을 내용으로 가지는 경우 그 규범은 법으로서의 성격을 가질 수 없다는 것이다. 이는 라드브루흐가 제3제국의 법오용을 목격한 후 "법이 법적 안정성(Rechts-sicherheit)의 이름으로 정의에 반하는 정도가 참을 수 없는 정도에 이를 때" 그 법은 법이 아니라고 설파한 이래 '라드브루흐 공식'으로 일컬어진다.

법이 법인 것은 권한 있는 당국에 의해 절차에 맞게 제정되어 대다수 구성원들에게 관철되고 있다는 것만으로는 부족하고 거기에 부가해서 내적 정당성을 갖추어야 한다는 이 통찰에 따르면, 입법자도 불법을 제정할 수 있다는 것이 확인되었을 때 법관은 명확하게 정의의 기본원리에 반하는 그 법령에 대해 법효력을 박탈할 수 있다. '불법논변'은 베를린 장벽을 넘어오는 망명자에 대한 구동독 장벽수비대의 동독국경법 제27조에 의한 발포행위에 관한 형사사건에서 최근 위력을 발휘했다.[10)]

'불법논변'에 의한 제한을 받게 되는 라드브루흐의 법개념은 법률의 외관을 띤 불법에 실제로 직면하게 되었을 때 유용한 개념일 수 있다. 그러나 물론 라드브루흐 공식에 대한 다양한 비판도 제기되었다. "법률적 불법(gesetzliches Unrecht)"이라는 표현은 일반시민들에게 혼란을 주는 모순된 개념이다, 법적 안정성을 해친다, 무엇이 불법인지는 인식불가능하다, 삼권분립을 포함한 민주주의 원리를 훼손한다, 소급입법에 의한 해결이 가능하다 등등. 이러한 비판의 대부분들은 실증주의적 사고의 경직에서 오는 것이라고 볼 수밖에 없다. 이른바 '배제적 법실증주의'의 편협한 울타리 안에서, 유연성의 사고를 받아들이지 않은 결과이다. 현대사회가 법의 이름으로 어느 정도는 감내해야 하는 유연성은 법적 안정성의 적이 아니다. 한국의 헌정사는 유연성이 법적 안정성을 해친 것이

---

10) BVerfGE 3, 232.

아니라, "법은 법이다"식의 경직성이 오히려 법적 안정성을 해친 무수한 예를 보여 준다.

다음으로 '원리논변'에 대하여 살펴보자. 적어도 어느 정도 발전된 법체계인 경우 그 법체계 안에는 반드시 법원리가 포함되어 있다. 법체계 안에 필연적으로 원리가 포함된다는 사실은 법과 도덕 사이에 최소한의 연관관계가 있다는 것을 뜻한다. 법체계를 올바로 파악하기 위해서는 어느 정도 가치이론적 성향의 모색을 피할 수 없다. 그렇지 않으면 법체계 안에 엄연히 포함된 원리의 성격을 제대로 고찰할 수 없게 된다. 규칙들이 "확정적 명령(definitive Gebote)"으로서의 성격을 갖는다면, 원리들은 "최선상태명령(Obtimierungsgebote)"의 성격을 지닌다. 원리들은 "어떤 특정한 내용이 그 법적 및 사실적 가능성 하에서 가장 높은 정도로 실현될 것을 명령하는 규범이다."[11)]

규칙은 어느 한 규칙이 적용되면 다른 규칙은 그 적용이 배제되는, '전부가 아니면 전무(全無)의 방식'을 취하고 상호충돌의 경우에도 어느 하나는 무효가 되는 것에 비해, 원리는 상호충돌의 경우에 어느 하나가 반드시 무효가 되는 것이 아니라 그 '비중 혹은 중요성의 차원'에 따라 적용되게 된다. 규칙에 있어서 법적용이라 함은 '포섭'을 의미하는 데 비해서, 원리에 있어서는 '형량'이 요구된다.

드워킨이 주장한 원리에 입각한 법해석은 입법과 선례를 무시하라는 뜻이 아니라 입법과 판례에 내재된 더 큰 정당화가능성을 찾아 '내재적 확장'을 시도하는 해석을 하라는 것이다.[12)] 법에 따

---

11) 로버트 알렉시, "법체계와 실천이성," 『법철학과 사회철학』, 법 및 사회철학 한국학회, 제3집, 교육과학사, 1993, 90면. 이와 관련한 설명에 대해 자세히는 R. Alexy, *Begriff und Geltung des Rechts*, Freiburg/München, 1992, 206면 이하.

12) 예컨대 법관은 양쪽 당사자에게 평등한 진술기회를 주어야 한다는 법규에는 모두가 동의할 것이다. 그러나 이 조문이 만약 한쪽에 비해 다른 쪽의 주장이 더 복잡하거나 많은 증인이 필요한 경우에도 양쪽이 동일한 시간을 가져

라 정의를 실현하라는 요청에는 모두 동의하지만 법이 모호하거나 막연할 때 혹은 그렇지 않더라도 해결이 어려운 복잡한 사건에서 법이 정말로 말하는 것이 무엇이냐를 둘러싸고 법관들 사이에 의견의 차이가 있을 수 있다. 이때 드워킨은 사법정의를 '조문대로다', '동의했다', '계약했다', '관행이다'식의 경직성에 내맡기지 말고, 제재의 최상의 정당화근거를 찾아 인내심을 가지고 조문 혹은 관행이 봉사하는 목적, 원리에 비추어 다시 한 번 비판적으로 성찰하라는 것이다.

예컨대 법관은 소멸시효에 관한 입법기관의 결정에 따라야 한다는 데 모두 동의할 것이다. 그러나 구체적 사건(예컨대 삼청교육대 사건)을 앞에 두고 조문의 자구대로 해석하면 이상하게 보이는 결론에 이르게 될 때는, 법관은 이 경우 입법기관의 결정을 따라야 한다는 것이 실제로 요구하는 것이 무엇인지를 계속 물어, 조문의 배후에 있는 더 큰 원리를 찾아야 한다는 것이다. 이것이 바로 그가 이야기하는 내재적 확장으로서의 해석적 태도인 것이다. 여기서 법관은 시효제도를 통한 법적 효율성을 최상으로 확보하라는 원리적 요청과, 어떤 시민도 국가기관의 범죄행위에 따른 피해로부터 방치되어서는 안 된다는 원리 사이의 긴장관계가 존재한다는 것을 인정하게 된다. 그래서 어느 것이 구체적인 경우에 더 비중을 갖는지 형량하여 충돌하는 원리들의 우선관계를 확정함으로써 문제를 해결해야 한다. 이에 따른 '내재적 확장'의 결과는 후자를 우선시하게 될 것이다.

최선의 혹은 가장 건전한 해석으로부터 나오는 원리들을 규칙들과 함께 법개념의 구성요소로 보려는 시도에 이의를 제기하는

야 한다는 것을 의미하는지에 대해서는 의견이 엇갈릴 수 있다. 이때는 양쪽 모두에게 같은 진술기회를 주어야 한다는 조문에서 더 들어가, 복잡한 상황에 있는 쪽이 더 많은 시간을 가져야 한다는 '내재적 확장'에 이를 수 있어야 한다는 것이다.

사람들도 없지는 않다. 그들은 상반되는 원리들은 항상 존재하기 마련이므로 원리이론에 입각하여 그 어떤 것도 다 근거지을 수 있기 때문에 결국 원리들을 법체계의 구성요소로 받아들이나 받아들이지 않거나 사건을 앞에 둔 법관에게는 아무런 차이가 없게 된다는 것이다. 결국 법흠결의 경우에나 법의 척도가 모호한 경우에 원리모델에 의거하더라도 불확정성을 제거할 수는 없다는 것이다.

그러나 한 원리가 다른 원리보다 우월하게 되는 조건은 논증가능하며 그러한 한 우월조건에 상응하는 원리는 법적 효과를 지니게 된다. 그리고 형량의 법칙이 모든 사건에서 하나의 정답을 도출해내는 식의 결정에 이르게는 못한다 할지라도 합리적인 논증구조를 제시해주고 있는 것은 틀림없다.[13] 원리모델은 모든 사건에서 결정적인 확정력을 확보하지는 못한다 할지라도 적어도 논증의 부담이 어디에 놓이는가를 결정해 줄 수 있는 것이다.

입법자가 법률 전체가 도덕적으로 일관성을 갖도록 요구받는다면 법관은 원리적 일관성에 따르기를 요청받는다.[14] 일관성 있는 원리의 틀은 드워킨에 의하면 바로 법공동체의 최상의 가치이다. 법관들은 결국 어떤 결정이 더 현명하거나 공정하고 민주적이며, 공동체에 더 봉사하는가라는 관심에 따라 결정해야 하기 때문이다. 그렇기 때문에 드워킨은 원리의 틀을 법적 정당성과 정치적 책임의 근거로 삼는다. "시민들의 공동체를 더욱 건전한 것으로 만들고 공동체의 정치권력의 행사에 대한 도덕적 정당성을 증진시키고, 시민들 사이의 평등을 보장하는 것"이 정부권력의 정당한 사용의 내용이요, 법의 핵심이다. 법관은 바로 이 원리의 틀 속에서 '구성적 해석(constructive interpretation)'을 시도함으로써 어떤 현실과 그것에 대한 최선의 정당화 사이의 균형을 유지하는 업무

13) 알렉시, 앞의 책, 101면.

14) 드워킨, 앞의 책, 240면 이하.

를 담당한다. 경우에 따라서 우연의 산물일 수도 있고 그렇지 않다 하더라도 현실정치적 타협의 산물일 수 있는 규칙이 아닌 원리에 의해 정치적 책임이 추궁되고 법적 정당화가 가능하게 됨으로써 원리에 근거한 법해석은 공동체를 건전하게 결속시키는 데에도 기여한다. 공동체 구성원들로 하여금 타구성원을 동등하게 배려하고 그들의 복지에 관심을 가지게 하는 데에도 기여하는 것이다.[15]

드워킨이 법해석의 복잡한 구조를 보여주기 위해 가상한 법관은 실재의 법관보다 더 반성적이고 자의식이 강한 법관임에 틀림없다. 그러나 해석을 통한 원리들의 조화로운 병존을 꾀할 수 있는 법관은 지적으로나 인격적으로 초인적인 인물이라고 보아야 할까? 정치적·도덕적 원리들을 교차시키는 복잡한 행렬을 따라, 다양한 경쟁적 해석틀을 구성하고 시험하고자 하는 법관은 상상 속에서만 존재하는 인물로 보아야 할까? 자신이 앞에 둔 결정에 전력을 다하는 사람으로서 판결의 열린 구조를 보여주고자 애쓰고, 항상 연구와 비판에 마음을 열어 두는 이런 법관은 시민들이 일상 법생활에서 실제 만나기를 원하는 바로 그 법관임에 틀림없다.

---

15) 원리공동체를 "결속적 집단적 책무(associative or communal obligations)"를 느끼는 우애의 공동체로 묘사한 부분에 대해서는 드워킨, 앞의 책, 297면 이하.

제4장

자연법론의 인간학적 차원

Ⅰ. '존재법'이냐 '자연법'이냐

올바름의 규준으로서의 질서원리를 사물의 존재적 질서로부터 이끌어낼 수 있다고 보는 존재론적 법고찰은 자연법 논의에서 큰 비중을 차지해 왔다. 학자들 중에는 좁은 의미로 통하는 자연법론을 법존재론으로 부르는 사람도 있다. 존재론적 법고찰은 예외 없이 인간학의 차원을 드러낸다. 특히 '철학적 인간학'의 이념이 주목을 끌면서부터 이 점은 뚜렷해지기 시작했다. '철학적 인간학'의 이념은 법고찰의 본질적인 한 국면이 존재론적으로 드러나는 데 크게 기여했다.

법을 존재론적으로 설명하는 것을 법철학의 핵심과제로 삼는 독일 법철학자들 중 대표적인 사람들로는 에릭 볼프(Erik Wolf), 베르너 마이호퍼(Werner Maihofer), 아르투어 카우프만(Arthur Kaufmann), 아돌프 라이나흐(Adolf Reinach), 르네 마르취치(Renè Marcic), 에리히 페흐너(Erich Fechner) 등을 꼽을 수 있다. 그런데 법을 존재론적으로 근거짓고자 하는 이들이 주장하는 내용들을 살펴보면 정말로 다양하다. 이른바 '존재법(Seinsrecht)'은 '자연법'과 마찬가지로 다양한 개념과 의도 속에 사용되고 있다. '자연적'이라는 말이 함축하는 의미세계가 그대로 옮겨간 듯한 '존재적'이라는 말과 더불어 새로워진 것은 무엇일까.

에릭 볼프는 『자연법론의 문제』에서 수십 가지의 다양한 '자연'개념들과 '법'개념들, 그리고 이로부터 얻어진 '자연법'개념들을 헤치고 나올 수 있는 발판을 '존재'로부터 얻어냈다.[1] 자연법론은 '존재의 근본 물음'을 겨냥한다.[2]

존재의 근본 물음은 법사고에서 어떠한 차원에 지시되어 있는가? '자연'의 '법'이 '존재'의 '법'으로 바뀌어 불리어지는 대목은, 법에 있어서 인간학의 차원이 그 모습을 드러내는 차원이라 할 수 있다. 자연법의 전통은 법의 본성(자연)을 인간의 본성을 통해서 설명하고자 하는 방식으로 이어져 왔다. 오늘날 법존재론의 주장이 내용적으로는 천태만상이지만, 방법상으로는 인간의 존재양식으로부터 법의 존재양식을 근거짓고자 하는 '존재유추(analogia entis)'를 사용하고 있다는 점에서는 공통이다. 자연법사상이 인간존재의 근본적인 문제를 겨냥하고 있다는 생각은 물론 오늘날 새롭게 등장한 것은 아니다. 그것은 다만 새롭게 강조되기 시작했다고 말해야 옳다. 특히 현대철학에서 존재에 관한 사고와 관련하여 '철학적 인간학'의 이념이 큰 영향을 미치면서, 이러한 경향이 강해지기 시작했다.[3] 그래서 몇몇 법철학자들이 자연법문제는 인간실존의 핵심으로 이어지는 진정한 철학적 문제를 설정한다고 말했을 때, 그들은 이미

1) Wolf, *Das Problem der Naturrechtslehre*, 제3판, Karlsruhe, 1964, 193면 참조.

2) 볼프는 자연법에 있어서 다양한 '법'개념들을 열거한 후, 이로부터 다음과 같은 세 가지 입장을 밝힌다. 첫째, 자연법개념은 다양하다는 것, 둘째, 자연법의 기능은 그러나 비판적, 혁명적 기능으로서 단일하다는 것, 셋째, 자연법론은 존재의 근본 물음을 추구한다는 것이다. 그의 표현을 따르면, '존재론적 자연법'은 법의 현존재(Dasein)를 물음으로써, '윤리적 자연법'은 법의 당위적 존재(Gesoltsein)를 물음으로써, '논리적 자연법'은 법의 의식된 존재(Bewuβtsein)를 물음으로써 각각, "존재의 근본 물음"을 향해 있다는 것이다(199면 이하).

3) '철학적 인간학'을 하나의 '영역존재론(Regional-Ontologie)'으로 파악하는 관점에 대해서는 필자의 박사학위 논문 "Über Rechtsontologie", Freiburg, 1978, 132면 이하 참조.

이 영향권 안에 깊이 들어와 있었다. 가톨릭 윤리학을 주된 바탕으로 삼고 있는 자연법론자들도 더러 그러한 경향을 보였다. "자연법은 진정한 인간존재의 요청으로서의 법과 정의에 관한 인간의 지식인 동시에 절대적인 형태의 의무의 근거로서의 인간의 존엄에 관한 지식이다."[4] 궁극적으로 자연법은 우리에게 주어진 것이 아니라 하나의 과제로서 우리 앞에 놓인다는 주장도 자연법의 철학적 기초를 끊임없이 인간존재에 환원시킴으로써 가능했을 것이다.

인간존재의 근본구조로부터 어떻게 법과 불법을 구별하는 이념이 비롯되는가를, 막스 쉘러는 철학적 인간학의 한 과제로 꼽은 바 있다.[5] 인간존재의 근본구조로부터 어떻게 인간만의 특별한 업적인 법과 불법에의 이념이 생기는가.

법의 존재론적 고찰에는 근본적으로 다음과 같은 두 가지 어려운 물음이 따른다. 첫째, 하나의 '포괄적인' 법인간학이 가능할 것인가? 둘째, 현대철학에서 존재에 대한 사고가 규범적 사고를 위해서 과연 어느 정도로 통일된 의미를 제공해 줄 수 있을 것인가? 포괄적인 법인간학의 정립 가능성에 대해서는 회의적으로 생각하는 법철학자들이 더 많은 편이다. 예컨대 에릭 볼프는 다음과 같은 이유 때문에 완결된 학문영역으로서의 법인간학을 기대하기 힘들다고 보았다. 첫째, 법인간학의 시도는 학문적・철학적으로 미리 주어진 정형적(定型的) 인간상(人間像)과 법상(法像)이 없

4) Johannes Messner, "Zur Naturrechtsethik," in: 231면. 또한 Albert Auer, "Elemente aus dem modernen Naturrecht für die demokratische Gesellschaftsordnung," in: *Österreichische Zeitschrift für öffentliches Recht*, Neue Folge, Bd. XIII, Heft 1~2 Wien, 1963, 63면 참조.

5) "철학적 인간학의 과제는 어떻게 인간존재의 근본구조로부터 인간만의 특별한 업적들과 작품들이, 즉 언어, 양심, 도구, 무기, 법과 불법에 대한 이념, 국가, 영토, 예술, 신화, 종교, 과학, 역사성과 사회성 등이 비롯되는가를 분명히 지적해내는 것이다"[Scheler, *Die Stellung des Menschen im Kosmos*, Bern, 1975 (제8판), 87면].

이는 어렵다는 점, 둘째, 순수한 '법인간(homo iuridicus)'은 기껏해야 일정하지 않은 개개의 특별한 경우로서 존재할 뿐이라는 점, 셋째, "법안에 있는 존재에로 향하는 인간"과 "인간에 따른 법"은 서로 따로 떼어서 파악될 수 없는 실존적 통합을 이루고 있다는 점이다. 그러나 볼프는 법인간학의 문제를 지나치게 '법'과 '인간'의 대응문제로 의식했다. 그렇지만 않았더라도 그는 '법'과 '인간' 사이의 '변증법적 긴장'을 법인간학의 한계로 삼지 않고, 그가 일찍이 헬레니즘 법세계를 연구하면서 발견해 낸 "인간의 '법안에 있음'('In-Recht-Sein' des Menschen)"의 세계로 향하게 할 수 있었을 것이다.[6)]

앞으로 살피게 되겠지만 볼프가 '디케(δικη)' 개념을 재해석하면서 접근하고자 한 세계나, 마르취치가 그의 '존재법'으로, 그리고 마이호퍼가 그의 '역할존재의 고유함(Eigentlichkeit des Alsseins)'으로 접근하려고 한 세계는 모두 '인간의 법 안에 있음'이라는 법인간학의 철학으로 나타난다.

법본질을 추구하는 물음을 전격적으로 인간존재의 근본을 묻는 물음으로 대체하는 연구경향은, 설사 그로부터 크게 기대될 만한 새로운 성과들이 없다 하더라도 그것 자체로서 방향 제시적인 의미를 지닌다고 본다. 오늘날 규범폭주, 입법만능에 따른 법의 파편화 현상, 세계화, 개방화 추세에서 법의 표준화 내지 통일화 요구에 따른 개인의 계약정의와 자유의 훼손 경향 등, '법의 지배' 이념이 흔들리는 법적 불확실성의 시대에서 법사고를 자유로운 인간존재의 총체적 생활원리에 비추어 다시 한 번 점검하고자 하는 철학적 진지성은 그것 자체로서 큰 의미를 지니는 것이다. 법을 인간존재의 근본에 비추어 다시금 묻는 기회는, 인간존재의 자유로운 일상이 어떠한 강요된 이념이나 원리에 희생당함이 없

6) Erik Wolf, "Das Problem der Rechtsanthropologie," in: *Festschrift für M. Müller zum 60. Geburtstag*, 131면 참조.

이 그것 자체로서 법의 기여로 나타나는 세계상을 설계함을 의미하기도 하는 것이다.

Ⅱ. 자연법의 인간학적 기초

법과 인간을 의미 있게 연관짓는 작업은, 결국 인간적 욕구와 함께 인간의 규범적 가능성을 추구하는 작업이다. 이러한 의미에서 법인간학의 과제는 인간의 '규범적 이성'이 어디에 토대를 두는가를 밝히는 과제라고 할 수 있다. 규범의 문제를 인간학적 논거에 따른 이성에 기초하여 설명하는 가운데, 법인간학의 과제는 인간의 규범적 이성의 논리를 찾는 과제로도 표현될 수 있다. 규범적 이성을 추구하는 과제에 충실했던 어느 학자는 인간의 생물학적, 심리학적 구조가 인간성의 내적 구조를 미리 알려 줄 뿐만 아니라, 인간의 사회화의 형태까지 정한다고 주장하기도 했다. 즉 인간이 인간에게 항상 결핍된 존재로, 공격자인 동시에 배려자로 나타나는 '자연적 비자의성'을 규범적 원리의 일종으로 생각한 것이다. 자연법의 인간학적 기초를 생물학적으로 설명하는 또 다른 이론은 인간의 생물학적 특성인 결핍성으로부터 유래되는 사회적 갈등의 원초적 상황을 전제하기도 한다. 이들은 도덕적인 현상을 문화의 산물이 아닌 자연적인 것으로 여긴다. 인간에 있어서 도덕적 원리들은 예컨대 양육이나 심리구조, 양심 형성 등과 같은 하나의 사실로서 모든 인간에게 공통으로 나타난다는 것이다. 생물학자들의 연구에 의하면 인간은 지금처럼 모체에서 임신 9개월 만에 출산하는 것이 아니라 19 내지 20개월 만에 나와야 겨우, 갓 태어난 유인원(類人猿)이나 포유류에 맞먹는 정도로 생존력의 숙성단계에 이르게 된다고 한다. 따라서 모든 인간은 필연적으로 생존에 결핍을 지닌, 그래서 실존적으로 불안하고 도움을 필요로 하는 존재일 수밖에 없고, 한 개인이 다른 개인에게 의존하는 이 관계는 또 인간을 필연적으로 갈등하는 존재로 만든다.[7)]

위에서 말한 생물학적 자연법 즉 생존 메커니즘으로서의 질서능력은 '생존의 자연법'으로 일컬을 수 있다. 이 '생존의 자연법'은 인간이 목표로 삼아 원한 결과는 아니라는 점에서 예컨대 하트식의 경험적 자연법론과는 구별해야 한다. 하트는 인간이 사회를 형성하여 살기 위해서 필요한 일정한 행동규율을 '최소한의 자연법 내용'으로 보았다.[8)] 하트가 자연법의 최소내용으로 주장한 인간의 취약성, 대체적 평등성, 제한된 이타성, 제한된 자원, 제한된 이해와 의지력 등은 결국 인간의 경험적 속성들을 말해준다.[9)] 이러한 인간의 경험적 속성으로서의 자연적 사실과 법적·윤리적 규범내용 사이의 합리적 연결을 시인하는 하트는, 그렇다고 해서 이 법질서를 불가결하게 하는 내용들이 반드시 법을 가치적으로 정당한 질서이게끔 보장해 주지는 않는다고 본다. 그렇지만 이것들이 인간의 기초적 필요에 근거하는 것으로서 필요불가결한 규범원리를 창출하는 전제가 된다는 데 대해서는 이의를 제기하지 않는다. 그밖에 엥기쉬식으로 일상생활 체험의 개념으로 이해된 '사물의 본성'이론도 크게 보면, 오늘날 경험적 인간학으로서의 자연법 논의의 한 양식으로 파악될 수 있다.[10)]

법에 있어서 존재론적 고찰의 의의는 이성의 '비자의성'을 인간학적으로 근거짓고자 하는 노력 이외에 다른 것일 수 없다. 존재

---

7) 그러므로 인간에게는 자라는 동안은 사회 이전에 가정이라는 구성단위가 중요하다. 가정은 실존적으로 불안한 우리 인간에게 있어 말하자면 '사회적 자궁'의 역할을 해내는 셈이다. 심리학적 운명과 사회학적 운명의 중개자인 가정에 국한되었던 규범체험은 규범의식과 함께 성장하게 된다.

8) 허버트 하트, 『법의 개념』, 오병선 옮김, 아카넷, 2001, 252면.

9) 하트, 앞의 책, 253면 이하 참조.

10) Karl Engisch, *Auf der Suche nach der Gerechtigkeit*, München, 1971, 232면 이하 참조.

적이라 함은 결국 임의로 규정될 수 없는, 함부로 바꾸거나 할 수 없는 그 어떤 의미영역을 지시한다. 그것은 철학적 질문의 자의성이 더 이상 불가능한 의미영역을 가리킨다. 법에 있어서 비자의성의 이념은 이렇게 하여 법존재론적 관점에 간단없이 포섭된다. 자연법의 법인간학의 차원은 인간학적으로 근거지어진 비자의성의 영역의 확보라는 의미를 지니는 것이다.

결국 존재성이 우리에게 주는 의미는, 우리들이 적어도 마음대로는 할 수 없다는 것이다. 지금까지 살펴본 대로, 법인간학은 개별인간의 구조와 그것들의 법에 대한 의미를 이 세계 안에서의 인간존재의 사실로부터 추구하기도 했고, 법이 얼마만큼 인간학적으로 근거지어진 인간의 필요를 충족시킬 수 있는가를 설명하려고도 했다. 아니면 인간구조와 욕구에 관한 경험적 관찰을 통해 이성을 인간학적으로 근거짓는 전제를 찾음으로써 일련의 '메타규범'에 도달하려고도 했다. 그러나 이 모든 시도들의 밑바탕에 함축되는 철학성은, 법을 형성하는 원천으로부터 자의적인 요소를 배제시키고 법질서를 객관적인 기초 위에서 설명하고자 하는 데 놓이는 것이다.

법인간학은 필경 법과 관계된 인간의 총체상을 체계적으로 정립함으로써 가능해진다. 그런 의미에서 장래 법인간학의 이론적 과제는 법인간학의 기본개념들로 이루어지는 일반범주론을 형성하는 데 있다. 상황, 행위, 역할, 규범, 제도 등 일반범주를 예로 들면서 토마스 뷔르텐베르거는 이러한 이론적 과제를 위해서 주변 경험과학들과의 학제적 협력의 중요성을 강조했다.[11] 주변 과학들의 연구 결과를 학문적으로 통합하고 다른 분야에서의 인식과 제휴함으로써, 법과 관계된 통일된 인간상을 구축하는 이 과제를, 뷔르텐베르거는 궁극적으로 철학적 과제라고 불렀다. 이 철

---

11) Würtenberger, "Über Rechtsanthropologie," *in: Mensch und Recht. Festschrift für E. Wolf zum 70. Geburtstag,* Frankfurt, 1972, 13면.

학적 과제는 그러나 경험적·체계적 시각만으로는 접근할 수 없을 것이다. 사실 경험적 접근은 철학적 인간학의 대변자인 막스 셸러에게서도 불가결한 출발점을 이룬다. 그러나 경험과학들의 연구결과를 수렴시키기 위해서는 필경 또다시 경험적·체계적 시각 이상의 그 무엇을 전제하지 않을 수 없다.[12] 법과 관계된 인간총체상의 설계는 궁극적으로 존재론적 불확정성의 명제와 만난다. 법인간학은 마지막으로 '근거지어지지 않음(Unergründlichkeit)'의 명제와 '열려 있는 물음(offene Frage)'의 명제에 의해 다시 한 번 철학적으로 걸러지지 않을 수 없는 것이다.[13] '인간이란 무엇인가'의 물음은 인간본질을 어느 하나로 최종적으로 확정짓고자 하는 여하한 시도에 대해서도 힘차게 반항하는 활력을 그 자체 안에 지닌다. 이것이 어디로부터 나오는 것일까.

현대철학에서 존재에 대한 사고를 둘러싼 관점과 주장들의 차이는 상당하다. 오늘날 존재론자들이 각각 자신들이 주장하는 존재론의 시각을 '근본적', '새로운' 혹은 '비판적'이라고 묘사하고 있다는 사실이, 바로 그 점을 입증해 준다. 현대철학에서 자신의 입장이 '근본적' 존재론이나 '새로운' 존재론 혹은 '비판적' 존재론으로 불리기를 바라는 사람들은 대체로 칸트의 형이상학을 기점으로 새롭게 설정된 목표를 다같이 의식하고 있다고 여겨진다. 그것은 바로 '존재하는 것 자체에 대한 물음'과 '인식의 제1원리'에 대한 물음을 통합시키는 일이었다. 그러나 새로운 목표를 설정하고는 있으나 이들이 주장하는 바는 서로 비교될 수도 없을 만큼 저마다 다르다. 그래서 과연 존재의 새로운 '빛'으로 법적 사고의 폭을 넓힐 수 있을 것인가는 커다란 의문으로

---

12) 그렇기 때문에 뷔르텐베르거 역시 개별 경험과학적 분산 후에 법신학을 통한 볼프식 수렴에 대해서 생각했었다(앞의 글, 20면 이하 참조).

13) Gehlen, *Anthropologische Forschung. Zur Selbstbegegnung und Selbstentdeckung des Menschen*, Hamburg, 1961.

남는 것이다.

예컨대 법을 존재론적으로 고찰하고자 하는 법철학자들은 대개 하이데거나 니콜라이 하르트만, 야스퍼스 등의 존재론적 성찰에 의존하고 있다. 그러나 '존재하는 것(das Seiende)'과 '존재(das Sein)' 사이의 '존재론적 차이(ontologische Differenz)'를 시사한 하이데거의 '기초존재론(fundamentale Ontologie)'이나, 관념론과 실재론을 넘어선 저편에서 객관적으로 존재하는 존재범주를 분석함으로써 가능해진다는 니콜라이 하르트만의 '범주존재론(Kategoriale Ontologie)', "존재확증의 표지로서의 실존(Existenz als Signum des Seinsgewiβheit)"을 통해 열린다는 야스퍼스의 '초월존재론(transzendentale Ontologie)' 등으로부터 우리는 존재의 사고가 법사고에 관련된다는 통찰의 단초를 얻을 수는 있다. 그렇지만 이들을 통해서 보편적인 개념들 및 설명방식을 획득해 내기에는 이들의 주장들이 저마다 엄청난 차이를 보이고 있는 것이다.[14)]

존재의 사고가 법사고에 관련된다는 통찰은 오늘날 법철학에서는 이미 한물간 주제로 여겨지고 있는 듯하다. 아마도 그것은 사람들이 이러한 통찰에서 어떤 결론을 얻었기 때문이라기보다는, 여전히 아무것도 얻을 수 없었기 때문이다. 철학의 물음은 올바른 해결을 얻는 데 있지 않고, 해결할 수 없는 문제를 어떻게 올바르게 설정하는가에 놓인다고는 하지만, 아무튼 현대철학의 존재론적 성찰로부터 자연법적 문제설정을 위한 확실한 지표를 전해 받기는 어렵다. 하이데거는 "존재의 진리 속에 실존하면서 존재 자체로부터 지시를 받는 자만이 인간을 위한 법칙과 규율에 대해서도 말할 수 있다"[15)]고 말한 적이 있다. 그러나 하이데거의 이 형이상학적 통찰은 오늘날 법철학자들에게 무엇인가를 새롭게

14) 앞서 언급한 필자의 박사학위논문의 전반부는 이 가능성에 도전한 것이었으나, 결국 그것은 실패로 끝났음을 여기서 시인할 수밖에 없다.

15) Heidegger, *Brief über den Humanismus*, Frankfurt, 1964(1947), 191면.

시작하는 단초를 제공하기에는 사실 너무 막막하다.

오늘날 존재론적 법고찰의 의의가, 앞에서 말한 대로 법사고에 있어서 철학적 질문의 자의성이 더 이상 불가능한 관점이 있음을 확인해 주는 것으로만 끝날 것인가는, 아직 확실하지 않다. 인간존재에 관한 언명이 본질적으로 문제투성이로 비치는 이유는, 인간은 이미 알려져 있는 증명된 사실만으로는 결코 만족하지 않는다는 데 있는지도 모른다. 어쨌거나 인간존재에 관한 언명이 문제투성이로 남는 한, 존재론적 법고찰은 해결할 수 없는 과제를 남긴다. 법존재론의 한계는 어느 의미에서 인간학의 이념의 한계이기도 하다. 왜냐하면 인간학의 이념이 없이는 법존재론은 불가능하기 때문이다.

Ⅲ. 법존재론으로서의 자연법론

법을 존재론적으로 설명하는 사람들 중에는 법존재의 문제를 직접 인간존재와의 대응관계로 보는 사람들도 있고, 인간존재와는 무관한 존재법칙의 문제로 보는 사람들도 있다. 법존재를 인간존재와의 대응관계에서 파악하는 사람들은 인간의 본질구조에 대한 분석으로부터 출발한다. 이에 비해 후자의 사람들은 일단 인간존재와는 무관한 법 자체의 선험적 존재법칙을 곧장 문제삼는다. 요컨대 전자의 사람들이 인간존재로부터 출발한다면, 후자의 사람들은 법존재로부터 출발한다 하겠다. 에릭 볼프, 마르취치, 마이호퍼, 페흐너 등 대부분의 법존재론자들은 전자에 속한다.

볼프의 법존재론은 인간의 "개인성과 사회성 사이의 본원적 변증법"을 통해서 '이웃존재(Nächstersein)'라는 하나의 근본범주를 찾아낸다.[16] 즉 나는 오로지 네가 있으므로 존재할 수 있으니, 이로부터 (신에 의해) 우리에게 명해진 우리의 질서인 '이웃법'이 탄생한다. 볼프의 이웃관계의 인간학은 "법과 사랑의 법신학적 변증법"[17]으로 표현된다. 그의 방대한 저작 『그리스 법사상』 제1권에 나오는 '존재 자체의 섭리(Fügung des Seins selber)'로서의 '디케(δίκη)'에 대한 해석은,[18] 하이데거의 그것에 대한 시사와 거의 일치한다. 하이데거는 법을 표상하는 '노모스(νόμος)'와 '디케'를, 존재 자체의 지시 혹은 존재에 있어서의 본질적인 면으로 해석했다. "인간은 오직 존재의 진리에 살면서 존재에 속하는 한, 인간을 위해 법률과 규칙이어야 하는 것들에 대한 지시를 존재 자체로부터 얻을 수 있다. '노모스'는 단지 법률일 뿐만 아니라, 근원적으로는 존재의 섭리에 담겨 있는 지시인 것이다. (…) 오직 이 섭리만이 받아들여질 수 있으며, 구속력이 있다. 그 밖에 다른 모든 법률은 다만 인간이성의 졸작일 뿐이다. 규칙을 정립하는 모든 일보다도 더 본질적인 것은, 인간이 존재의 진리에 서서를 발견한다는 것이다."[19]

'디케'는 본질적으로 존재에 속한다고 보는 볼프도 하이데거와 거의 비슷한 표현을 썼다. "그것은(디케는) 존재하는 각자에게, 그에게 본질적으로 속하는 것이 배당되게 하는 섭리이다. 여기서는 그러므로 존재 자체에 대해 언급되며, 존재의 섭리야말로 현존재의 (생성 소멸로의) 가능성을 움켜잡고 있는 것이다."[20]

---

16) Wolf, "Personalität und Solidarität im Recht," in: *Hannoversche Beiträge zur Politischen Bildung*, 3.Bd.: *Vom Recht*, 1963, 194면, 206면 이하 참조. 이에 대해서 더 자세하게는 그의 *Recht des Nächsten*, 1958, 170면 이하 참조.

17) Wolf, 앞의 책, 202면 이하와 *Das Problem einer Rechtsanthropologie*, 146면 참조. 그는 심지어 '법인간학(Rechtsanthropologie)'이라는 표현 대신에 '법신인간학(Recht-Theanthropologie)'이라는 표현을 빌리기도 한다.

18) Wolf, *Griechisches Rechtsdenken*, Bd.I., Frankfurt, 1950, 293면.

19) Heidegger, *Brief über den Humanismus*, 114면 이하. 그는 '디케'에 대해서 아낙시만드로스와 헤라클레이토스와 연관하여 언급하면서 그것을 존재에 대한 본질적인 표현이라 풀이했다[*Einführung in die Metaphysik*, Tübingen, 1976(1953), 127면].

20) Wolf, *Griechisches Rechtsdenken*, Bd. I, 293면. 그 밖에도 "…언제나 법에 머

하이데거로부터 영향을 많이 받은 마르취치도 "법의 거소와 본질(Ort und Wesen des Rechts)"을 곧바로 '존재'로 보았다.[21] 마르취치는 법을 모든 존재하는 것을 포괄하는 것으로 나타내면서, 더 나아가 법은 "특별히 전적으로 인간적인 것"이라고 말했다. 그의 이와 같은 언급은, 한편으로는 법을 모든 존재하는 것을 포괄하는 것으로 보면서 다른 한편으로는 그것에 모순되게 특별히 인간적인 것으로, 즉 특별히 존재하는 것으로 보았다는 오해를 살만하다. 그러나 여기서 마르취치의 말에서 주목해야 하는 바는, '존재'에 있어서 인간의 특별한 위치이다. 오히려 인간은 여기서, 오로지 법이 거처로 삼고 있는 존재에 있어서의 그의 특별한 위치 때문에 —하이데거의 의미로서— 법존재를 위해서 없어서는 안 될 기초가 된다. "오로지 존재에 있어서 인간의 특별한 위치 때문에 법은 인간적인 그 무엇으로 나타난다."[22] 인간의 자연(본성)은 그에 의하면 "기초가 아니라 장소, 즉 사물 본성의 존재론적·보편적 기초가 현실로 구성하는 법형식으로 투시되는 장소"[23]인 것이다. 법존재론에 있어 인간의 특별한 위치는, 하이데거가 존재하는 모든 것 중에서 유일하게 '존재'에 대한 질문을 던지는 '현존재(Dasein)'로서의 인간을 겨냥하는 의미와도 통한다.[24]

마르취치는 당위를 완성된 존재로 본다. "존재론적 선험성"의

물고 있음을 알고 있는 자는 '질서(Ordnung)'의 '거처(Ort)'에 머물고 (지금 그리고 여기서) 있음을 알고 그것에 대해 책임을 질 줄 안다"(*Das Problem der Naturrechtslehre*, 198면).

21) Marcic, *Rechtsphilosophie. Eine Einleitung*, Freiburg, 1969, Wien, 1965, 128면 이하. "나는 하나의 엄정한 법존재론을 대변하며, 질서로서의 그리고 규범으로서의 법에서 하나의 선험적인 것 혹은 '준선험적인 것(Quasitrans-zendental)'을 인식한다." 그 밖에 W. Heinemann, *Die Relevanz der Philosophie Heideggers für das Rechtsdenken*, 286면 이하 참조.

22) Marcic, 앞의 책, 137면.

23) Marcic, 앞의 책, 151면.

24) Heidegger, *Was ist Metaphysik?*, Frankfurt, 1969(1929), 3면 참조.

관점은 마르취치에게도 나타난다.[25] 그의 '존재법'의 내용은 정의의 내용에 일치하는데, 정의란 그에 의하면 "존재 자체에 의해서 규정된 존재하는 것의 진리"이다.[26] 정의는 바로 존재하는 것들의 질서로서의 법의 지시에 대한 인간의 응답이라고 보는 것이다. 이 '존재법'의 지시에 복종하는 것을 마르취치는 자유로 파악한다. 그래서 법의 내용을 자유에 일치시킴으로써 그의 '존재법'은 사실 그 어느 법존재론자보다도 확고하게 자연법철학의 전통을 계승하고 있다.

하이데거 철학이 던지는 인간에의 물음은 '인간이란 무엇인가'라는 물음으로 충족되지 않는다. 그것은 인간만으로 충족되지 않고, '그를 넘어서서 물어야 하는' 차원에 접해 있다. 그것은 우주의 계층적 구조론의 일부로서의 인간의 위치나 본성을 묻는 게 아니다.[27] 그것은 그러므로 하이데거식의 인간학적 관심은 막스 쉘러식의 '우주에 있어서의 인간의 위치'나 아놀드 겔렌 식의 '인간, 그의 본성과 세계에서의 그의 위치(Der Mensch, Seine Natur und Stellung in der Welt)'만으로 만족되지 않는 또 다른 철학적 인간학의 이념을 시사하는 쪽으로 나아간다. 그것은 어째서 인간이 모든 관심을 그 스스로에게 향하도록 되었는가, 어째서 인간은 그 자신의 존재를 물음의 여지가 있는 것으로 해도 좋은가를 문제삼는다. 즉 그것은 인간이란 무엇인가를 묻는 게 아니라, 어떻게 인간에 관해서 묻게 될 수 있는가를 묻는 것이다. "인간학은 인간에 대한 진리만을 구하지 않고, 이제는 진리 일체가 무엇을 의미

25) '존재론적 선험성'에 대해서는 그의 논문 "Reine Rechtslehre und Klassische Rechtsontologie," in: *Österreichische Zeitschrift für öffentliches Recht*, Bd.XI, N.F.H. 3/4 410면 참조.

26) R. Marcic, *Rechtsphilosophie*, 118면.

27) 그의 존재론은 이 새로운 철학적 인간학의 이념의 위치를 드러내 준다. 그는, 칸트가 '나는 무엇을 아는가', '나는 무엇을 해야 하는가', '나는 무엇을 원해야 좋은가'에 이어 네 번째로 던진 형이상학적 근본 물음인 '인간은 무엇인가'를 해석하여, 새로운 철학적 인간학의 이념의 가능성으로 부각시켰다.

할 수 있는가에 대한 결정을 촉구한다.[28)]

하이데거는 철학을 '현존재의 해석학으로부터 출발하는 보편적 현상학적 존재론'으로 본다. 그런 까닭에 그에 따르면 "인간의 본질에 대한 모든 철학적인, 즉 사유하는 이론은 그 자체가 이미 '존재하는 것의 존재에 관한 이론(Lehre vom Sein des Seienden)'이다. 존재에 대한 모든 이론은 그 자체가 이미 인간의 본질에 관한 이론이다."[29)] 칼 뢰비트의 다음과 같은 표현도 철학적 인간학의 신기원을 담고 있다. "인간이 모든 존재하는 것에 대한 지식을 위한 출발점이요 거점인 한, 철학은 필연적으로 그(인간)에게로 돌아가고 그에게 연관된 것으로 생각된다. 철학은 그렇다면 (…) 본질적인 의미에서 인간학적이다."[30)] 그 밖에 막스 쉘러의 '메타 인간학', '인간학의 형이상학'이라는 표현도 이러한 배경에서 이해될 수 있을 것이다.[31)]

베르너 마이호퍼도 법의 기초를 인간 사이의 관계에서 구했다. 그는 볼프식의 '이웃존재' 대신에 '공존재(Mitsein)'에 대해서 설명했다. 그는 하이데거의 "왜 도대체 무가 아니고 오히려 존재하는 것인가"[32)]라는 물음을 "왜 도대체 법이 없지 아니하고 오히려 존재하는가"[33)]로 바꾸었다. 이 하이데거의 '가장 넓고', '가장 깊고', '가장 근원적인'[34)] 물음이 존재하는 것 일체를 향해 던져진 물음

28) Heidegger, *Sein und Zeit*, Tübingen, 1967(제11판), 203면.

29) Heidegger, *Was heißt denken?*, 73면.

30) Karl Löwith, "Zer Frage eines philosophischen Anthropologie," in: *Neue Anthropologie*, 331면.

31) *Philosophische Anthropologie,* Hrsg. v. W. Vossenkuhl, Freiburg/München, 1974, 33면 이하, 130면 참조.

32) Heidegger, *Einführung in die Metaphysik*, 21면. 또 그의 *Was ist Metaphysik?*, 2면 이하.

33) Werner Maihofer, *Recht und Sein. Prologomena zu einer Rechtsontologie*, Frankfurt, 1954, 38면.

34) Heidegger, *Was ist Metaphysik?*, 2면 이하.

이라면, 마이호퍼에서 이 물음은 특정하게 존재하는 것에 대한 것이었다. 그러므로 마이호퍼의 물음과 하이데거의 물음 사이에는 사실, 마이호퍼에 의해서 간과된 본질적인 차이가 있다. 특정한 것으로서 존재하는 것은 그 근거를 직접 '존재'에서 구하지 않고, 다른 존재하는 것으로부터도 근거지을 수 있는 것이다. 마이호퍼의 법존재론에서는 '존재유추(analogia entis)'사상이 방법론적 계기를 이루는 것도 그 때문이다. 법의 존재양식은 그러므로 인간의 존재양식으로부터 근거지어진다. 카우프만은 마이호퍼의 이 점을 들어서, 마이호퍼가 문제삼는 것은 법의 존재론이 아니라 결국 인간의 존재론, 즉 법인간학일 뿐이라고 공박했다.[35] 그러나 실제에 있어서 법과 인간 사이의 존재유추의 방법은 하나의 '영역존재(regionales Sein)'로서의 법존재를 근거짓기 위해서는 필연적이다. "도대체 왜 법이 없지 아니하고 오히려 존재하는가"의 물음에 대한 마이호퍼의 답은 '역할 존재(Alssein)', 즉 각종 사회의 성원으로서의 존재였다. 그에 의하면 법은 '자기존재(Selbstsein)'가 '역할존재' 안에서 일치되는 곳에 있다. 그리하여 그는 법을 "너와 나의 공존재(共存在)를 우리 가운데서 연결하고 구속하는 의욕"이라고 정의 내린다. 결국, 볼프의 '이웃존재'와 마이호퍼의 '공존재'는 내용적으로 일치한다.

볼프나 마이호퍼가 윤리적·법적 세계를 존재론적으로 설명하는 방식에는 어느 정도 독창성이 엿보인다. 그러나 이들이 애써 해낸 연구결과는 유감스럽게도 모두, 이미 우리에게 주어진 전제라고 말하지 않을 수 없다. 그것들은 말하자면, 존재론적 서술을 위해서도 오히려 처음부터 전제될 법한 내용들에 불과하다. 볼프의 '우리 질서'만 하더라도, 그렇다면 언제는 법이 우리의 질서가

---

35) A. Kaufmann, "Die ontologische Struktur des Rechts", in *Ontologische Begründung des Rechts,* hrsg. V. A. Kaufmann, Darmstadt, 1965, 491면 참조. 이런 의미의 공박은 볼프에 대해서도 마찬가지로 가해질 수 있다.

아니었던가! 마이호퍼가 말하는 소위 '역할존재'와 '자기존재'의 일치만 하더라도 그렇다. 이는 마치 처음부터 함께 붙어 있던 것을 둘로 갈라놓고서는, 이제 이 둘을 다시 함께 붙일 수 있음을 증명해 보이고자 한 데 불과하지 않은가.

Ⅳ. 카우프만의 인격적-관계적 자연법론

볼프와 마르취치, 마이호퍼가 하이데거에서 영향을 받았다면, 카우프만은 하르트만에게서 영향을 받았다. 카우프만의 이른바 '해석학적 존재론'은 칸트식의 형식론에 대항하여 실질적 존재론을 펴는 니콜라이 하르트만을 연상시킨다.[36] 카우프만은 "우리들이 법이라고 부르는 이 존재물은 어떠한 본질형식, 어떠한 존재론적 구조를 가지며, 어떠한 존재로 포착되는가"[37]를 묻는 가운데, 우선 대상인식으로서의 '진정한' 법인식을 동시에 객관적으로 존재인식으로 이해한다. 소위 '존재론적 상대주의'란 있을 수 없기 때문에 이 존재 인식이야말로 '진정한' 인식에 해당한다.[38] 그는 법의 존재성과 관련하여 생의 현실과 동떨어진 객관주의를 상상하지 않는다. 그에 있어서 법의 존재성은 무엇보다도 현실성과 구체성, 그리고 역사성을 함축한다. 카우프만의 이와 같은 현실적 존재론적 파악은 '자연법성(Naturrechtlichkeit)'과 '법의 실정성(Positivität des Rechts)'을 통합시킬 수 있게 해준다. '자연법성(Naturrechtlichkeit)'과 '법의 실정성(Positivität des Rechts)'은 "마치 육체와 영혼 사이의 관계처럼" "법을 형성하는 두 개의 존재원리"[39]로 나타난다.

36) Kaufmann, 앞의 글, 470면.

37) A. Kaufmann, Rechtsphilosophie im Wandel, Köln, 1984(제2판), 53면 참조.

38) Kaufmann, 앞의 책, 58면.

39) Kaufmann, "Die ontologische Struktur des Rechts", 483면.

카우프만은 법을 존재양식과 일치시키는 까닭에, 그에 있어서 존재론적인 문제는 전적으로—존재하는 것의 존재근거의 문제가 아니라— 존재양식의 구조문제로 마무리된다. 그러므로 그의 존재론적 과제는 어떻게 보면 꽤 단순하고 명백하다고 볼 수 있다. 그러므로 그의 존재론적 관심은 반드시 하이데거식의 존재형이상학에 의해서 조정될 필요도 없다. 앞서 이미 말한 대로 법을 형성하는 두 가지의 존재원리인 '자연법성(Naturrechtlichkeit)'과 '법의 실정성(Positivität des Rechts)'은, 각각 일반존재론의 용어를 빌려서 말하자면, 내적 형성원리로서의 '본질(essentia, Sosein)'과 외적 형성원리로서의 '현존(existentia, Dasein)'에 해당한다. 현실적으로 존재하는 모든 것은 그에 의하면 이 양면을 지닌다. 이 양자는 동일하지도 않으며, 그렇다고 서로 완전히 떼놓을 수도 없다. "이 양자는 마치 육체와 영혼의 관계와 같다. 이 둘은 존재론적으로는 동일하지만(그러므로 구별될 수 있지만), 그러나 구체적으로는 하나이다."[40)]

그러므로 법의 올바름의 표상과 법의 현실적으로 유효함의 표상은 일치된다. 이것이 바로 그의 참으로 있는 법, '참된 법(reales Recht)'의 이론인 것이다. "오직 하나의 법만이 유효하다. 그리고 그것이 만약 유효하다면 우리를 위해 존재하는 것이라 한다면, 그것은 현실로 존재하는 것일 수밖에 없다."[41)]

---

40) Kaufmann, 앞의 글, 483면. '법본질'과 '법현존'이라는 이 이중성으로서의 존재론적 구조는 하르트만식의 현실존재론적(realontologisch) 구조를 의미한다. 그러므로 카우프만이 '자연법성'과 '실정성'이라는 이 두 존재원리의 차이를, 하이데거의 표현양식을 빌려 '존재론적 차이(ontologische Differenz)'라고 불렀다고 해도, 그것은 하이데거식의 '존재하는 것'과 '존재' 사이의 차이를 의미하는 존재론적 바탕으로부터 나오지는 않았다. 그것은 하이데거의 용어대로 표현한다면, '존재론적(ontologisch)' 차원에 접해 있지 않고 다만 '존재적(ontisch)' 차원에 머물 뿐이다. 카우프만 자신도 하이데거식 '존재론적 차이'를 '선험적인 배후(transzendentale Hintergrund)'로 밀어내 버렸다(앞의 글, 483면).

41) Kaufmann, 앞의 글, 476면.

그러므로 카우프만에 따르면 법과 자연법은 일치한다. 카우프만은 법을 추상적 규범으로 보지 아니하고, "인간 사이에서 하나의 현실적 경과"로서, 어떤 형태를 취하는 '행위(Akt)'로서 이해한다.[42] 법은 어떤 추상적 원칙 혹은 그것에 의해서 고정된 규범이 아니라, 구체적 상황에서의 '바른 행위', '올바른 사물 자체'로 나타난다. 그러므로 법은 카우프만에 의하면 규범의 총체로 정의되지 않고, 일차적으로 '현실적 경과(reales Geschehen)'로서 정의되는 것이다. 그는 법을 파악하는 행위를 순수히 객관적 행위로 보지 않는다. 거기에는 구체성 그리고 역사성과 더불어 의미되는 주관적 계기가 법의 존재원리로서 함께 드러난다. '참된 법'을 위해서 존재론적 해석학이 필요한 것도 바로 그 때문이다. 바로 이 '참된 법'의 고유한 존재양식에 부응하는 방법의 면에 주력하여, 그는 '해석학으로서의 존재론'이라는 표현도 쓴 것으로 볼 수 있다. "우리는 오직 하나의 방법론을 가짐으로써 진전을 볼 수 있는데, 이 방법으로 말하자면, 법을 규범으로부터 추론해 내고자 하거나 사실로부터 설명해 내고자 하는 게 아니라, 그것의(법의) 특수한 존재양식에 적합한 것이다. 즉, 그것의 의미를 이해할 수 있게 만드는 것이다."[43]

올바른 사태 자체로서의 법을 그 특수한 존재양식에 있어서 해석하거나 이해하는 것은, 바로 그의 법철학의 목표에 해당하는데, 이 목표야말로 하나의 '해석학적 존재론'을 기초지음으로써 달성되는 것이다. 그에 있어서 이 의미이해의 방법은—예컨대 법전을 이해하는 데 있어서—해석수단의 정당성의 규준을 문제삼기 이전에, 바로 텍스트(규범) 이해의 가능성의 조건에 연관되어 있다. 그러므로 여기서 의미를 이해한다 함은, 텍스트에 의해서 의미된

---

42) Kaufmann, "Die 'ipsa res justa'," in: *Festschrift für K. Larenz zum 70. Geburtstag*, 34면.

43) Kaufmann, 앞의 글, 36면.

현실적 생활관계로서의 텍스트 사이의 적절한 부합관계를 이해함을 일컫는다. 법규는 법규범에 의해서 의미된, 법이라는, 바로 법규 밖에 있는 생활사태에 연관되어 있다. 이 점에서 존재론적 해석학에 있어서의 이해의 차원은, 실증주의의 법규범 이해라는 차원을 넘어선다. 실증주의에서의 이해는, 법규범이 특정한 하나의 생활사태를 의미하는가라는 물음에 대한 답이 법규범 자체에 내재해 있다고 보고, 이 규범 해석에서 그 답을 구한다. 반면에 '해석학적 존재론'에서의 이해란 앞서 살핀 대로, 법규범과 생활사태 사이의 상응을 이해하는 것이다. 이러한 의미에서의 법규 이해는 "단순히 수용적인 것이 아니라, 실천적인 형성적인 행위"인 것이며, 이러한 행위에 의해서 구체적 역사적 법이 비로소 '생성된다'는 것이다.[44]

카우프만은 그러나 이와 함께 곧바로 법을, 어떤 의문의 여지 없이 옳고 확고한 객관적 실체로서 이해해야 한다고 말하지는 않는다. 법의 '올바름'은 그에 의하면, 결코 이미 확보된 '상태'일 수는 없다. 법의 올바름은 법규 안에 고정된 재고품일 수는 없고, "현실적 생활사태와 규범 사이의 변증법"[45] 속에서 나타난다. 그의 법이론적 방법론적 문제는, 법이 어떻게 고정된 규범들로부터 논리적으로 추론될 수 있겠는가가 아니라, 어떻게 법이 "살아 있는 역사적 언어로부터 해석학적으로 이해될 수 있을 것인가"[46]였던 것이다.

카우프만은 법을 어떤 확정된 객관적 실체라고 보지도 않지만,

---

44) Kaufmann, *Beiträge zur Juristischen Hermeneutik*, Köln, 1984, 85면. 이와 관련하여 '해석학적 존재론'이 이른바 법관의 주관주의를 어떻게 배제시킬 수 있을 것인가에 대해서는, 일반사회이론에서의 의사소통적 합의과정 내지 법관 자신의 성찰하는 인격성에 의존하는 이외에는, 카우프만도 다른 묘책을 제시하지 못하고 있다(앞의 책, 88면 참조).

45) Kaufmann, 앞의 책, 81면.

46) Kaufmann, 앞의 책, 84면.

또 기능주의자들처럼 법을 순전히 절차적 개념으로 보지도 않는다. 여기에 그의 법존재론적 시각의 독특함이 있다. 요컨대 존재적이라 함을 실체적 개념으로 다루지 않고, 관계적 개념으로 다루고 있는 것이다. 그런데 법은 바로 인간과 인간 사이의 영역에서 구체적 현실로 나타나는 만큼, 법의 존재성을 말해주는 이 '관계'는 '인격적' 관계로 다시 묘사된다. "법이라고 불리는 그 무엇(Sache Recht)은 선험적 법 자체(Recht an sich)가 아니라, 인간과 사물 사이에 있어서의 구체적 인격적 관계이다."[47]

그가 법을 관계개념으로 설명할 수 있었던 밑바탕에는 '인격(Person)'이라는 개념이 도사리고 있는데, 그에 의하면, 이 인격 자체가 바로 관계개념으로써만 존재에 합당하게 인식될 수 있다. 인격은 대상이기만 한 것이 아니라, 언제나 관계 즉 '관계적 존재(relationales Sein)'이기도 하다. '말을 하는 존재'인 인간은, 항상 다른 인간에 지시되어 있다. 그래서 그 다른 인간의 이해세계가, 자신의 이해의 지평선에 첨가되는 존재인 것이다. 이런 의미에서도 인간은 '더불어 있는 존재(Mitmensch)'이다. 이 존재는 "대상 영역에 포함되지 않고, 나와 더불어 하나의 사회적·정신적 영역을 이루어, 이 영역이 내 고유한 인격존재를 위해서도 공동으로 본질을 구성한다."[48] 하나의 존재물이 다른 존재물과의 관계를 통해서 함께 구성되어 있다 함(Mitkonstituiertsein)은, 앞서 말한 관계존재의 핵심을 이룬다. 인격은 바로, 이 관계성이 구체적으로 실현되는 장소가 된다. 그러므로 즉 인간과 인간 사이에서 구체적 현실로 나타나는 법존재는 결국 인격성 이외의 다른 것일 수 없다. 그리하여 관계존재론으로서의 법의 존재론은 인격의 존재론으로 풀이될 수밖에 없는 것이다.

카우프만의 '관계존재론(Relationenontologie)'은 결국 인격성을 드

47) Kaufmann, *Beiträge zur Juristischen Hermeneutik*, 98면.

48) Kaufmann, 앞의 책, 96면.

러내 주는 구조를 담고 있다. 그렇기 때문에 그의 관계적 법사고는 소위 구조주의적·기능주의적 법사고로까지 연결되기는 어렵다. 카우프만 자신도 기능주의에 대해서는 비판적 태도를 취하고 있다. 그것은 하나의 존재물이 다른 존재물과의 관계를 통해서 함께 구성되어 있다는 성격을 관계개념에서 강조함으로써, 존재하는 것을 전적으로 그 관계들의 총합에다가 동화시켜 버린 나머지 관계가 그것 자체로서 새로운 형태의 실체로 여겨지도록 만들기 때문이라는 것이다. 카우프만은, 루만식의 법체계이론은 인간과 인간 사이에서 작용하는 개념들을 기능화시키고 합법화절차 자체를 기능화시킴으로써, 그야말로 법이 '절차 안에서(im Ver- fahren)' 정당화되는 게 아니라, '절차에 의해서(durch Verfahren)' 정당화되는—그러므로 올바름이 절차 자체와 동일시되는—새로운 종류의 자연법을 만들고 내고 말았다고 지적하기도 했다.[49]

Ⅴ. 페흐너의 실존적 자연법론

에리히 페흐너도 올바르고 객관적인 법에 관한 물음은 존재론적 관점에서 근거짓고자 했다. 법의 객관성을—절대성이 아니라—추구하면서 그는, 법이 인간과 어떠한 관계에 놓여 있는가라는 물음을 던졌다. 법철학의 주제를 이루는 물음은 그에 의하면, 바로 자연법에 대한 물음을 의미한다.[50] 법이란 무엇인가라는 법철학의 주제는, 바로 올바르고 객관적인 법의 물음 이외에 다른 것일 수 없으며, 자연법론이야말로 올바르고 객관적인 법에 관한

49) Kaufmann, 앞의 책, 96면 이하. 법발견절차에 있어서의 비자의적 요소와 연관하여 존재론이라는 표현을 쓴 대목에 대해서는 *Beiträge zur Juristischen Hermeneutik*, 98면 참조.

50) Erich Fechner, *Rechtsphilosophie. Soziologie und Metaphysik des Rechts*, Tübingen, 1962.

이론이었기 때문이다. 그러므로 법철학의 문제영역은 실제에 있어서 자연법의 의미영역이며, '법'개념은, 카우프만에 있어서처럼 페흐너에 의해서도 '자연법'개념에 일치한다.

에리히 페흐너의 『법철학』은, 전후 독일에서 씌어진 저작 중에서, 자연법의 문제영역을 가장 포괄적으로 법의 철학 안으로 끌어들인 저작이라 할 수 있다. 자연법에 대한 페흐너의 고찰은 '자연'개념을 '법'개념에 우선시키는 것으로 출발한다. '자연'이란 그에 의하면, 하나의 사물의 '본질', 혹은 "존재하는 것에 있어서 고유한 것"이다. 이러한 것으로서 자연은, 사물의 본성만이 아니라 인간의 본성도 당연히 포함한다.

법의 본질에의 물음을 페흐너 역시 인간의 본성에의 물음에 소급시킨다.[51] 자연법에 있어서 '자연'은 물론, 직접적으로 인간의 자연을 의미하지는 않는다. 왜냐하면 자연법사상은 존재하는 것 일체의 관계를 설명해야 하기 때문이다. "법의 총체적 고찰로서의 법철학은, 법과 인간사회생활 및 존재하는 것 일체 사이의 관계를 설명해야 한다."[52]

자연법의 테마는 이리하여 법존재론의 테마로 나타난다. 페흐너는 법철학의 문제를, 다른 법철학자들보다는 더 일관성 있게 철학적·존재론적으로 다루고 있다는 인상을 준다. 그 이유는, 그가 법철학의 문제영역을 자연법 내지 법존재론의 그것과 내용적으로는 같게 보는 데 있다. 그의 자연법은 인간존재의 '의미설계'까지를, 아니 전적으로 이 면을 포함한다. 벨첼은 자연법의 한계를 지적하면서, '자연에 합당함'에의 부름에는 언제나 이와 함께 이미 하나의 가치적 결단이 전제되어 있는 까닭에, 자연에의 부

---

51) Fechner, "Rechtsphilosophie," in: *Handwörterbuch der Sozialwissenschaften*, Bd.8, 748면.

52) Fechner, "Über einige Neuerscheinungen zum Problem des Naturrechts," in: *Deutsche Rechtszeitschrift*, 4. Jg, 1949(Heft 5), 97면 이하.

름은 사회적·윤리적 생존을 설계함에 처하여 결코 어떤 새로운 내용적인 근거를 보충해 주지 않는다고 주장했다. 그러나 페흐너는 그와 반대로, 바로 "지금 그리고 여기라는 역사적 상황에서 선험적 당위를 가리키고자 하는 시도"를 자연법철학의 무한한 가능성으로 꼽고 있는 것이다. 이 엄청난 시도를 그는 존재론의 과제로 삼았다. 즉 인간이 그의 양심과 이성에 내재하여 그럼에도 불구하고 (당위 내용의) 초월에 접하려는 이 시도는, 인간이 객관적인 존재관계 속으로 가능한 한 가까이 다가가고자 하는 노력을 의미한다. 인간에게 의미 있는 설계를 위한 진리나 실천적 이성을 위한 당위는, 존재에 대한 표상과 존재에의 신뢰 이외의 다른 어떤 것일 수 없다.

그의 법존재론 즉 자연법론은, 이 존재에의 신뢰를 인간의 "법형성에의 창조적 참여" 그리고 그에 따르는 '실존적 모험'으로 처리하는 '법의 형이상학'으로 끝난다. 그러나 여기서 다시 주목할 점은, 페흐너의 법철학체계에서 이 '법의 형이상학'을 저변으로부터 떠받치고 있는 것이 다름 아닌 '법의 사회학'이라는 것이다.[53] 페흐너의 법존재론은 법의 사회학으로 출발하여 법의 형이상학으로 끝난다. 왜 그의 자연법이념을 위해서는 사회학과 형이상학이 동시에 필요한가에 대해서는 다소의 설명이 필요하다.

페흐너의 사유의 출발점에는 두 개의 주제가 나타난다. 하나는 법을 형성하는 가능한 한 포괄적인 요소들을 찾는 일이며, 그 다른 하나는 이 요소들이 어떻게 작용하는가의 문제, 즉 객관성 문제를 검토하는 일이다. 우선 첫 번째 주제를 다루어 나가면서 그는 법을 형성하는 요소들, 즉 '생물적', '경제적', '정치권력적', '사회적(실증적)', '이성적', '가치적', '종교적' 요소들을 차례로 발견해 냈다.[54] 그리고 이것들이 모두, 때로는 조화롭게, 때로는 긴장과

53) Fechner, *Rechtsphilosophie*, Teil H, 265면 이하.

54) Fechner, 앞의 책, 111면 이하. 법의 본질이 다양하게 파악된다는 사실 자체

대립 속에서 법의 객관성의 한 불가결한 요소를 이룬다고 보았다.[55] 그는 역사에 있어서 법이념에 대한 왜곡은, 이들 요소 중 어느 한 요소를 객관성의 유일한 본질로 보고자 했기 때문에 발생되었다고 말했다. 그는 여기서 객관성이라는 문제를 그 나름대로 독특하게 파악하고 있다. 법에 있어서 객관성은 그에 의하면 한 마디로, 인간의 자의로부터 벗어남을 의미한다. 페흐너는 법의 가장 근본적이고도 본질적인 징표를 이루는 이 요청을 사고의 대전제로 삼았다.

어떤 고정된 객관성이라는 내용상의 절대성에 대한 요청이 아니라, 바로 인간의 그때 그때의 자의로부터 벗어나는 객관성의 인식을, 그는 자연법사상과 연결시켰다. 인간의 자의로부터의 독립을 의미하는 이 객관성은 그러나, 결코 의심의 여지없이 분명하게 이미 주어진 것일 수 없다. 그것은 과제로서 주어진 까닭에, 찾아야만 하는 종류의 것이다. 여기서 우리는 페흐너가 법의 객관성의 의미를 그 나름대로 변화시키고 있음을 알 수 있다. 객관성의 문제가, 인간의 자의로부터 벗어나 있는가, 또 얼마만큼 벗어날 수 있는가의 문제로서 제기될 때에는, 법을 형성하는 요소들의 객관성의 문제는 확실성의 정도의 문제로 변하게 된다. 그래서 페흐너에 의하면, 현실적 요소로부터 이념적 요소 쪽으로 옮겨갈수록 확실성의 정도가 낮아지게 된다고 한다. 즉 앞에서 말한 '생물적', '경제적', '정치권력적', '실증적' 요소들에서 '이성적', '가치적', '종교적' 요소 쪽으로 넘어올수록, 객관성 즉 확실성

가 페흐너로 하여금 법에 대한 회의를 이미 전제하도록 한다. "…논리적, 그리고 사회학적 뿌리를 가지는 법에 대한 회의…"(앞의 책, 17면).

55) 그는 이 요소들 사이의 상호 작용관계에 대해서 주로 막스 쉘러의 지식사회학과 철학적 인간학으로부터 대부분 시사를 받았다. '현실적 요소의 정신적 변형(geistige Überformung der Realfaktoren)', '현실적 요소를 통한 이념적 요소의 제한(Einschränkung der Idealfaktoren durch die Realfaktoren)' 등에 대해서는 64, 68, 74, 84면 참조.

의 정도가 낮아지게 된다는 것이다. 또 현실적 요소 자체도 궁극적으로 따지고 들어가면 불확실성의 심연으로 빠져들고 만다는 것이다. 이렇게 보면 현실의 모든 관계들은, 결국에 가서는 그 자체로서 확실하지 않게 된다. "법에 있어서 객관적 성격은, 어떤 불확실성 속에서 확실성을 서술하는 것으로 나타난다. 이러한 성격을 법은 우리들을 둘러싼 존재하는 일체와 더불어 지니는데, 존재하는 모든 것은 우리에게 궁극적인 확신을 주지 않는다."[56]

페흐너에 의하면, 존재하는 모든 것은 그러므로 확실성과 불확실성 사이의, 어느 정도 뿌리내린 긍정과 회의에 빠진 부정 사이의, 끊임없고 열렬한 투쟁 속에 있다.

페흐너는, 객관성이 정도가 현실적 요소에서 이념적 요소 쪽으로 갈수록 낮아지는 관계를, 특히 '사물의 본성' 개념에 비추어 설명하고 있나. '사물의 본성'은 그에 의하면, 바로 법에 있어서 불확실성의 요소가 출현하는 지점을, 그리고 동시에 사물의 의미성에 인간이 참여하는 지점을 가리켜 준다. 흔히 생활관계의 의미, 사물에 내재한 이성으로 설명되는 '사물의 본성'은, 주어진 현실관계와 그것에 놓이는 의미성 사이에 다리를 놓아주는 구실을 한다. 그런 만큼 이 생활관계의 의미는, "존재에 실현된 당위" 혹은 "현실에 나타나는 가치"라고도 불린다.[57] 이 의미야말로 인간과 세계 사이의 교접을 통해서 얻어진다. "사물의 본성은 역사의 경과에 따라 부분적으로는 인간에 의해서 비로소 확립되며 그 의미성을 얻는다."[58]

'생물적', '경제적', '정치권력적' 요소를 위시하여, 법을 형성하는 현실적 요소는 고도로 확실한 객관성을 띠되, 법을 형성하는

---

56) Fechner, 앞의 책, 145면.

57) Radbruch, "Die Natur der Sache als juristische Denkform", in: *Festschrift für R. Laun*, Hamburg, 1948, 157면 이하 참조.

58) Fechner, "Naturrecht heute", in: *Gedächtnisschrift für G. Radbruch*, 170면.

'가치적', '이성적', '종교적' 요소 등 이념적 요소들의 객관성은 궁극에 가서는 인간의 주관적 체험과 여러 가치 선택의 가능성에 대해 열려 있기에, 고도로 불확실한 성격을 지니게 된다. 법의 객관성의 이러한 성격 때문에 그것은 우리로 하여금 법을, 한면으로는 미리 주어진 존재질서로 다루도록 요구하며, 다른 한면으로는 인간의 자유를 통해서 규정되는 대상으로서 다루도록 요구한다. 객관성은 누구에게나 분명한 완성된 형태의 질서에 바탕을 두고 있지 않다. 그것은 인간에 대하여 열려 있다. "여기서는 오히려 하나의 상호연관이 문제되는데 그 속에서 인간은, 귀 기울이는 동시에 들려오는 소리를 들으며, 예속되는 동시에 스스로 예속당하고, 질서를 받아들이는 동시에 질서로부터 벗어나기도 하는 것이다. 이 모든 것은 자유와 함께 인간에게 맡겨진다. 자유 속에서 존재를 꽃피우기 위해서….."[59]

법을 이 이중적인 본질의—'이미 주어진 것(Gegebensein)'과 '과제로 주어진 것(Aufgegebensein)' 사이의, 확실성과 불확실성 사이의, 드러난 것과 감추어진 것 사이의, 현재와 미래 사이의— 긴장관계 속에서 파악하는 페흐너가, 법존재론을 마침내 실존철학을 통해서 마무리짓고자 하는 것은 당연하다.[60] 페흐너의 자연법은 미래에서 완성되는 '생성되는 자연법(werdendes Naturrecht)'이다. '생성되는 자연법'은 저 긴장을 '생산적인' 긴장으로 보려는, 페흐너 특유의 낙관주의의 산물이라고 말할 수 있다.

"새로운 것을 노정시켜 그와 함께 의무를 지우는 것을 만들어 내는 모든 창조적 결단과 더불어, 자연법의 한 부분이 생성된다. 미리 주어진 정적인 자연법개념은 그러므로, 미래에서 완성되는 생성중인 자연법으로 교체된다. 그러므로 여기서는 그 내용이 주어진 자연법이나, 변화하는 내용의 자연법이 문제되는 것이 아니

59) Fechner, *Rechtsphilosophie*, 189면.

60) Fechner, *Rechtsphilosophie*, *Teil G*, 「법철학과 실존철학」 참조.

라 생성중인 내용의 자연법이, 인간이 그 결정에 참여하는 자연법이 문제된다. 인간은, 단지 그 구조나 법칙의 일부만을 알 뿐인 공간 안에서 새로운 것이 지탱될 수 있는가를, 이 자연법 안에서 점검하기를 '감히 시도'하며(…), 이 자연법은 모험적이고 생성적인 것으로서 '행위 안에서 그리고 행위 후에야' 비로소 옳은 것으로 판명되며, 존재할 수 있기 위해서 모험을 해야만 하는 자연법이며, 그 기원에 있어서는 주관적이고, 그 목적에 있어서는 객관적인 자연법인 것이다."[61]

페흐너에 있어서 자연법은 객관과 주관의 도식을 이윽고 뛰어넘는, 저 야스퍼스식 형이상학의 세계 속으로 자취를 감춘다. 여기시 실존철학적 법고찰을 둘러싼 페흐너의 문제점을 일일이 열거하거나, 아니면 그를 더 잘 이해하기 위해서, 야스퍼스의 형이상학에까지 늘먹일 필요는 없나. 다만 확실한 것은, 그가 자연법 사상에서 해결되지 않은 나머지로서 남겨놓은 부분이, 진정 미래에 대해서 열려 있는, 그리고 동시에 지금 여기서는 인간의 인격성을 부르는, 존재론적 관점에 입각하여 채워져야 하리라는 점이다. 우리는 자연법을 인간의 실존과 연결시키는 페흐너의 법존재론에서, 시간적으로는 미래에, 그리고 공간적으로는 인간의 인격성에 부응하는 이념을 발견한다. 시간적으로는 미래에, 그리고 공간적으로는 인간의 인격성에 부응하는 이 이념의 실체는, 정녕 철학적 인간학의 이념이다. 존재론적 법고찰의 형태로 진행되는 자연법론이 지니는 인간학의 차원은, 정녕 이 이념에 합일된다. 그것은 미래에 대해서는 열린, 그리고 현시점에서는 인격성에 교차되는 지점에 자리한다. 그래서 그것은, 미래를 배려하는 정책적인 사고와 세계를 유대짓는 인격적 사고를 항상 법 안에 이끌어들이는 통로로 남는다.

---

61) Fechner, 앞의 책, 261면.

Ⅵ. 학문과 실존의 경계

새로운 철학적 인간학의 이념은 인간존재를 완결된 대상으로 파악하게 만들지 않는다. 막스 쉘러가 인간을 그 경험적 속성에 비추어서('식물과 동물의 관계에 있어서 인간의 본질'), 그리고 초경험적 속성에 비추어서('인간의 형이상학적 특수 위치')[62] 문제삼는 가운데 밝힐 수 있었던 것은, 인간에 대한 해답이 아니라 인간이 얼마나 문제투성이인가였다. 인간의 형이상학적 속성으로부터 그가 찾아낸 것은, 그 의미가치에 있어서 상위에 있는 존재양식이 힘에 있어서도 상위에 있지는 않다는 것. 바로 정신의 무력함(die Ohnmacht des Geistes)의 명제였다. "저급한 것은 근원적으로 힘이 있으며, 최상의 것은 힘이 없다"[63]는 말은 "철학적 인간학의 르네상스"라는 붐을 일으켰다. 세계 안에서 인간존재의 자기이해의 폭이 이로써 한껏 넓혀졌다. 정신의 무력함의 명제는 인간이란 무엇인가의 물음을, 다시 한 번 자신의 위치에서 자신을 돌아보며 던지는 물음으로 환원시키는 계기를 만들었다.[64]

새로운 인간학의 이념은 이제 '인간'에 대한 물음을 '나'에게로 반사시키는 실존철학의 구조를 띠게 된다. 그러나 이 새로운 이념은, 노만 메일러의 "뿌리 없이 존재하는 것이며 반항적 자아의 명령을 따라 지도에도 표시 안 된 여로를 떠나는"[65] '나'의 이상을 그리고 있지는 않다. 그것은 세계와 단절된 "국외자의 이상"을 그리는 것이 아니라 "내가 세계의 한 부분이며 세계에 둘러싸

62) Max Scheler, *Die Stellung des Menschen im Kosmos*, 10면.

63) Scheler, 앞의 책, 66면.

64) "나는 도대체 어디에 서 있는가? 도대체 내가 서있는 곳은 어디인가?"(Scheler, 앞의 책, 88면).

65) Norman Mailer, *Advertisement of myself*, New York, 1959, 304면.

여 있다"고 더 이상 말할 수 없게 된다는 지점에서, 그럼에도 불구하고 자신의 위치를 이렇게 되물을 수밖에 없는 인간의 실존적 상황에 연루되어 있다. "도대체 왜 세계가 존재하는가, 그리고 왜 어째서 '내가' 존재하는가"라고.

새로운 철학적 인간학의 이념은 우리 인간을 세계와 혹은 인간존재를 우주에 있어서의 다른 존재와 단절시키는 이념이 아니다. 그것은 더 이상 인간과 세계 중에서 중심점을 무엇으로 택할 것인지에 관심을 가지지 않는다. 그것은 일종의 화해이념으로 나타난다. 즉 정신과 삶의 관계를 본원적으로 적대관계에 세우지 않는다. "가장 깊이 생각한 사람은 가장 생동하는 것을 사랑한다."[66]

새로운 철학적 인간학의 이념은 이렇게 하여 궁극적으로 "사물의 근원에 대한 인간의 형이상학적 관계"에 지시되어 있는 것이다. 그러면서 인간이란 무엇인가의 물음과 나는 누구인가의 물음이 서로 떨어져 나가지 않도록 한다. 이 이념은 인간이란 무엇인가라는 학문정신의 물음이 나는 누구인가라는 실존적 자각에 접하는 지점을 비춰준다. 다시 말하면 이 이념은 순수히 학문정신의 산물이 아니라, 인간이 자신의 실존을 어떻게 이해하는가의 물음을 학문정신이 처음으로 떠맡는 과정에 동반되는 이념으로 나타나는 것이다.

자연법론은 규범탐구에 있어서 제도적 관점과 인격적 관점 중의 어느 한편에 서 있지 않다. 마찬가지로 그것은 법칙론과 목적론 중의, 질서 자체의 필연성과 질서의 내용 중의 어느 한편에 기울지 않는다. 진정한 자연법의 물음은 제도적 관점과 인격적 관점 사이에, 법칙론과 목적론 사이에 놓인다. 마르취치가 '존재법'으로 돌아가면서, 오늘날 자연개념에 의지하려는 우리의 상황

---

66) Scheler, 앞의 책, 87면.

을 저 고대의 자연법 탄생에 견주고 싶었던 심정도, 어쩌면 자연법이념의 저 윤리적·실존적 근원성에 비추어 헤아릴 수 있을지 모르겠다.

자연법론이 지니는 인간학의 차원은, 인간은 무엇인가라는 물음이 엄정한 학문정신을 통과하는 것만으로 드러나지 않고, 이 물음이 공동체 생활 안에서 나는 누구인가, 너는 누구인가의 물음과 부단히 교차하는 가운데 비로소 드러난다. 이때 자연법론은 사회 안에서 자신의 위치를 돌이켜 보는 실존적 인간상까지를 담게 되는 것이다.

자연법사상의 빼놓을 수 없는 공적은 인간의 윤리적·실존적 지평을 법사고에 이끌어들였다는 것이다. 자연법론자들에게 역사의식과 미래지향적 사고, 예언적이고자 하는 노력은 낯설지 않다. 인간공동체에 있어서 올바른 규범에 관한 물음은 정녕 인간의 윤리적·실존적 상황에 닿아 있다.

근대 계몽시대 이래 서구 지성의 한계는 학문의 세계와 실존의 세계를 갈라서게 만들었다는 데 있다. 인간학의 이념은 이 한계를 극복하는 이념일 수 있을 것인가. 오늘날 인간은 이성적 본성으로 인해 학문적으로는 필경 만물의 영장이되, 바로 그 이성으로 인해 실존적으로는 그 반대의 극에 서있는 것처럼 생각된다. 기술적 능력이 인간의 이론적·실천적 앎보다도 더 빠르게 발전한다는 오늘날, 인간은 인간이 무엇인지 알기도 전에 인간을 변화시키는 기술을—인간유전공학—배우리라던가. 어쩌면 짐승보다 더 짐승스럽고자 이성을 사용하기도 한다던가. 인간의 진정한 삶과 인간존엄의 의미는 한계상황에서 가장 잘 체험할 수 있다던가.

자연법이념은 '인간이란 무엇인가'의 물음과 '나는 누구인가'의 물음이 각기 다른 축으로 겉돌면서 생긴 사각지대에서 어떤 의의를 지니는가. 법사고에서 인간학의 의미가 인간존재의 '본성'을 규명하는 데 그치지 않고 인간의 실존적 '조건'을 새롭게 찾는 데 있다면, 법사고에서 윤리적·실천적 기능을 하는 자연법의 복권의 의의는 학문과 실존의 가교의 뜻으로 풀이되어도 좋을 것이다. '인간이 된다는 것'에 어울리지 않는 모든 비열하고 비인간적인 생활관계들로부터 벗어난다는 것은 진정한 실천이성을 회복한다는 것을 뜻한다. 자연법에 대한 새로운 주목은 예나 제나 실천이성의 회복의 계기를 포함한다.

이론의 실천지향성, 즉 실천을 지향하는 정신활동은, 형이상학식으로 말하자면, 삶의 총체성에 대한 의식이다. 실천이성의 회복의 의의는 인간으로 하여금 자신의 삶의 세계를 보다 덜 단편적으로 파악할 수 있게 한다는 데 있다. 자연법이 법사고에서 기여하는 바는 인간의 삶에서 법을 가장 덜 단편적으로 보게 해준다는 데 있다.

제 5 장

자연법의 역사 – 소피스트에서 칸트까지

Ⅰ. 고대의 자연법 : 자연법의 탄생에서 스토아 자연법까지

1. 자연법의 태동

서양에서 가장 오래된 법사상인 자연법의 기원을 더듬기 위해서는 서양학문의 탄생 언저리까지 거슬러 올라가야 한다. 신화와 운명의 힘에 의해서 모든 것을 설명하던 때로부터 대상의 '참모습', '진실한 본질', '존재의 근원'을 추구하기 시작하는 단계로 나아가는 인간정신의 진보의 역사는 법사상에 대해서도 타당하기 때문이다. 즉 인간정신은 법을 신화적·존재적 자명성에 근거하여 설명하고 주어진 법을 관습적으로 따르던 때로부터 이런저런 사회적·정치적 위기, 정신적 궁핍, 관습의 약화 등등 질서의 위기상황이 도래하면서 법의 '참모습'을 찾아 나서는 단계로 나가게 된다. 그리고 이러한 인간정신의 진보와 실존적 자각이 바로 자연법의 탄생에도 적용되는 것이다.

자연법의 역사는 '자연에 합당함' 혹은 '자연으로부터의 질서'에 의존하여 제정된 규범에 대해 — 그것이 정치적 권위에 의해 부과된 것이든, 사람들의 합의에 의해 정해진 것이든—반기를 들면서 시작되었다.[1] 자연법 사고, 즉 '자연적 질서'개념을 '인간의 권위에 의한 제정'이라는 개념과 분리 혹은 대립시키는 사고는 서구역사에서 종교, 정치, 사회질서에 처음으로 위기가 덮친 시기와 일치한다. 사람들이 전래의 법을 지금까지 지켜온 대로 지키는 것으로 아무 불편이 없었던 시기에는 구태여 의식적으로 법의 합리적 근거나 정당성에 대한 물음을 떠올릴 필요가 없었을 것이다. 우리가 평소에는 공기나 물에 대해 의식함이 없이 숨쉬고 마시다가 코나 입으로 들어오는 그것들에 이상이 생기면 이윽고 공기와 물에 대해서 곰곰 생각하게 되듯이, 전래의 법질서에 대한 믿음이 흔들리는 시기에 사람들은 법에 대해서 곰곰이 생각하게 된다. 그러면서 법을 다른 눈으로 보고 법을 법에 대립시키는 이분법적 법사고 즉 피지스(φύσις)와 노모스(νόμος)의 대립이 나타나게 되는 것이다. 그러므로 자연법의 역사적 탄생은 사회의 위기, 시대의 모순상황에 깊이 연관되어 있다. 시대의 모순에 처해 신화와 운명의 힘에 지배되는 세계관에 의문을 품고, 전환기의 정신적 궁핍을 미리 감지한 철학자들이—'최초의 계몽철학자들'!—법의 의미를 인간존재에 비추어 비판적으로 성찰하면서, 법의 올바른 근거를 추구하는 가운데 자연법철학의 길이 열리게 된 것이다. 이처럼 법사고에서 이분법적 세계관을 담아내는 자연법은 '신화에서 이성으로'로 표현되는 최초의 계몽정신의 표현이며 동시에 시대전환기에 처한 인간의 실존적 한계상황의 법적 표현이기도 한 것이다.

법의 본질에 대한 철학적 성찰은 언제나 윤리적·실존적 계기

---

1) '테미스(ϑέμις)'가 '부과된 질서'의 의미의 법개념임에 비해 '노모스(νόμος)'는 합의에 근거한 규범력을 내포하는 법개념이라는 설명에 대해서는 M. Ostwald, *Nomos and the Beginnings of the Athenian Democracy*, Oxford, 1969, 19면 이하 참조. 이에 따르면 법개념은 아테네의 민주적 개혁시기에 전자에서 후자로 전환한 것으로 보인다.

를 포함한다. 법과 함께 살아갈 수밖에 없는 인간은 질서의 위기 상황에 처해 법의 본질은 진정 무엇이며 혹은 무엇이어야 하는지 물을 필요가 생기게 되는 것이다. 고대 폴리스세계에서 학문정신이 일체의 신적 권위와 힘의 후광을 입음이 없이 인간이 자신의 실존을 어떻게 이해해야 하는가의 물음을 최초로 떠맡는 과정과, 질서를 그 자체로 고유한 본질법칙으로 보고 그것을 자신의 본질에 일치시키던 고대 폴리스 시민 개인의 자기이해의 자명성이 흔들리는 시기는 일치한다. 그리고 이 시기에 '노모스' 즉 인간의 제정에 대해 반기를 들고 안티고네식 '피지스'의 부름이 생겨난 것이다.

고대 희랍어 중에서 오늘날 우리가 정의라고 번역하는 단어에 해당하는 '디카이오시네(δικαιοσύνη)'는 희랍 후기 문헌들에서 비로소 등장한다. 그리고 이때는 바로 법과 더불은 인간의 존재질서의 자명성이 흔들리는 시기이기도 했다. 존재의 총체적 질서와 그 자명함에 대한 믿음이 흔들리는 가운데, 법을 상실한 사람, '그 좋던 시절' 은 가버리고 이제 더 이상 무엇이 좋은 법인지 모르게 된 사람이 법을 추구하는 윤리적·구도자적(당위적) 태도가 바로 정의의 태도였던 것이다.

여기서 서구 정신사에서 정의라는 용어가 최초로 등장하는 시점을 주목할 필요가 있다. 오늘날 정의로 번역되는 단어에 해당하는 희랍어인 디카이오시네(δικαιοσύνη)는 "신적 법질서 안에 있음의 자명성," "법 안에 있음의 확신"으로서의 인간의 존재적 양식이 '이미' 법 안에 있음을 상실한, 그러면서도 '아직' 법이 무엇임을 모르는 인간의 당위적 윤리적 요청에로 옮아가는 전환점에서 비로소 등장한다.[2] 그것은 폴리스의 정치적·사회적 질서의

2) Erik Wolf, *Griechisches Rechtsdenken* Bd.I., Frankfurt, 1950. 그리스 법사상에 대한 Wolf의 고찰에서의 디케에 관한 설명은, 이 단어가 아마도 Heidegger에 의해서 주목된 이래로, 가장 괄목할 만한 법철학적 성과가 아닌가 여겨진다.

붕괴, 이에 따른 법철학의 내면화와 때를 같이하여 사유세계에 등장했다.[3)]

δικαιοσύνη는 그리스 초기인들에게는 요컨대 낯선 개념이었다. 예컨대 호머나 헤지오스, 아낙시만드로스, 헤라클레이토스, 파르메니데스 등 소크라테스 이전의 철인 및 사유시인들에게서는 이 단어는 아직 나타나지 않았으며, 기원전 5세기의 폴리스 초창기의 시인 테오그니스에 이르러서 비로소 나타나기 시작했다.[4)] 그리스 초기인들은 이 단어 대신에 신적인 힘, 이 힘과 인간의 만남을 묘사하는 테미스(ϑέμις)와 디케(δίκη) 그리고 이들로부터 파생된 테미스테스(ϑὲμιστες)나 헤 테미스 에스틴('ή ϑέμις ἐστίν) 호 니카이오스(ὁ δίκαιος), 토 디카이온 디카제인(τό δίκαιον δικάξειν) 등의 단어들을 알 뿐이었다. 그러므로 δίκη나 δίκαιος, δικάξειν 등의 표현형식과 δικαιοσύνη는 개념적으로 일단 분리될 필요가 있다.

소크라테스 이전의 사상가들과 초기 시인들의 작품을 토대로 그리스 법사상에 접근해간 볼프에 의하면 우선 디케의 신화적 속성에서 공통된 요소들은 다음의 다섯 가지, 즉 정돈하고, 수호하고, 빛을 밝히고, 심판하고, 투쟁하는 요소들이다. 여신 디케는 이 폴리스에서 저 폴리스로 전전하는 폴리스의 질서와 법이 그 근거를 두고 있는 신으로서, 폴리스 시민에게 신적 힘이 접근하는 곳에 나타나는 신으로 알려져 있다. 디케적인 것은 공동체의 기초인 동시에 그 안에서의 인간존재의 척도를 의미했다. 그것은 폴리스공동체 안에서의 인간의 존재양식으로서 "존재하는 본질에의 귀속성"[5)]을 의미하는 것이다.

디케가 임재하는 곳에서 그러므로 폴리스 공동체 안에서 인간

---

3) 이에 대해 자세히는 박은정, 『자연법사상』, 민음사, 1987, 266면 이하 참조.

4) Wolf, 앞의 책, 331면 이하 참조.

5) Wolf, 앞의 책, 148면.

의 우주적 존재법칙에의 참여가 확인된다. 인간은 항상 디케적이어야 한다. 왜냐하면 디케적인 태도는 전 인간 존재의 근본 성향이며, 인간을 동물과 구별케 하고, 신들과 만나게 하는 본질표시로서, 각 존재에게 그의 본질에 속하는 것을 밝히어 각각 그에 귀속케 하는 존재양식이라는 것이다. "폴리스의 근본이자 중심"6) 이므로 이 디케적인 태도는 또 순수히 주관주의적인 윤리적인 태도와는 거리가 멀다. 예컨대 호머가 말하는 바의 의로운 자(ὁ δίκαιος)란 윤리적·종교적 의미에서의 의로운 자가 아니라, 본질을 알리는 자, 풍부한 경험의 소유자, 무엇이 각자 그에게 속하는 것이라는 것을 알고 이 본질과 지식에 힘입어서 디케를 분배할 수 있는 자를 의미한다. 또 헤지오스에 있어서도 의로운 자라 함은 인간이 신과 인간에게 무엇을 빚지고 있는가를 알고 디케를 이행하는 자로 나타난다.

인간의 디케에의 참여 즉, '법과 더불어 있음', '법 안에 있음'은 언제나 잊혀지거나 비본질화될 위험에 놓이기 쉽다. 그러므로 헤지오스에 의하면 인간은 항상 디케적이어야 함을 일깨워 주어야 하며, 이를 일깨우는 것이 바로 시인의 직책이라는 것이다.7)

이러한 디케적인 표상은 소크라테스식의 법감각의 내면화나 이에 수반하는 보편적 덕론이나, 아니면 칸트식의 인격의 윤리적 자율에 관한 표상과는 거리가 멀다. 그것은 규범적 현상에 있어서 자율의 영역과 타율의 영역이, 자연법과 실정법이, 윤리성과 합법성이 각각 상관범주로서 분리되기 이전의 개념에 속한다. 그것은 질서의 법칙이 자신의 본질과 일치된 그리스적 인간상을 전제하는 개념이었으며, 그리스의 다양한 생활영역들에서 "자유와 법칙의 독특한 변증법"8)이 흔들리기 이전의 시절에 속하는 개념

6) Wolf, 앞의 책, 150면.

7) Wolf, 앞의 책, 149면 참조.

8) R. 볼트만, 『學問과 實存』, 허혁 역, 논문집 제1권, 聖光文化社, 1980, 71면.

이었다.

신화가 전하던 법이 신들의 행위에 대한 비판적인 척도로서 등장하면서, 이른바 계몽적·비판적 법이념이 —폴리스 국민의회에서 제정된 실정 법률(νόμος)에 반기를 들고— 자연법(φύσει δίκαιον)이라는 이름으로 탄생하면서 이 디케적인 태도와 속성들은 후퇴하게 되고 디카이오시네적인 태도, 정의의 태도가 대두된다. "이제는 사상가들은 더 이상 '법안에 있는바, 나는 누구인가'라고 묻지 않는다. 그들은 더 이상 그들이 아는 디케의 본질에 대하여 말하지 않는다. 그 대신에 그들은 '더 이상 법 안에, 혹은 아직도 법 안에 있지 않는 자, 나는 무엇을 해야 하는가'라고 묻는다. 이와 더불어 시인된 것은, 우선 인간은 법의 본질에 관해서 아무 것도 모른다는 것이며, 더 나아가 인간은 그것에 관해서 아무 것도 알 수 없다는 것이다. 이는 스스로를 더 이상 존재적인 것으로 이해하지 않고 당위적인 것으로서 평가하는, 인간의 변혁이며, 존재의 기본단어들인 Theos, Polis, Physis, Logos, Nomos, Mythos, Ethos, Psyche들을 전부 달리 이해하는, 인간의 사상과 시의 변혁인 것이다."[9)]

법을 모르나 법을 찾는 태도, 이것은 더 이상 디케적인 태도가 아니다. 이리하여 새로운 정치적·윤리적 덕목이 요청되었는바, 그것이 다름 아닌 소크라테스와 플라톤의 디카이오시네(δικαιοσύνη), 즉 정의개념이었다. 법감각이 점차로 '내면화'되면서 정의라는 이 추상어가 형성되었다는 분석은[10)] 이 지점에서 우리에게 큰 도움이 된다고 본다. 폴리스라는 시민사회의 타락과 더불어 디케나 테미스는 인간의 내적 생활의 영역으로 숨어버리고, 반면 폴리스의 실정법(νόμος)이 외적 질서의 필요한 것만을 다스리게 되면서[11)] 정의는 바로 개인과 폴리스 공동체의 질적 매개체로서 등장

---

9) Wolf, 앞의 책, 331면.

10) Wolf, 앞의 책, 334면 참조. 소크라테스의 '무지에의 지'는 진리와 관련해서만이 아니라 따라서 정의와 관련해서도 타당하다.

한 것이다. 정의개념 안에는 그러므로 주관적인 측면과 객관적인 측면, 보다 정확하게 표현하면 주관적 근원성과 객관적 규범성 사이의 긴장이 담겨 있다. 아리스토텔레스에 있어서 정의론이 한편으로는 끊임없이 덕론의 대상이 되면서(윤리학), 다른 한편으로는 질서구현의 면에서 정치학의 대상으로 유보된 것은 결코 우연이 아니다.

인간의 공동체적 실존양식이 내적 생활의 영역과 외적 생활의 영역에로 각각 떨어져 나가면서[12] 인간행동을 규제하던 질서원리는 존재의 섭리로서가 아니라 윤리적 요청으로서 이해되게 되었다(존재론에서 윤리학으로). 이와 더불어 사회적·윤리적 영역은 한편으로는 규범의 객관화, 즉 객관적 규범주의를, 그리고 다른 한편으로는 이에 따르는 규범적 척도의 문제를 남기게 된 것이다. 서구의 법철학적·사회철학적 진통은 이 두 영역을 대립시키는 경향을 보인다. 제도적 관점과 인격적 관점이, 질서의 필연성의 문제와 질서의 내용의 문제가, 실정법성과 자연법성이 각각 대립되는 식으로 말이다.

자연법의 탄생배경에는 이렇게 윤리적·구도자적 태도 즉 정의를 추구하려는 태도가 깔려 있다. 인간이라는 현존재를 그럼에도 불구하고 항상 법 안에 머물러 사유케 하는 항구(恒久)의 과제. 이 과제에 대한 외경. 항구의 과제에 대한 외경이라는 윤리적·실존적 태도야말로 자연법이념의 핵심을 이룬다. 개인과 공동체의 질적 유대에 대한 설명단서가 '변증법적 긴장'개념을 통해 포착되는 이유도 여기에 있다. 이로써 우리는 자연법이 지니는 역

---

11) 자유의 보장, 인권의 수호, 약자의 보호 등 법의 정치적 이념이 탄생한 것도 바로 이때이다. 노예제도에 대한 최초의 비판적·법정책적 여론은 폴리스의 실정법을 전제로 한다. 오늘날 인권에 관한 논의가 국가를 필히 그 대상 파트너로서 전제하듯이.

12) 아이스킬로스나 소포클레스의 비극적 여운 '그 좋던 시절'(πάτριος πολιτεία), 저 독특한 변증법의 붕괴, 민주주의의 몰락 등등….

동적인 본질도 이해할 수 있게 된다. 자연법은 개인의 주관적인 권리가 객관적인 질서와 대립되고 분리되는 지점을 가리키는 동시에, 또한 개인의 주관적인 권리가 객관적인 질서에 통합되는 관계를 담고 있다. 법세계 안에서 해결되지 않는 '정의' '합목적성' '법적 안정성' 사이의 저 독특한 긴장과 유대에 관한 라드브루흐식 통찰은 무엇을 의미할까? 그것은 이 역동성이 다름 아닌 윤리적 실존성을 의미함을 시사해주는 게 아닐까?

2. 피지스와 노모스의 대립

최초의 계몽철학자들은 '소크라테스 이전의 사상가들'과 소피스트들이었다. 신에 대한 믿음이 흔들리면서 자기민족의 정신적 궁핍을 느낀 이들은 자연법적 사고를 탄생시킨 장본인들이다.[13)]

소피스트들이 본격적으로 활동하기 시작하는 전 단계는 흔히 '소크라테스 이전의 사상가들(Vorsokratiker)'의 철학으로 분류된다. 이 단계에서는 아직 피지스(φύσις)와 노모스(νόμος) 사이의 분리 내지 대립은 아직은 확연하게 드러나지는 않는다. 고대 초기사상에서 이 둘은 본질적으로 통합되거나 아니면 적어도 전자가 후자로부터 도출되는 식으로 이해되었다. 헤라클레이토스가 "모든 인간의 법들은 신의 법으로부터 자양을 얻는다"[14)]라고 말했을 때 인간의 법 즉 노모스는 피지스, 코스모스, 로고스에 통합된 것으

13) 인간이 만물의 척도라고 말한 프로타고라스는 이 말이 나오는 바로 앞 대목에 다음과 같이 썼다. "신에 대해서 나는 모르겠다. 누구도 신이 있는지 알 수 없다. 그 누구도 신을 본 사람이 없으므로. 그러나 신이 없다고도 말할 수 없다. 그러기에는 인생이 너무 짧다." Diels-Kranz, *Die Fragmente der Vorsokratiker*, Nr.80. Fr.1. 이 책은 고대 문헌들에 나오는 100명 이상의 초기 희랍사상가들의 단편들을 망라한 문헌학적 고전에 속한다. 이 책에 기초하여 우리나라에 번역된 책으로는 『소크라테스 이전 철학자들의 단편 선집』, 김인곤 외 옮김, 아카넷, 2005가 있다.

14) Diels-Kranz, 앞의 책, Heraklit, Fr.114.

로 파악되었던 것이다. 그러나 중요한 것은 여기서 이미 인간에 의해 제정된 것이라는 개념과 초실정적·신적 법개념을 구분하는 능력이 드러나기 시작했다는 점이다. 자연법적 정의와 실정법적 정의를 분리하기 위한 준비단계에 이미 들어선 것이다.

노모스로 대변되는 폴리스 법질서의 일상성이 점차 흔들리면서 노모스와 피지스의 분리는 이제 피할 수 없게 된다. 이 분리에 박차를 가한 정치사회적 배후요인들로는 기원전 5세기 민주질서의 타락, 펠로폰네수스전쟁으로 인한 종교, 정치, 공동체의식의 분열, 이에 따른 개인주의의 충동 등을 들 수 있을 것이다. 희극작가 아리스토파네스의 『구름』에서 상징적으로 드러난 사회상은 바로 전래의 관습이 약화된 질서의 위기상황을 고발한 것이었다. 그 희극에는 아버지에게 주먹을 휘두르는 패륜자식에 대해 아버지가 분격하여, 세상에 자식이 제 애비를 때리는 법이 어디 있는가라고 소리치는 장면이 나온다. 이에 대해 저 희극시인은 아들로 하여금, 이제부터는 이것이 법이 되었노라고 응수케 했던 것이다. 이러한 사회상은 이제 법의 참모습을 찾는 사람들의 눈에 '있는 법'과 '있어야 할 법'을 분리해 보도록 만든 것이다.

인위적인 규범들이 '자연적인' 것에 비해 평가절하되고 노모스와 피지스의 대립이 본격화된 때는 소피스트들이 대거 등장하면서부터였다. 인습을 비판하고 민주정의 이론적·실천적 문제에 관심을 가진 그들은 자연에 대한 합리적 탐구를 통해 법의 본성을 규명하는 길을 보다 정교하게 추구해 나갔다. 이들은 법, 국가, 정의의 물음 등에서 대체로 상대주의적 입장을 취하면서도 이성적 논변에 대한 신뢰를 잃지 않은 사람들이었다.[15]

원래 자연개념은 이오니아 자연철학자들의 영향으로 우주론적

15) 소피스트에 대한 플라톤의 적개심이 대변하는 바와 같은, 소피스트들에 대한 전통적인 견해를 비판하고 이들에 대한 재평가 작업을 시도한 표준서로는 조지 커퍼드, 『소피스트 운동』, 김남두 옮김, 아카넷, 2003.

의미로 파악된 것이었다. 이들은 자연현상의 연관관계를 추구하여 자연현상의 배후에 놓이는 실체나 원리를 설명하고자 했다. 이 자연개념에서는 인간의 사회생활이 아직 갈등하는 모습으로 포착되지는 않았다. 어느 의미에서 탈정치적이고 비역사적인 개념이었다. 이 우주론적 자연개념을 인간학적 개념으로 이양 내지 특수화시킨 사람들이 바로 소피스트들이었다. 이들에 의해 자연법사상은 처음으로 풍성해지게 되었다.

자연개념을 우주적 자연에서 인간의 자연으로 이양시키는 데 공헌한 것은 특히 기원전 5세기 희랍의학이었다. 당시 히포크라테스를 중심으로 하는 의학의 성과는 놀라운 것이었다. 의사들이 개개 인간의 신체적 특징을 관찰하여 그로부터 건강한 생을 위한 처방전을 도출하듯이, 소피스트들은 개인으로서 인간이 지니는 자연적 본성을 관찰하여 그로부터 건강한 사회를 위한 '규범'을 이끌어 낼 수 있다고 생각하게 된 것이다. 소피스트들의 성과는 인간의 신체적·의학적 자연개념에 윤리적·사회적 차원을 포함시켜서 육체와 영혼의 통합체로서의 인간본성 개념을 확고히 해주었다는 데 있다.

법을 인간본성과 연결시키고 이 인간의 본성에 내재하는 보편적 요소로부터 법의 본질을 탐구하고자 했던 이들은 인위적인 법을 이 인간본성으로부터의 법에 대립시켰다. 여기서부터 인간의 본성으로부터 법이념을 이끌어 내는 역사, 바로 자연법철학의 역사가 본격적으로 시작되는 것이다.

이러한 자연법이념들이 당시 현실의 정치권력에 크게 영향을 미쳤다고 보기는 어렵다. 그러나 자연법이념은 갈등요소를 지닌 사회에서 국가나 법 역시 인간이 만들어낸 것이기에 비판의 대상이 된다는 생각을 가능하게 했다. 그럼으로써 자연법은 인간의 자의에, 특히 입법자의 자의에 한계를 긋는 척도로서 자리잡게 된 것이다.

이렇게 시작된 자연적 · 우주적 질서로서의 피지스 개념과 인간에 의한 제정이라는 노모스 개념의 분리는 그 이후에도 그대로 이어졌다. 즉 중세에는 신법과 세속법의 대립으로, 그리고 근대 이래로는 이성법과 강제질서의 대립으로 이어갔던 것이다.

소피스트들이 무엇을 인간의 자연으로 파악했는가에 대해서는 한 가지로 통일하여 말하기 어렵다. 크게 보면 이들의 자연개념은 두 부류로 나눌 수 있으며 그에 따라 소피스트 자연법은 이념적 자연법과 실존적 자연법으로 묶을 수 있게 된다. 전자는 인간을 이성적 · 사회적 존재로 보는 자연관에, 후자는 인간을 경험적으로 파악하여 비이성적 · 충동적 존재로 보는 자연관에 입각해 있다. 이 양 주류는 그 이후의 자연법의 변천사 속에서도 반영되어 맥을 이어간다. 예컨대 프로타고라스(Protagoras)에 따르면 "자연에 의하면 우리 모두는 평등하며, 우리를 불평등하게 만든 것은 법률이다. 법률이 인간을 타락시켰다". 히피아스(Hippias)에 따르더라도 "법률이 아니라 자연이 우리를 형제, 친구, 이웃으로 만들었다". 자연에 대한 예찬과 인위적인 법에 대한 비하는 또 다른 소피스트들로 이어진다. "신은 모든 인간을 자유롭게 만들었다. 자연은 누구도 노예로 만들지 않았다"(알키다마스 Alkidamas), "법률은 계약에 근거하나 자연은 진리에 근거한다"(안티폰 Antiphon). 이렇게 자연을 이상적인 개념으로 파악하여 이에 다른 평등의 법을 주장한 소피스트가 있는가 하면, 그 반대로 자연을 현실적 개념으로 파악하여 누구든 자의적 수단으로 자신의 욕구를 채울 자연적 권리를 갖는다고 말하면서 "법은 강자의 이익에만 봉사할 뿐"이라고 주장하고, 그래서 전제주의도 정당화한 트라시마코스(Trasymachos)와 칼리클레스(Kalikles) 같은 소피스트들도 있다.[16]

위의 예에서도 알 수 있듯이 소피스트들이 확고하고 통일된 법

16) 이하에서는 Diels-Kranz의 앞의 책과 Erik Wolf, *Griechisches Rechtsdenken* Bd.I을 인용, 참조했다.

및 국가이론을 가지고 있었던 것은 아니었다. '자연'에 의존하여 기존의 질서를 비판한 사람들이 있었는가 하면 또한 이를 정당화시킨 사람도 없지 않았다. 이들 소피스트들의 자연법론은 다양하고 서로 대립하기까지 하지만 방법론적으로는 동일한 바탕에 서 있다. 즉 인간의 본성으로부터 법의 본성을 이끌어 내고자 한 점이다. 이러한 방법론은 자연법론자들로 하여금 각자의 현실에 대한 의식과 역사적 상황을 '자연에 합당한'것으로 주장케 할 수도 있다. 여기서 모든 자연법론은 결국 순환론에 빠지고 만다는 주장과 함께 자연법론에 대한 이데올로기 혐의도 제기될 수 있다.[17)]

그러나 소피스트들의 자연법논의에서 중요한 것은 실정법 비판의 거점을 법사고안에 마련했다는 점에 있다. 이와 함께 주목할 점은 소피스트철학의 상대주의, 주관주의의 요소가 법사고에 미친 영향이다. 확고한 진리가 따로 있는 것이 아니라 모든 것이 '하나의 견해' 혹은 여론일 뿐이라는 프로타고라스식 상대주의는 폴리스의 법 또한 인간의 작품으로서 비판의 대상이 될 수 있게 만든다. 상대주의철학은 결과적으로 폴리스 실정법질서 즉 노모스를 상대화시키는 데 기여한 셈이다. 이와 함께 이제 노모스의 사회교육적 의미도 부인된다. 리코프론(Lykophron)의 말대로, 노모스는 단지 시민들 사이에서 법과 권리를 위한 보장일 뿐 시민을 옳고 정당하게 만드는 데까지 기여하지는 못한다는 것이다.

제정법질서를 상대화시킨 프로타고라스식 철학은 다른 한편으로 민주주의를 정당화시키는 데에도 기여했다. 플라톤의 대화편 『프로타고라스』에는, 왜 사람들은 집이나 배를 만들 때는 전문가를 찾아가 도움을 청하면서도 정치적인 문제에 대해서는 모두가 충고자가 될 수 있다고 생각하는가라는 물음이 나온다. 이에 대

---

17) 이 책의 제1장, "자연법의 개념과 문제점" 참조.

해 프로타고라스는 저 유명한 '국가신화'를 빌어 모든 국민들의 국가의사형성에 참여할 능력을 인정한다. 누구나가 다 한 표를 행사할 수 있다는 민주주의의 낙관주의적 인간상에도 이러한 프로타고라스식 상대주의 철학이 반영된 것으로 볼 수 있다.

노모스의 상대화를 통해 소피스트들이 이루어낸 또 다른 큰 성과는 인도주의 이념의 발견이다. 플라톤이나 아리스토텔레스 같은 위대한 철인이 아니라 어느 면에서 철학의 주류로부터 비켜나 있었던 리코프론, 히피아스, 알키다마스 같은 소피스트들이 인간 평등이념을 내걸고 노예제에 이의를 제기하는 철학의 단초를 열었다는 점은 기억해 둘 필요가 있다.

3. 이념적 자연법의 탄생

소피스트들의 주관주의와 상대주의에 대항해서 안으로는 주관주의를 심화시키고 밖으로는 모든 회의로부터 벗어난 객관적 진리영역을 탐구하고자 애쓴 철학자는 소크라테스였다. 그는 이념적 자연법의 길을 닦았다. 그러나 그는 이론으로써보다는 실천을 통해 실정법에 대한 존중사상을 후세에 남겼다. '소크라테스의 재판'에서 드러난 그의 태도는 법은 일단 내려진 판결이 유효할 것을 명하며 그러한 법은 훼손되어서는 안 된다는 것이었다.[18] 이러한 태도는 실정법의 독자적인 역할을 염두에 두면 예나 제나 당연하다 할 것이다.

법복종의 주관적 도덕적 의무를 강조한 것으로 보이는 소크라테스의 언명에서 법과 법의 대립구도를 읽으려는 것은 성급한 태

18) 『크리톤』에는 의인화된 국법과 국가가 소크라테스에게 이렇게 말을 건네는 대목이 나온다 "혹시 그대 생각엔, 한 나라에 있어서 일단 내려진 판결이 아무런 힘도 못쓰고 개인들에 의해 무효화되고 무력하게 되는데도, 그래 그 나라가 전복되지 않고서 여전히 존속될 수 있을 것으로 여겨지는가?" (『소크라테스의 最後』, 박종현 역, 박영사, 1987).

도인 것 같다. 제정법의 외관을 띤 불법의 문제, 이른바 '법률적 불법' 문제는 아직 소크라테스에서는 등장하지 않는다고 보아야 옳다. '소크라테스의 재판'을 둘러싼 물음도 악법도 법인가의 문제였다기보다는 그릇된 재판에 관한 문제였다고 볼 수 있다.[19]

소크라테스의 '밖으로'의 작업 즉 모든 회의로부터 벗어난 객관적 진리영역을 탐구하는 작업을 심화시켜 이에 기초하여 이념적·선험적 자연법의 전통을 출발시킨 사람은 단연 플라톤이었다. 있는 그대로의 세계, 눈에 보이는 세계보다는 모든 경험과 감성을 벗어나 진정 존재하는 정신적·예지적 가치세계에 관심이 깊었던 그는 이 선험세계를 '이데아'로 명명하여 진정한 법의 거소 또한 거기라고 생각했다. 그에 따르면 법에 대한 엄격한 보편타당한 인식은 가능하며, 그 인식내용은 절대적 확실성을 지니며 영원한 이성진리로 나타난다.

이데아적인 자연법에 몰두했던 그는 현실의 실정법을 어느 정도는 불완전할 수밖에 없다고 보았기 때문에 이를 시정할 길을 찾는다. 이것이 바로 법치가 아닌 인지의 길이었다. 플라톤에 따르면 원래 신에 근원을 둔 법률은 언제나 최대의 덕인 정의를 위주로 제정되어야 한다. "선악에 대한 사려가 있는데, 이것을 국가에 의해 명령을 내리는 형태를 취할 경우에는 법률이라고 부르게"[20] 되며 이때 선악에 대한 판단을 내리는 주체는 다름 아닌 통찰력 있는 입법자, 즉 철인왕이었다. 그러니까 가장 좋은 것은 법률이 권력을 잡는 것이 아니라, 통찰력 있는 왕이 권력을

19) 그러므로 법적 정당성을 추구하기 위한 불복종의지와 투쟁의지를 천명한 『변명』에서의 태도와 법복종의무를 강조한 『크리톤』에서의 태도가 모순된다고 보기 어렵다. 『변명』에서 소크라테스는 다음과 같이 말했었다. "저는 감옥살이나 죽음이 두려워서 옳지 못한 것들을 협의하는 여러분들의 편이 되느니보다는 오히려 온갖 위험을 무릅쓰고 법과 정의의 편이 되어야만 한다고 생각했었습니다." (『소크라테스의 最後』, 50면).

20) 플라톤, 『법률』, 최민홍 역, 플라톤전집 2, 상서각, 1973, 제1권: 45면.

잡을 때이다. 그 이유는 모든 사람에게 정의롭고 가장 타당한 것을 정확하게 규율할 수 있는 법률은 불가능하고 그 결과 법률만으로는 실제로 최선의 것을 명할 수 없기 때문이라는 것이다.

이로써 플라톤의 이념적 자연법론은 권위주의 국가사상으로 귀결되고 만다는 비판에 직면하게 된다. 선과 정의 자체로 통한다는 이데아의 세계는 철인과 같은 고도의 능력자만이 도달할 수 있는 세계이어서, 이 능력의 결핍으로 인해 —예컨대 노예와 여성은 영혼의 가장 고귀한 부분인 이성이 결핍한 존재이다— 국가의 사형성에 참여할 수 없는 나머지 사람들에게는 위계에 따른 순종만이 미덕이게 된다. 이렇게 되면 현실적으로 민중의 입장에서는 법에 엄격히 복종하는 길만이 남게 되는 것이다.

귀족제나 군주제를 선호한 플라톤은 누구나 국가의사형성에 참여할 수 있다는 민주주의적 인간상을 수립한 프로타고라스와는 달랐다. 플라톤은 마치 의사가 환자의 건강을 위해서는 환자의 의사에 반하여 강제로 처치할 수 있듯이, 지배자와 피지배자의 관계도 그렇다고 본 것이다. 그토록 정신의 가치를 강조했으면서도[21] 윤리의 주관적인 측면인 인간의 자율성은 플라톤에서 결국 무시되었던 것이다. 자연법의 이념을 이데아의 세계에 안치시키고 철인으로서의 현실의 입법자를 이데아와 직거래하는 사람으로 만듦으로써, 입법을 규제하는 원리적 개념이나 절차적 개념 따위는 고려될 여지가 없게 되는 것이다. 이 점에서 플라톤의 법철학을 무비판적이고 천박한 법실증주의의 한 패턴이라고 혹평하는 사람도 없지 않다.

플라톤은 정의란 이성이 충동을 이기는 자기지배에 성공함으로써 각자가 그의 것을 행하는 계급간의 올바른 관계라고 보았다.

---

21) 그는 가치의 서열 중에서 정신을 이롭게 하는 것을 으뜸으로 꼽았으며, 그 다음이 전체를 이롭게 하는 것, 그리고 마지막으로 금전과 재산상의 이득을 들었다.

즉 각자가 그의 능력에 따라 요구되는 사회적 지위에서 각자의 몫을 하고 남의 일에 간섭하지 않는 것을 정의로 생각한 것이다. 그러나 이성의 지시에 따르라는 말은 현실정치적으로는 위계질서를 벗어나지 말라는 뜻이 되어 버리는 것이다. 요컨대 경제적으로는 평등원리가 지배하나 정신적으로는 불평등원리가 지배한 곳이 그의 이상국가였다. 그는 인간의 신성함, 탁월함에 대한 이념에 이끌려 개인들을 그리로 이끌어갈 수 있다고 생각했으며 그랬기 때문에 그는 다른 소피스트들과 달리, 법의 사회교육적 기능을 강조하여 교육을 끊임없이 법과 연결시키고자 했다. 오늘날 칼 포퍼와 같은 자유주의사상가들이 그를 그토록 공격하는 이유는 바로 이 점 때문이었다.[22]

『국가』에 나타나는 철인정치적 이상국가적 요소는 그의 후기의 저작인 『정치가』나 『법률』에 오면 많이 후퇴한다. 독재군주들을 여러 명 경험하면서 결국 최대의 권력과 최대의 지혜, 최대의 절제가 한 사람에게 집중될 수 없음을 깨달은 그는 현실적인 차선책으로서 인치보다는 법지의 중요성을 강조할 수밖에 없게 된 것이다. "…법률이 신하가 되어, 아무런 권위도 갖지 못하는 국가는, 멸망할 수밖에 없다는 것을 나는 잘 알고 있어요. 법률은 어디까지나 통치자보다 우위에 있고 통치자가 법률 이하의 위치에 있는 국가는 번영과 신이 주는 행운을 누리게 마련입니다."[23] 그의 이 말은 "엄격하게 고정된 법률에 매이지 않는" 철인정치를 불완전한 실정법의 우위에 세우려 했던 시절과는 거리를 보인 것이다.

플라톤이 이데아론으로 법이론의 이념적 기초를 제공한 것은 사실이나, 법과 인간의 자연적 본성 사이의 연결작업은 미비했다. 아리스토텔레스는 플라톤의 이데아의 자리에 목적론적 자연개념

22) 포퍼는 『열린 사회와 그 적들』에서 그 적의 괴수를 플라톤으로 지목했다.

23) 플라톤, 앞의 책, 제4권: 130면.

을 세움으로써 이 작업을 공고히 했다. 현실과 가치, 혹은 존재와 당위를 분리된 것으로 보고 가치로부터 접근한 플라톤에 비하면 아리스토텔레스는 여러 면에서 현실주의자였다. 그는 가치와 현실을 분리가 아닌 연관관계에 있는 것으로 보았다.

이 연관관계를 설명하기 위한 철학이 바로 목적론적 형이상학이었다. 진, 선, 미 등의 가치의 자리에 아리스토텔레스는 존재범주라는 개념을 끌어들인다. 즉 현실과 이상의 관계를 존재하는 것들에 대한 존재범주의 관계로 설명한다. 어떤 이념적인 형성원리나 형식 같은 것이 있다면 그것은 존재하는 대상을 초월하여 있는 것이 아니라, 존재하는 것 혹은 소재에 내재해 있다는 것이 아리스토텔레스의 생각이었다. 그런데 소재의 이 이념적 본질은 아리스토텔레스에 의하면 소재 안에 이미 완성된 형태로 내재해 있는 것이 아니라, '가능태'로 주어져 있으며 실실적인 발전과정을 거쳐 이윽코 완전한 '현실태'로 나타난다. 왜냐하면 모든 유한적인 존재물은 끊임없는 생성과정에 있기 때문이다. 이념적 형성원리는 그러므로 모든 생성과정의 목적(텔로스 τέλος)이 된다. 그리고 이 목적개념은 생성과정에서 궁극적으로 실현되는 대상의 진정한 최상의 모습으로서의 자연에 일치하게 된다. 이념적 형성원리를 목적개념과 동일시하고 목적에 이른 상태를 대상의 진정한 자연개념으로 보면서 결국 '자연에 합당한' 상태는 최상의 상태, 가장 가치 있는 상태가 되는 것이다.

모든 존재는 생성과정에서 생성의 완결상태, 즉 그의 목적에 달함으로써 '진정한 자연'에 도달한다는 이 목적론적 자연형이상학은 자연개념을 단순히 경험적으로 파악하는 것이 아니라 선의 인식근거 내지 규정근거로 파악한다. 다시 말해서 자연법개념은 가치관련적・가치평가적인 것이다.

존재와 당위를 연결하는 아리스토텔레스의 철학은 인간(본성)을 국가와 연결시키는 철학이기도 했다. "인간은 국가에서 그의 자연적 본성의 최상의 상태에 이른다." 인간은 그의 자연을 완성하기 위해 공동체를 지향하는 존재이며 그러기에 국가의 궁극목표는 인간의 선한 생활 이외의 다른 어떤 것일 수 없다. 아리스토텔레스는 만약 국가 밖에서 살 수 있는 존재가 있다면 그는 악한 사람이거나 아니면 사람보다 나은 그 어떤 존재라고 보았다. 이렇게 하여 철학사에서 공동체의 입장으로부터 출발하는 인간학적 정치학의 명제가 드디어 그 모습을 드러낸다. "인간은 그 본성상 정치적인 동물이다."

아리스토텔레스는 자연법과 실정법의 관계를 어떻게 파악했던가? 주목할 점은 아리스토텔레스가 자연법을 폴리스의 법, 즉 국가법의 일부로 보았다는 점이다. "국가의 법은 자연법과 실정법으로 나뉜다. 자연법이라고 하는 것은 그 법이 사람에게 좋게 여겨지든 그렇지 못하건 간에 언제나 동일한 효력을 지니는 법이다. 실정법이라는 것은 본래 그 내용이 정해져 있지는 않으나 한번 법률에 의해 확정되면 일정한 내용을 지니게 되는 종류의 법이다. 많은 사람들은 모든 법은 고정된 것이라고 생각한다. 자연적으로 있는 모든 것은 불변하며 흡사 여기서 타는 불꽃이 페르시아에서도 마찬가지로 타는 것처럼 어디서나 동일한 힘을 지닌다고 생각한다. 그러나 우리는 그렇게 생각하지 않고 법이라는 것은 변하는 개념으로 파악한다. 언제나 그렇지는 않고 적어도 어느 정도는 그렇다. 신에 있어서는 변하는 것에 대해서 결코 이야기할 수 없을 것이지만, 우리 인간에게는 자연법과 같은 것이 있어서 이것 또한 언제나 변하기도 하는 것이다."[24)]

여기서 알 수 있는 것처럼 그는 자연법과 실정법을 대립이나 충돌관계에 있는 것으로 보지 않았다. 또한 자연법을 불변하는 것이라고 주장하지도 않았다. 그에게 있어서 자연법은 공동체 생

24) Aristotle, *The Nicomachean Ethics* V, 1134b. *Aristotle in Twenty-Three Volumes* XIX, with an English Translation by H. Rackham, Harvard University Press, 1975, 295면.

활현실에 적용되는 규범이었다. 그의 공동체는 윤리적으로 파악된 공동체였으며 이 공동체 안에서 정의는 초법적 요소가 아니고 법의 한 요소였다. 그런 의미에서 자연법은 “현존하는 법에 대한 해석학”이었던 셈이다. 이를테면 법정에서 변호인은 실정법이 당사자에게 맞지 않는다는 것을 알게 된 때는 자연법을 적용해야 한다고 역설한 바 있다. 이 점에서 아리스토텔레스에서 자연법적인 것은 실정법에 내재한다고 말할 수도 있겠다. 또 그는 악법도 법이라는 의미의 실증주의자가 아니라 자연법의 비판적 문제제기가 실정법에 내재한다는 의미의 실증주의자였다고도 말할 수 있다. 자연법과 실정법의 관계에 대한 아리스토텔레스식 이해는 자연법이냐 실정법이냐식의 양자택일 논법을 극복해야 하는 과제를 안고 있는 오늘날 법철학계에 의미 있는 방향제시를 해준다고 하겠다.

4. 만민법의 온상: 스토아 자연법

아테네를 중심으로 하는 도시국가의 생활공간이 마케도니아왕국, 로마제국으로 흡수되면서 확대된 생활공간에서의 세계화 요청에 부응하기 위한 새로운 법이념이 대두한다. 세계정신에 기초한 스토아의 보편주의 자연법이 그것이었다. 자연법은 여기서 실정법에 대립되는 게 아니라 실정법에 연결되어 실정법적 제재개념을 확대시키는 역할을 맡는다. 이 점에서 스토아는 가장 포괄적인 자연법체계를 구축했다. 아리스토텔레스의 목적론적 자연법을 우주론적으로 발전시켜 영구법－자연법－인정법의 3단계 구조를 이루어낸 것도 스토아였다. 오늘날 우리가 법이라고 하면 우선적으로 실정법을 의미하듯이 스토아에서 법이라고 하면 그것은 바로 자연법을 의미하는 것이었다.

스토아 자연법의 특색은 ‘올바른 이성(recta ratio)’, 영구불변성으로 요약된다. 영구불변의 보편법칙성이 인간이성에 의해 인간사회의 최고가치로 나타난 국면이 바로 자연법이었다. 스토아철학을 로마에 전한 키케로(B.C.106-43)에 의해 이 점은 가장 잘 드러난다. "진정한 법은 올바른 이성에서 나타나며 그 올바른 이성이란 자연에 일치하고 모든 인간에게 공통으로 존재하고 항구불변의 확고한 것으로서, 우리 인간에게 의무를 불러일으키고 금지된 행위를 범하는 일을 마땅히 두렵게 여기도록 만든다. … 우리는 원로원이나 국민들의 의사에 의해서도 이 법의 구속에서 벗어날 수 없다. 이 법은 로마나 아테네에서 … 오늘과 후세에서 서로 다르게 나타날 수 없다. 모든 사람들이 모든 시대를 초월하여 이 법을 영구불변한 것으로 이해하니, 그것은 모든 것 위에 군림하는 공동의 교사요, 지배자이다. 이러한 법에 복종하지 않는 자는 인간의 자연에 반한 자인 까닭에 처벌의 두려움을 면할 수 없다."[25]

스토아 철학자들은 이처럼 인간을 위한 진정한 법은 특정민족의 법과 관습을 초월한 영구불변의 세계법칙성에 기초한다고 보고, 개별국가의 실정법도 마땅히 이로부터 나온다고 생각했다. 그리고 인간의 올바른 이성의 힘으로 이 진정한 법의 보편성에 참여하여 인간은 그에 따라 행위할 수 있다고 생각했다.

제재개념을 확대시키는 역할을 한 스토아 자연법은 로마법학자들에게 여러 방향으로 영향을 미쳤다. 우선 그것은 울피아누스(Ulpianus)로 하여금 제재개념의 범주적 보편화, 즉 확대를 꾀하도록 했다. "자연법은 자연이 인간에게만이 아니라 모든 동물들에게 가르친 것이다. 그것은 사람에게만 고유한 것이 아니고 지상과 우주에서 번식하는 동물, 하늘을 나는 새에게도 공통된 것이다."[26]

---

25) Cicero, *De Re Publica* Ⅲ, 22(33). The Loeb Classical Library XVI, Harvard University Press, 1970, 211면.

26) Digesten Ⅰ, Ⅰ, 3.

자연법은 그 후 로마법학자들이 로마시민을 위한 법인 시민법(ius civile) 이외에 외국인의 청구소송에도 적용되는 만민법(ius gentium)을 만들어 내는 데도 이론적 기초를 제공했다. 가이우스(Gaius)는 전 인류에 공통되는 법으로서의 만민법의 원천을 인간의 '자연적 이성'에서 찾음으로써 그 법의 의미내용을 자연법과 동일시했다. 만민법에 따라서 지방의 상이한 관습이나 법규의 효력도 부인될 수 있었다. 그러므로 만민법은 확실히 오늘날의 국제법보다는 자연법에 가까운 것이었다. 그러나 국제법의 아버지로 불리는 휴고 그로티우스(Hugo Grotius: 1583-1645)가 스토아 자연법의 영향을 받은 것은 분명하다.

스토아의 보편주의는 다른 한편으로 윤리학의 탈정치화, 내면화를 가져왔다. 마케도니아, 로마의 전제정치는 폴리스체제와는 다른 강력한 정치조직을 동반하게 된다. 이러한 체제에 대한 공공연한 비판은 이제 힘들게 되었으며, 따라서 인간의 자유는 내면화의 길로 접어들 수밖에 없게 되었다. 스토아 철학을 황제와 노예출신이 — 마르쿠스 아우렐리우스와 에픽테투스! — 공유할 수 있었던 것은 어쩌면 그 철학이 모든 외적 조건들로부터 자유로운 내면영역을 향해 있었기 때문이었을 것이다. 스토아식 보편주의가 만민평등주의, 인도주의의 모태가 된 인류라는 개념을 최초로 탄생시킬 수 있었던 것도 이러한 내면화의 덕택이었을 것이다.[27] 물론 만민평등주의, 인도주의는 정치적·법적 이념에까지 이르지는 못하고 — 스토아에서 그 누구도 노예를 해방시키지는 않았다 — 윤리적 이념에 머물렀을 뿐이다. 그러나 스토아의 공적인 이 인도주의 이념이 '신 앞의 평등'이라는 기독세계의 이념에까지 영향을 미친 것은 부인할 수는 없다.

지금까지 소크라테스 이전의 사상가들부터 소피스트, 플라톤, 아리스토텔레스, 스토아에 이르기까지 고대 자연법론의 흐름을

27) 한스 벨첼, 『자연법과 실질적 정의』, 박은정 옮김, 삼영사, 2001, 66면 이하 참조.

살펴보았다. 고대이론들은 대체로 갈등보다는 조화에 능한 이론들이었다. 예컨대 인간의 자연이 국가에 이르러 완성되고 국가가 인간생활을 선하게 한다는 아리스토텔레스의 이론은 인간의 자연과 법 사이의 갈등문제나 법의 강제적 성격에 대해서는 설명하지 않는다. 스토아의 확대된 제재개념도 제재를 정당화시키기 위한 입증책임을 떠맡지는 않았다. 법이론은 결과적으로는 이념의 조화라는 상념하에 집단에 대한 개인의 복종을 강조하는 이론으로 귀결되었다.

어쩌면 고대사회에서 지배와 강제는 현실적으로 너무도 당연시되었기 때문인지도 모른다. 고대이론에서 갈등과 간장의 요소는 무엇인가의 결핍의 표지일 뿐이었다. 예컨대 노예란 이성의 결핍상태요, 자유란 질서의 결핍상태로 설명되는 식인 것이다. 자연법사상이 법학의 주요관심사가 되었을 때도 입법자인 황제의 자의와 독단에 저항할 수 있는 사회, 문화적 기반은 마련될 수 없었다. 소피스트들의 저항적인 태도도 법 없이도 인간이 화목하게 잘살 수 있다는 식의 '사적인 스타일'[28]로 나타났을 뿐이며, 안티고네의 항변은 개인의 양심에 따른 외침으로 머물렀을 뿐이었다.

Ⅱ. 중세의 자연법: 기독교자연법의 특색

1. 철학적 성찰과 신학적 성찰의 만남

버트란트 러셀과 함께 『수학의 원리』라는 명저를 남긴 바 있는 화이트헤드(Alfred North Whitehead)는 『과학과 근대사상』이라는 책에서 "중세는 서구정신에게 질서 관념을 가르쳐준 긴 훈련의

28) Ernst Bloch, *Naturrecht und menschliche Würde*, Frankfurt, 1972, 21면.

시대"였다고 말한 바 있다. 중세를 빼고 유럽의 정신사나 사회사를 논할 수도 있다고 생각하는 사람은 어리석다. "우리는 유럽의 문화가 어떤 것인가를 묻는 대신 예수가 누구냐고 물어야 한다"는 신학자 슈바이처의 말을 들먹이지 않더라도 기독사상이 오늘의 서구를 있게 하는 데 끼친 영향은 엄청난 것이었다. 5세기의 수도원 건립 때부터 시작되어 신앙적 통일이 붕괴되는 14, 5세기에 걸치는, 혹은 서로마제국의 멸망에서 르네상스에 이르는 중세의 철학은 한 마디로 질서철학이었다. 중세철학에서 세계가 단계적으로 질서지어져 있다는 생각은 한 번도 의심받은 적이 없었다. 어쩌면 이 전통은 '근본규범'을 정점으로 법의 단계구조론을 펼치는 켈젠에 이르기까지 면면이 이어져 오고 있는 전통인지도 모른다.

철학적 성찰과 신학적 성찰이 만나서 탄생한 중세철학은 이성을 통해서 무한자를 설명하려는 욕구를 분출한 철학에 해당한다. 종교와 합리적 인식을 결합시키고자 한 중세철학은 그러므로 일종의 합리주의철학이었다.

이 철학의 산실은 '학교제도', '교단철학'이라고 번역되는 스콜라(Schola)학파였다. 기독교교리는 처음에는 교회 안에서 단편적인 설교를 통해 발달했으나, 여기에 체계를 갖추기 위한 학교제도로서 스콜라가 만들어진 것이다. 그러므로 중세철학은 스콜라철학으로 집대성된다.

스콜라는 비기독교적인 것, 즉 그리스 로마적인 것들과 대화해 나가면서 이것들을 기독교로 수용하는 신학적·철학적 체계형성에 주력하였다. 자연법도 비기독교적인 것과 대화를 하는 한 창구로 제공되었다.

초대기독교를 이끌면서 신학적 철학적 체계형성에 주력한 사람들을 '교부(敎父, patri eeclesiae)'라고 일컫는다. 아우구스티누스와 같은 교부들이 이끈 초대기독교는 그리스, 스토아를 이어받은 로

마세계가 기독세계와 만나는 지점에 놓인다. "하나님의 동기 없는 자유로운 선택"[29]에 대해서 전하는 기독세계는, 신은 의지를 소유하지 않았다고 주장한 아리스토텔레스의 세계와는 달랐다. "조물주 앞에서는 사람은 그의 이성으로 접근할 것이 아니라 절대자에 대한 무조건적인 신앙으로 대해야 한다"는 바울의 가르침은 "세계는 창조된 것이 아니다. 이처럼 황홀하고 거대한 작품이 한 새로운 의지의 결정에 의해 시작했을 수는 없다"는 키케로의 말과는 얼마나 다른가! 혹은 바울의 그 말은 또 "신은 단지 그의 의지에 우선하는 이데아에 따라 세계를 실현하는 세계건축가에 불과하다"는 플라톤의 말과는 얼마나 대조되는가! 이질적인 두 성찰, 즉 철학적 성찰과 신학적 성찰의 상호작용의 성과가 바로 중세 자연법이다. 두 성찰이 상대편에 발전적으로 수용되거나 아니면 비판적으로 대조를 이루는 식으로 만나면서 이루어진 것이 스콜라 자연법인 것이다.

마가복음 제7장 1-13절은 인간 전통과 인간에 의해 제정된 것들을 하나님의 명령과 구별하여, 전자를 후자에 따라 평가할 것을 명했다. 이처럼 기독세계에서 자연법적 인식을 포함하여 윤리적 인식은 계시를 통한 문제로서 성서적으로 근거지어진다. 자연법에 관해서 직접 처음으로 언급하는 대목이 나오는 곳은 바울의 서한인 로마서이다. 거기서 자연법은, 직접적인 말씀의 계시에 의존하지 않는 이교도들의 윤리인식의 문제로 다루어졌다. 즉 자연법은 이교도들의 양심을 구속하는 법으로서, 모세율법의 윤리적 요청과 내용상 같은 것으로 소개되어 있다. 바울은 거기서 자연법을 인간이 그 인식능력으로 접근할 수 있고 이교도와 기독교인을 똑같이 구속하는 윤리질서로 파악했다. 이 대목은 분명 스토아의 영향을 받은 것이다.

---

29) 고린도 1장 20절.

스토아철학자들이 말한, 쓰여진 법이 아닌 타고난 법의 사상과 올바른 이성사상은 바울 이후 초대기독교 교부들에게 영향을 미쳤던 것이다. 물론 바울이 이 타고난 본래의 자연법을 각 개인의 "양심에 새겨진 법"[30]이라고 옮긴 것은 기독교적 변용의 결과이다. 즉 스토아적 객관주의에다가 신을 닮은 형상으로서 신 앞에 평등한 개인가치에 대한 믿음을 덧붙인 결과인 것이다.[31]

자연에 합당한 삶이라는 기본형식이 스토아에서는 존재론적 객관주의로 일관되었다면 이제 기독세계에서는 주관적 윤리성의 계기가 자연법사상에 들어오게 된 것이다.

스토아의 유산을 이어받아 기독교 자연법을 최초로 체계화시키는데 기여한 사람은 아우구스티누스(Augustinus)였다. 그는 법의 단계구조에 대해 처음으로 체계적인 설명을 시도했다. 질서지어진 세계를 영구법(lex aeterna), 자연법(lex naturalis), 세속법(lex temporalis)의 세 단계구조로 설명하는 그의 모델은 토마스 아퀴나스에 이어져 그 이후 법이론에서 지침역할을 했다. 아우구스티누스에 의하면 영구법은 자연적인 질서를 보호할 것을 명하고 파괴할 것을 금하는 창조주의 이성 또는 의지이다. 이 영구법이 이성을 가진 인간의 의식에 모사된 것이 자연법이다. 자연법은 신으로부터 인간의 양심에 고지된 법으로서 그런 의미에서 "내심법(lex intima)"을 뜻하기도 했다. 지상의 국가의 법인 세속법은 영구법의 구속을 받는다. "정의가 없는 국가는 절도단체인 것처럼 부당한 법은 법이 아니다."[32]

---

30) 벨첼, 앞의 책, 72면.

31) 알렉산더 홀러바흐, "일반자연법의 관점에서 본 기독교 자연법," 『법철학과 법사학』, 최종고/ 박은정 역, 삼영사, 1984, 13면.

32) De Civitate, Dei Ⅳ, c4. 여기서는 벨첼, 앞의 책에서 인용.

2. 토마스 아퀴나스의 자연법과 중세 후기

스콜라학파의 전성기를 이끈 토마스 아퀴나스는 기독교 자연법을 총괄하는 사상체계를 구축했다. 토마스 아퀴나스의 자연법사상은 전 3권으로 되어 있는 그의 저서 『신학대전(Summa Theologica)』 제Ⅱ권에 주로 나온다.[33] 그는 "기독교적 아리스토텔레스주의자"라고 불릴 만했다. 아리스토텔레스철학은 12, 3세기에 득세하여 스콜라의 필수과목으로 채택되었다. 토마스 아퀴나스의 저서에 자주 나오는 '그 철학자'는 다름 아닌 아리스토텔레스였다. 아우구스티누스철학이, 영구법에 대한 그의 정의에서도 나타났듯이, 주지적 요소와 주의적 요소의 균형을 유지하고 있었다면, 이 균형은 이제 토마스 아퀴나스에 이르러 깨어진다. 그의 철학적·신학적 기본입장은 주지주의 즉 이성낙관주의로 일관한다. 신과 자연과 이성이 아직 분리되지 않았던 스토아 형식에서의 "자연에 따라 살아라"는 지침은 이제 "이성에 따라 살아라"로 바뀌게 된다.

토마스 아퀴나스에 의하면 법의 본질은 이성이요, 법의 목적은 공동선이다. 법이란 그에 따르면 "사람들로 하여금 어떤 행위를 하고 다른 행위를 피하게 하는 것으로서 행위를 위한 규칙 혹은 척도"[34]에 해당한다. 인간행위의 제일원리 즉 인간행위를 위한 규칙과 척도는 그에 의하면 바로 이성이다. 따라서 법은 이성의 원리 이외의 다른 어떤 것일 수 없다. 인간의 고유한 본질인 이성에 따라 선을 추구하는 성향이 진정한 법의 원천이 되는 것이다.

토마스 아퀴나스에 의하면 의지를 행위로 옮기는 힘도 이성이다. "만약 명령을 내리는 어떤 의지가 법의 권위를 지니고자 한

---

33) Summa Theologica Ⅱ.1. 90-105 법률에 관하여, 그리고 2. 57-79 정의에 관하여 부분. 이하에서는 S.T.Ⅱ로 표기하며 *Die Deutsche Thomas-Ausgabe*, Gemeinschaftsverlag, 1951 사용.

34) S.T.Ⅱ1. qu.90.concl.

다면 그것은 이성에 의해 규제된 것이어야 한다. 우리가 왕의 의지가 법의 위력을 가진다고 말할 때 이는 바로 그의 의지가 이성에 의해 규제된다는 뜻이며, 그렇지 않을 경우 그 의지는 법이라기보다는 악일 뿐이다."[35] 법실증주의자들이 법의 최고 원천으로서 정치적 주권자의 의사를 강조한다면, 법의 본질을 이성과 병행시키는 토마스 아퀴나스는 정치적 주권자를 만드는 것이 바로 법이라는 점을 일깨우고 있는 것이다.

법의 목적을 공동선으로 설명하는 대목에서 아퀴나스는 아리스토텔레스의 『니코마코스윤리학』 제5장 서두를 인용한다. "공동의 정치적 행위를 통해 공동체의 복지를 위하고 지키는 것을 우리는 법적인 것이며 정당한 것이라고 일컫는다." 이를 바탕으로 그는 법을 다음과 같이 정의한다. "법이란 공동사회의 복지를 위임받은 자가 제정하고 공포한 것으로서, 공동선을 목적으로 하는 이성적인 규범이다."[36] 법의 본질을 이성으로 파악하고 법의 목적을 공동선으로 규정하는 이 정의는 말할 것도 없이 모든 종류의 법에 다 통용된다.

질서가 있는 곳에 법이 있다고 본 토마스 아퀴나스는 스토아와 아우구스티누스의 전통에 따라 세계의 질서를 영구법과 자연법, 인정법의 세 단계 질서로 나누어 설명한다. 이들 법들은 하나의 연속적인 계열을 이룬다. 존 우가 묘사한 대로 이를 나무에 비유한다면, 영구법은 뿌리이고 자연법은 그 줄기에 속하고 인정법은 가지들에 속한다.[37]

우선 영구법(lex aeterna)은 우주를 지배하는 신의 섭리이다. 법의 본질을 이성으로 설명하는 토마스 아퀴나스에 따르면 영구법은 바로 신성한 이성의 명령이다. 조물주는 모든 피조물을 그의 섭리와

35) S.T. II1. qu.90.Art.1.ad3.

36) S.T. II1. qu.90.Art.4.concl.

37) 존 C.H.우, 『정의의 원천. 자연법연구』, 서돈각 역, 박영사, 1987.

계획에 따라 공동선을 위해 다스린다고 할 때 이 계획이 바로 영구법인 것이다. 그러나 영구법이 하나님의 말씀과 동일시되지는 않는다. 그런 의미에서 영구법은 하나의 이념이다. 아리스토텔레스의 목적론적 자연개념에 의존하여 말한다면, 영구법은 만물의 실현목적으로서의 절대이념에 속한다. 신성성의 법인 영구법은 본질상 우리의 이해를 초월한다. 우리로서는 "모든 법은 적어도 정당한 이성을 가지는 한은 영구법에서 유래한다"[38]는 것을 아는 것으로 족하다.

자연법(lex naturalis)은 피조물 중에서도 특히 "이성을 가진 피조물인 인간에 의한 영구법에의 참여"[39]를 뜻한다. 그것은 인간이성이 그 자연적 성향에 따라 자명하게 인식하는 법이며, 인간에게 있어 이 자연적 성향은 다름 아닌 선에의 성향이다. 인간의 선천적 이성이 명하는 바의 도덕적 가르침이 바로 자연법의 가르침이다. 결국 토마스 아퀴나스의 자연법은 도덕의식이기도 한 것이다. 이성을 가진 모든 인간에게 자명한 자연법의 제일원리 즉 보편타당성을 지니는 최상의 자연법원리는 "선을 행하고 악을 피하라"라는 것이다. 이와 함께 그는 생명체에 대한 존중—그러므로 생명의 보존에 장애가 되는 것을 제거하는 일은 모두 자연법에 속한다—후손의 양육, 가족의 보호, 평화, 화목 등을 자연법의 내용으로 들고 있다.

토마스 아퀴나스에 의하면 인간은 단순히 신의 섭리에 복종하는 데 그치지 않고, 그 자연적 이성의 힘으로, 신의 의지에 맞는 규범을 가지며, 그럼으로써 자신과 다른 존재들을 스스로 배려할 줄 아는 존재이다. 즉 그는 인간의 독자적 인식과 자기책임적 결단에 의한 실천적 권능을 자연법과 결합시켜 인간의 윤리적 자율성의 영역을 인정한 최초의 철학자인 것이다. 아퀴나스가 탐욕이

38) S.T.Ⅱ1. qu.93.3.

39) S.T.Ⅱ1. qu.91.2.

라든가 분노 같은 인간의 자연적 성향 그 자체를 자연법으로 보지 않고 그것들이 이성에 지배되는 한 자연법에 속하는 것으로 본 것에 주목해야 한다.

아우구스티누스의 자연법이 신으로부터 인간 양심에 고지된 주관적 원리임에 반해 토마스 아퀴나스의 자연법은 객관적 원리로 나타난다. 그것은 영구법의 당당한 한 부분을 이루며, 동시에 인간이성이 객관적·자연적 판단능력으로 발견하는 것이다.

그러나 그는 이성낙관주의자이기는 하나 이성만능주의자는 결코 아니었다. 그는 이성을, 사실세계의 인과관계를 따지면서 참을 추구하는 이론이성과, 가치를 평가하고 목적과 수단의 관계를 따지면서 선을 추구하는 실천이성으로 나누었다. 자연법의 가르침을 전해주는 이성은 바로 실천이성이다. 그러면서 그는 이 실천이성의 불완전성, 오류가능성에 대해서 언급함으로써 현대법철학에 중요한 시사를 던져준다.

그에 따르면 가치를 평가하는 문제나 목적과 수단을 선정하는 문제는 수학적 정확성을 띠는 것은 아니다. "이성은 그러나 일반원리로부터 세부적 원리에까지 작용한다. … 실천이성과 이론이성은 그러나 이 과정에서 서로 다르게 작용한다. 이론이성은 원칙적으로 사물이 다르게는 될 수 없는 바의 필연적 진리와 관계되어 있다. 그래서 진리는 개개의 결정에 있어서도 일반적 원리들에 있어서와 마찬가지로 분명한 것으로 발견된다. 그러나 실천이성은 인간의 행위가 개입하는 여러 가지 불확실하고 우연한 일들과 관계되어 있다. 그래서 그것들의 일반원리에 있어서는 확실한 필연성이 존재하지만 일반성으로부터 멀어지면 멀어질수록 개개 결론은 예외를 인정하게 된다. 그러므로 이론이성이든 실천이성이든지 간에 이성의 일반원리에 관한 한은 진리 혹은 정당성에 대한 규준이 모든 사람에게 동일하다. 그것은 모든 사람에게 동등하게 인식되는 것이다. 이론이성에 따른 개개의 구체적 결론과 관련해서도 모두에 동일한 진리의 규준이 존재한다. 그러나 이 경우도 그것은 모두에게 동등하게 인식되지는 않는다. 예컨대 삼각형의 내각의 합이 이직각인 것은 보편적 진리이지만 이 결론을 모두가 다 아는 것은 아니다. 실천이성에 따른 개개 결론과 관련해서는 그러나 모두에게 동일하게 통용되는 진리의 규준도 없을 뿐만 아니라, 그에 따른 결론들 또한 모두에게 똑같이 인식되지도 않는다. 사실 모든 사람들은 이성에 따라 행동하는 것이 옳다는 것을 안다. 이 원리로부터 우리들은 예컨대 부채를 상환해야 한다는 직접적인 결론을 이끌어 낼 수 있다. 이 결론은 대부분의 경우에는 타당하다. 그러나 어떤 예외적인 경우에는 이 결론이 해가 되고 그러므로 비이성적일 때가 있다. 예컨대 상환된 돈이 자기 나라에 대항하는 전쟁을 위하여 쓰일 때를 생각해 보라. 그와 같은 예외는 보다 개별적인 사례로 내려올수록 더 자주 일어난다."[40)]

결국 아퀴나스에 따른다면 실천이성의 원리나 결론은 절대적 확실성을 주장하는 영역이 아님이 드러나게 된다. 이성을 가진 인간이라면 누구나 포괄적·추상적 규율인 자연법의 제일원리를 인식할 수는 있지만, 인간이성의 한계로 인해 이 원리에 따른 개별적인 결론과 관련해서는, 무엇이 구체적으로 실천이성이 명하는 바인가에 대해서 우리는 불확실성을 고백하지 않으면 안 된다는 것이 아퀴나스의 법이성주의인 것이다.

이처럼 인간에게 있어서 자연적인 것은 때로는 불완전한 것일 수 있기에, 그의 자연법은 시간적·공간적으로 제약되고, 변화가능한 것으로 나타나는 것이다. 즉 앞에서 말한 최상의 자연법은 보편타당성을 띠는 불변의 원리이지만, 이로부터 추론의 방식으로 이끌어낸 결론이나 구체적 결정들은 변화가능한 원리들인 것

---

40) S.T. II1. qu.94 Art.4.

이다. 토마스 아퀴나스 자연법의 충실한 해석자인 마리탱(Jacques Maritain)이 다음과 같이 말한 것도 이러한 문맥에서 이해할 수 있다. "자연법은 불문법이다. 자연법에 대한 지식은 인간의 도덕의식이 발전함에 따라 조금씩 증가해 왔다."[41] 실천이성을 발전적인 개념으로 본 토마스 아퀴나스이기에 이를 인간의 도덕의식의 변화로 파악하고, 도덕의식의 발전에 따라 자연법도 변한다고 볼 수 있었던 것이다. 정의나 도덕이 어느 시대든지 행해져야 한다는 것은 이성을 가진 인간이라면 누구도 부인할 수 없는 자연법이지만, 구체적 상황에서 무엇이 정의이고 도덕인지는 이성을 가진 사람들 사이에서도 의견이 엇갈린다. 세부사항에서 실천이성에 따른 결정적 정확성을 말할 수 없다는 토마스 아퀴나스 자연법의 이 유연성에 의해, 나중에 다시 살펴보겠지만, 도덕적 자율의 차원이 확보될 수 있게 되는 것이다.

인정법(lex humana)은 자연법원리를 구체적 상황에 적용하기 위해 보충적으로 필요한 법이다. 그러므로 인정법은 자연법에서 유래하며 자연법의 구체화가 바로 인정법이다. 인간이성은 보편적이고 자명한 원리들인 자연법의 가르침으로부터 좀더 특수하고 상세한 결정을 이끌어 낼 필요가 있다. 인간관계나 사회관계는 아주 다양하기 때문에 자연법의 일반원리가 구체적 상황에서 모든 사람에게 똑같이 해석되고 적용될 수는 없기 때문이다. 그러므로 합리적 숙고를 통해 자연법으로부터 더 구체적이고 다양한 법, 즉 인정법을 만드는 작업은 필연적이다.

이때 자연법으로부터 인정법을 도출해 내는 방법으로 토마스 아퀴나스는 두 가지를 들고 있다. 첫째는 전제로부터 추론의 형식으로 결론을 이끌어 내는 방법이다. 예컨대 선을 행하고 악을 피하라라는 전제로부터 살인을 하지 말라는 결론을 도출할 수 있

41) "The phylosophical foundation of natural law," in: *Natural Law and World Law*, Yuhikaku, 1954, 137면.

는 것이다. 둘째는 이성적 숙고를 통해 구체적 결정을 내리는 방법이다. 예컨대 악한 일을 행한 사람이 처벌되어야 한다는 것은 자연법이지만, 구체적으로 어떤 방법으로 처벌할 것인지는 결정에 의하게 된다는 것이다. 이때 개개의 결정은 사회적 상황과 조건에 따라 바뀌게 됨은 물론이다.

이제 토마스 아퀴나스에 있어서 자연법과 실정법의 관계를 살펴보자. 실정법에 대한 자연법의 우위사상은 토마스 아퀴나스 법철학의 핵심을 이룬다. 그러므로 자연법에 반하는 인정법, 즉 실정법은 "썩은 법(legis corruptio)"[42)]으로서 그 효력이 부인된다. 그렇다고 하여 그가 실정법의 독자성 내지 다양성을 부인한 것은 아니다. 그는 혼란을 피하기 위해서는 즉 법적 안정성을 위해서는 경우에 따라서 자연법에 반하는 실정법이라 할지라도 준수할 필요가 있다고 역설한 적도 있다.

자연법에 합당한 실정법의 획득방법에 대해서는 앞에서 언급한 바 있는데, 전제로부터 이끌어낸 결론에 의한 방법은 직접 자연법과 연관되는 데 비해, 구체적 결정에 의한 방법은 간접적으로 자연법에 연관된다. 아퀴나스의 자연법에 따른 법획득 방법 내지 자연법의 구체화방법은 다음과 같이 설명될 수 있다. 즉 초실정적 법이념 내지 법원리에 기초하여 법규범에 이르고, 법규범으로부터 다시 실천이성의 숙고를 거쳐 법결정에 이르게 되는 것이다. 이렇게 자연법은 추상적 명제들의 결합으로만 이루어진 게 아니라, 개별적 상황에서 무엇이 구체적으로 자연법에 합당한 법적용인가라는 결론을 이끌어내는 데까지 동반된다. 이런 의미에서 자연법은 실정법 속으로 확산된다.

최상위의 자연법이 추상적인 일반법이라면 하위단계의 자연법 즉 변화가능한 자연법원리는 지금 여기에서의 법질서의 구체적

---

42) ST Ⅰ,Ⅱ qu.95, 2 100, 8 ad 3.

형성원리로서 구체적 개별법이라는 의미까지 획득한다. 그러므로 하위 자연법과 실정법은 법발견에 있어서 사유단계상의 구별에 지나지 않게 된다. 자연법은 실정법에 내재하게 되는 것이다.

실천이성의 판단에 따른 법논증(legal reasoning) 과정에서 세부사항에 있어서는 결정적 확실성을 확보할 수 없다는 그의 주장은 법논증의 특성을 대변해 주고 있다고도 생각된다. 그래서 아퀴나스는 예컨대 이자를 허용하는 것은 자연법에 반한다고 말했었다. 그러나 16세기에 이르면 아퀴나스 해석자들은 이와 반대되는 결론을 받아들인다. 상업의 규모가 커지고 투자의 필요가 증대되면서 이러한 변화는 정당화된 것이다. 1960년대 후반까지만 해도 피임기구의 사용은 자연법에 반하는 것으로 선언했던 카톨릭 교단이 인구과잉, 여성의 사회적 지위변화 등에 처해 새로운 입장 전환을 모색한 것도 이런 맥락으로 설명할 수 있다. 이러한 태도가 아퀴나스식 기독교 자연법전통과 배치된다고 볼 수는 없다. 왜냐하면 그것은 인간의 실천이성의 불완전성과 사회변화를 고려하는 상대적 자연법을 인정하기 때문이다. 법판단에 있어서 결정적 확실성이 아닌 납득가능성 내지 논증가능성의 차원을 제시하는 아퀴나스의 논증방식은 오늘날 논증이론에도 시사하는 바가 크다.

인간의 도덕적 자율영역을 주목했던 점도 토마스 아퀴나스의 자연법철학의 위대함에 속한다. 선을 위해서는 개인을 강제할 수 있다고 믿었던 플라톤과 달리, 아퀴나스는 양심에 반하여 교회의 명령에 복종하기보다는 차라리 파문당하는 것이 옳다고까지 말한 바 있다. 그의 양심자율의 원칙은 실천이성의 불완전성에 대한 통찰과 연관되어 있다.

최고의 자연법원리를 개별사례에 적용하면서 착오가 가능하다고 본 그는, 이 착오가 피할 수 없었거나 자발적일 수 없는 상황으로 인한 경우, 오늘날 형법이론에서처럼 책임조각사유를 인정한 것이다. 그래서 그는 유대인과 이방인들에게는 이러한 면책적 착오가 가능하다고 보아 신앙에 대한 강제가 부당하다는 점을 이미 일찍이 주장했던 것이다.[43)]

양심의 착오를 주관적 권리로 인정함으로써 그는 바로 종교의 자유를 인정했던 것이다. 이는 카톨릭 주류의 태도보다 무려 700여년이나 앞선 태도이다. 카톨릭 교단은 1965년 12월 18일 제2바티칸 공의회에서 비로소 오늘날 우리 헌법상의 종교의 자유를 인정했던 것이다. 자유보다는 진리가, 그리고 주관적 질서보다는 객관적 질서가 우위에 놓이며 법의 주체는 개인이 아니라 진리라고 주장하는 카톨릭 주류 입장을 일찍이 거스른 그의 철학적 통찰의 선각성은 실로 놀랄 만하다. 오늘날까지 그의 철학이 정신의 궁핍기나 전환기에 신스콜라, 신토미즘의 이름으로 면면히 이어 오면서 새롭게 논의되는 것도 그의 사유의 진보성에 있음은 말할 것도 없다.

그의 자연법 사상은 오늘날 한편으로는 조야한 법실증주의와 법만능주의, 법실용주의 노선에 일정한 선을 긋는 데 시사하는 바가 크다.

중세 후기에 이르면 토마스 아퀴나스의 이성낙관주의에 도전하는 철학 세력이 등장한다. 프란체스카너 학단의 요하네스 둔스 스코투스(Johannes Duns Scotus: 1266?-1308)와 윌리엄 오캄(Wilhelm von Ockham: 1285-1348)이 그들이다. 이들은 유명론(nominalism)과 주의주의를 표방한다. 유명론이란 일반적인 것, 보편적인 것이란 단지 명칭일 뿐이고 존재하는 것은 개별적인 것뿐이라고 보는 사조이다. 보편이란 추상화한 이름에 지나지 않고 실재하는 최고의 존재는 개물 그 자체일 뿐이라는 것이다. "하나님은 인간을 사랑하기보다는 바로 너를 사랑한다." 이에 따라 신에 대한 사랑 이외

---

43) 그러나 일단 신앙을 받아들인 다음에는 면책적 착오는 불가능하며, 노예 또한 이성이 결핍된 존재이기에 신앙에의 강제가 가능하다고 보았다.

에 그것 자체로서 악한 행위 또는 그것 자체로서 영구적인 법, 본질적으로 정당한 것, 즉 자연법 따위는 의미를 잃게 된다. 영구적인 것은 법이 아니라 입법자라는 것이다. 이성 대신에 신의 입법적 권위를 부각시키면서 법에 있어서 의지적 제정요소, 실정성, 개별성이 중요한 의미를 얻게 되는 주의주의가 등장하면서 법은 이성의 질서가 아닌 의지의 질서로 부각한다. 그리고 영구적인 것은 법이 아니라 입법자인 까닭에 입법적 권능이 강조된다. 따라서 법은 주어진 질서로부터 합리적으로 연역되는 게 아니라, 사회적 충돌을 조정하고 해결해야 하는 것으로서 입법자의 권위에 의해 그때그때 만들어지는 것으로 설명된다. 기능적 법개념이 등장하는 것도 이때이다. 고대 자연법에서 ius(올바른 법정의)는 사람들 사이의 올바른 몫 내지 올바른 행위관계를 의미했다. 그런데 오캄에 이르면 올바른 몫을 주장할 수 있는 주체의 도덕적 권한, 혹은 실정 법규가 현실적으로 각 개인들에게 인정한 권한 및 기능으로 그 의미가 바뀌게 되는 것이다.

이로써 실정법의 독자적 지배를 위한 학설인 법실증주의의 이정표가 제시된다. 그리고 이와 함께 루터의 종교개혁의 길로, 더 나아가 근대로의 길도 트이게 된다.

오캄의 유명론적 사고와 주의주의를 거치면서 자연법은 이제 더 이상 존재론적으로 근거지어진 세 단계 구조의 중심축으로 설명되지 않게 된다. 종교개혁으로 자연법 사상은 또 다른 변형을 겪게 되는데, 그것은 실정법과의 관계에서 그 우월적 지위를 잃게 되는 것이다. 예컨대 루터는 인간의 본성은 타락하여 이제 인간은 자력으로 올바른 것을 인식할 수 있는 능력이 없다고 보기에, 영구법과 인정법 사이에 즉 신의 왕국과 인간의 왕국 사이에 이성적 · 법적 (즉 자연법이라는) 가교는 불가능하다고 본 것이다. 영구법에 부분참여한 자연법을 통한 실정법의 신성한 효력은 이제 부인되며, 실정법은 철저히 신성성과 상관없는 독자적 · 국가적 세속 관할로 떨어져 나가게 된다. 이와 함께 실정법을 비판할 자연법적 토대가 붕괴되면서 실정법 질서의 지위와 지상의 입법자의 지위는 강화된다. 자연법이 약화됨으로써 생긴 반사이익인 것이다.

15,6세기에는 스페인 후기 스콜라로 지칭되는 자연법 사상가들에 의해 이성주의가 회복되었다. 은총이나 계시 대신에 객관적 자연이 다시 강조되면서 고전적 토미즘의 자연법 모델로 복귀하는 조짐이 나타난 것이다. 이를 바탕으로 스페인 식민정책과 군주의 절대주의를 비판하고 인디언들의 권리를 주장하는 움직임이 나타나기도 했다. 그리고 개인의 동의가 국가의 성립을 정당화하는 기초가 된다는 홉스나 로크류(類)의 사회계약 사상의 단초가 이미 감지된다.[44]

그러나 그레고리 폰 리미니(Gregorius de Rimini: ? - 1358)나 휴고 그로티우스처럼(Hugo Grotius: 1583-1645) 신을 방법론적으로 괄호 안에 넣는 실험—설사 신이 존재하지 않는다 할지라도 타당한 자연법 원리—과 함께 자연법의 신학적 기초가 포기되면서 서서히 세속적 자연법이 준비된다. 자연법은 신의 명령이 아니라 이성에 기초할 뿐이다. 자연법은 신이 존재하지 않는다 하더라도 존재할 것이다라는 식으로.

후기 스콜라를 거치면서 종교분쟁, 영토분쟁, 시민전쟁이 터지면서 이제 공동체의 문제는 스토아에서처럼 이념으로서만 접근할 수 없는 구체적 정치현실 문제로 대두된다. 이러한 현실에서 구체적 질서의 확립 문제는 이제 더 이상 스콜라의 '올바른 이성'만으로는 처리할 수 없는 문제가 된 것이다.

그래서 그로티우스만 하더라도, 자연적 이성에 비중을 둔 그의 자연법 사고를 발흥하는 국민국가들 사이의 전쟁을 규율하는 국

44) Dennis Lloyd, *The Idea of Law*, Penguin Books, 1983(1964), 99면.

제법 체계를 수립하고 국가의 질서와 안전을 우선시하는 관심사에 엮고자 했던 것이다. 군주도 자연법의 제약을 받는다고 하면서도 저항권에 대해서는 막상 소극적이었던 이유도 여기에 있다.

법질서에 대한 시대의 요구는 법사고를 신학으로부터 결별시킨다. 질서의 정당성에서 질서의 필연성 쪽으로 옮겨가는 흐름이 시작된 것이다. 그로티우스와 더불어 자연법은 신학과 결별하고 법학 안으로 들어오게 된 것이다.

분쟁시에는 평화와 법적 안정성의 확보 요청이 필연적이게 된다. 이제 법은 진리의 질서이기보다는 평화의 질서이기를 요하게 되었다. 법은 이교도들 간의 분쟁을 해결하고 서로 다른 민족들을 화해시킬 수 있는 구체적 분쟁해결 능력을 요구받게 된 것이다. 그 이전까지 진리의 종속변수에 불과했던 평화라는 범주가 법 및 국가사상에서 주제화되기 시작한 것도 이 시점이다.[45] 결국 세속적 자연법 이념은 근대국가법 탄생에, 그리고 국가적 지배의 정당화에 기여할 준비가 이제 거의 완료된 셈이다.

Ⅲ. 근대의 자연법: '시대의 철학'으로 나타난 실정화 이념

1. '새로운 시대'의 자연법

17,8세기에 자연법은 '시대의 철학'으로 불렸다. 근대는 자연법 사상이 실천철학의 이론으로서 가장 포괄적으로 제시된 시대였다. 17,8세기는 그 전 시대의 신학 및 철학에 의해서 만족되지 못

45) 성서가 법의 원천으로서의 의미를 잃어가는 시점에서 평화를 법국가사상에서 처음으로 핵심범주로 등장시키는 Masilus von Padua에 대해서는 필자의 『자연법사상』, 48면 참조.

했던 새로운 정신적, 실천적 욕구가 표현되고 정치적으로 실현된 그야말로 '새로운 시대(Neuzeit)'였다.

흔히 '세속적 자연법', '이성법'으로 불리는 근대 자연법이 정치화의 한 국면을 보여준다는 말은 맞는 말이다. 즉 17,8세기 자연법은 이념적 인식을 사회현실에 연결시키는 과정, 즉 '제도화'에 동반되는 이념이었다는 점에서 정치적 의미를 지닌다. 17,8세기의 자연법은 전 사회를 조직하는 헌법구성의 의미에서의 자연법을 실현한다는 정치적 의미를 얻는 것으로 결산될 수 있다. 그것은 또한 조직의 파괴이념, 바로 근대 사회구조에서 혁명이 지니는 의의이기도 했다. 혁명에 의해 실현되기를 기대했던 것은 바로 자유의 정치적 제도화, 실정화였던 것이다 이 점에서 근대 자연법 이론은 바로 입법이념이기도 했다.

중세가 막을 내린다는 것은 자연법이 종교적 연관관계로부터 해방된다는 것을 뜻했다. 자연법은 이제 윤리학이나 신학, 정치학에서 나와 법학으로 들어앉게 되었다. 이 시대의 자연법은 법에 대한 학문적 취급양식의 한 시대적 패턴이었다고 볼 수 있다.

세속화된 자연법의 기본원리는 이성과 자유였다. 자연에 예속된 주체를 자율적 주체로 형성하는 과정은 바로 자유에 대한 첨예한 의식을 탄생시키는 과정이었다. 17,8세기는 여하한 종류의 독단이나 권위에 대항하기 위해서 철두철미 이성을 사용할 것을 요구한 시대였다. "자신의 이성을 사용하라." 이것이야말로 계몽의 모토였다. 계몽주의자들이 이와 함께 주장한 것은 무엇보다도 이성의 '공적' 사용이었다. 그것은 이성의 지배를 단순히 종교적 제기에 국한시키지 않고, 정치·사회영역에 확대시키기를 요청하는 정신적 모토였다.

계몽이란 무엇인가에 대한 칸트의 대답은 다음과 같이 시작된다. "계몽이란 인간이 그들 스스로의 책임으로 인해 빠져있는 미성년으로부터 벗어나옴을 말한다. 미성년이라 함은 남의 지도 없이는 스스로 자기의 이성을 사용할 수 없음을 말하며, 스스로에게 그 책임이 있다 함은, 이 미성년됨의 원인이 이성의 결핍에 있는 것이 아니라, 다른 사람의 도움 없이 자신의 이성에 의할 수 있는 용기 및 결단의 결핍에 있다 함을 말한다. 용기를 가져라, 네 자신의 이성을 사용하라! 이 말이 그러므로 계몽의 모토이다."[46] "계몽, 계몽은 도덕적·지적 세계에서 일어난 삶의 돌풍이다. 자유로운, 방해받지 않은 의사의 발표가 저 엄청한 물줄기가 되어 쏟아져 흐른다. (그것은) 오, 가장 고귀한 인간의 권리, 다시 한 번 큰소리로 나는 외치노니, 가장 성스러운 인권! 이 자유를 방해하려는 어떠한 사소한 기도조차도, 정부에 의해 저질러지는 살인이다."[47]

이성과 자유라는 기본원리를 정치, 사회제도, 국가, 법의 전반에 적용하고자 한 이들이 근대 자연법론자들이었다. 이 점에서 17,8세기 자연법 발전과정에서는 법이론에서 법이념은 이념대로 포기하지 않은 채, 경험적 사회현실에 내재하는 법적 구조를 밝히고자 하는 노력이 함께 한다. 즉 법이념에 관한 논의가 현실의 법구조를 그것 자체로서 파악하고자 하는 논의와 유리되지 않은 채 진행된 것이다. 자연법사상가들은 근대 계몽주의 초기에는 대체로 계몽군주에 영향을 미치고 절대국가의 지배를 정당화하는데 기여했다(주권이론). 그런가 하면 후에 계몽주의의 영향이 본격화되면서 그들은 능동적 비판정신, 자유주의를 통해 지배에 대한 저항, 구체제를 타파하는 혁명이념을 발전시켜 나가는 데 기여하게 된다.

근대 자연법철학자, 즉 그로티우스(H. Grotius: 1583-1645), 홉스

46) Kant, "Beantwortung der Frage: Was ist Aufklärung?"(1783) in: *Was ist Aufklärung*, Reclam 9714, 9면.

47) Adam Moltke, *Reise nach Mainz zur Zeit des Bombardements,* Altona und Leipzig, 1794, 192면 이하.

(Th. Hobbes: 1588-1679), 스피노자(B. de Spinoza: 1632-1677), 푸펜도르프(S. Pufendorf: 1632-1694), 라이프니츠(Leibniz: 1646-1716), 토마지우스(Thomasius: 1655-1728), 볼프(Chr. Wolff: 1679-1754), 로크(J. Locke: 1632-1704), 몽테스키외(Montesquieu: 1689-1755), 흄(D. Hume: 1711-1776), 루소(Rousseau; 1712-1778), 칸트(I. Kant: 1724-1804)에 이르는 근대 자연법철학자들은 인간을 위한 올바른 법은 신의 명령이나 영구법에 의존하는 게 아니라 인간의 합리적이고 명확한 인식능력, 실천능력에 의지할 뿐이라고 보았다. 이들은 나름대로 새로운 자연법을 기초로 기존의 국가 및 법관계를 비판하고 변형시키는 데 기여했으며, 미국혁명, 프랑스혁명을 촉발시키는가 하면, 민주적 법치국가, 권력분립, 국민주권, 기본권 등의 헌법이념을 산출시키는 데 기여했다.

진리란 존재가 아니라 주체의 인식의 확실성임을 가르친 것은 데카르트(Descartes)의 근대형이상학이었다. 그는 자명하고 명확한 인식을 위한 방법론을 근대 형이상학의 중심에 놓으면서, 문제해결을 위하여 가능한 한 소부분(小部分)으로 분석하고 사고를 질서있게 이끌어 단계적으로 종합하는 방법으로 인식활동의 합리성을 제시해 주었던 것이다.[48] 데카르트는 철학의 방법으로 생활에 유익한 여러 기술에 관한 지식에 도달할 수 있다고 생각했다. 그러면서 그는 『방법서설』 끝부분에서 남은 시간을 오로지 자연에 관한 지식을 구하는 데 바치겠다고 적었다. "왜냐하면, 그 자연적 관념들은 인생에 매우 유익한 지식에 도달할 수 있다는 가능성을 나에게 보여 주었기 때문이다. … 그리하여 우리는 그 힘과 작용을 각각 고유한 모든 용법에 따라 사용할 수 있고, 그리함으로써 우리는 자연의 지배자이며 소유자 같은 것으로 될 수 있으리라는 것이다."[49] 자연을 지배하고 소유하기 위해 구식의 철학을 새로

48) R. 데카르트, 『방법서설』, 김붕구 역, 박영사, 1996, 35면 이하.

49) 데카르트, 앞의 책, 108면.

운 실천철학으로 바꾸자는 데카르트류의 인식활동의 합리성 모토는 바로 이성의 실천적 인식을 통해 자연의 지배를 가능케 하고(지식욕이 아닌 지배욕으로서의 이성), 인간을 여하한 형태의 권위, 도그마, 선입견의 구속으로부터 해방시키고(이데올로기를 비판하는 이성),[50] 옛것을 부수어 인간을 해방시키고(혁명하는 이성 혹은 저항하는 이성), 새것을 만들 수 있다는(스스로 입법하는 이성) 것이었다.

인간존엄의 정언 명제는 칸트의 전유물만은 아니었다. "그 누구도 노예가 되고 싶지도 않으며, 노예여야 한다고 믿지 않는다. 그 스스로를 인간으로서의 품위에 맞지 않게 남의 앞에 던지는 자 이외에는, 어떤 압제자의 발길도 누구를 완전히 굴복시킬 수는 없다. 누구든지 스스로의 힘으로 확고히 끊겠다고 결심하고 원하는 사람은 정신적·육체적 노예의 사슬을 마침내 끊고야 말 것이다. '나는 원한다'라는, 오, 이 위대한 힘찬 말의 힘이여! 그러므로 행여 너는 고귀한 사람들의 말 가운데서, 특히 자유를 이상으로 하는 우리 형제들의 마음에서, 나는 하고자 한다는 저 힘찬 말을 사라지게 하지 말라. 내 품위에, 그리고, 인간의 품위에 마땅한 것을 나는 원한다. 압제자의 불과 칼도 결코 너를 멸망시키지 못하게 하라!"[51]

공동체를 가능하게 하는 조건을 근거짓는 17,18세기 사회이론 중에 새로움이란 자유의 체계 안에서 개인성과 전체성을 연결시키고자 했다는 점일 것이다. 그리고 그것이야말로 인간을 그것 자체로서 권리의 향유자로 보려는 파토스에 의해서 시도되었다.

50) F. Bacon(1561-1626)은 새로운 유토피아 건설을 위해 우상으로부터의 해방을 주장했다.

51) G.A.Bürger, "Ermunterung zur Freiheit," in: *Neue Monatshefte für Dichtkunst und Kritik*, 1(1875), 225-228면(여기서는 Michael Fischer, *Die Aufklärung und ihr Gegenteil. Die Rolle der Geheimbünde in Wissenschaft und Politik*, Berlin, 1982, 198면에서 재인용).

이 파토스를 우리는 상징적으로 루소에게서 영원토록 읽는다.

자연법사상에 있어서 근대적 특색이라 함은, 인간의 삶의 질서를 우주적 질서나 신의 이성으로부터가 아니라, 오로지 인간 자신의 속성, 즉 인간의 이성으로부터 근거짓는다는 데 있다. 합리성이란 우주나 신의 그것이 아니라 인간 자신의 속성에 불과하다는 깨달음은, 삶의 총체적 질서원리를 설명하는 중세적 방식과의 작별을 의미했다.

중세까지 자연법론은 이성이라는—그것이 직접적으로 신의 이성이든, 아니면 신의 이성에 의해 간접적으로 인간에게 매개된 이성이든—인식수단에 의하여 윤리적 결정 내지 판단의 척도를 이끌어내는 이론이었다. 스콜라적 합리성은 신의 합리성이었으며, 그 세계에서 신의 합리성에 의존한 인간의 이성은 실서를 단순히 인식하는 수단에 불과했다. 그러므로 인간의 '올바른 이성(recta ratio)'은 신이나 창조적 질서로부터 인간에게 주어진 질서에 대해서 의무를 지는, 말하자면 (신적)권위를 보좌하는 이성일 뿐이었다. 그러나 이제 세계와 인간에 대해서 지금까지와는 다르게 설명하는 철학이 시작되었다. 그 철학은 경험적 사회현상과 그 변화를 그것 자체로서 철학적 대상으로 삼는 가운데 시작되었다.

2. 목적적 자연개념으로부터의 이탈

스콜라를 퇴색시키는 새로운 정신적·정치적 질서를 위한 구상은 한면으로는 종교개혁으로, 그리고 다른 한면으로는 과학운동으로 일어났다. "종교개혁과 과학운동은 후기 르네상스의 지배적인 지적 운동이며 역사적 반항의 두 국면이다. 그리스도의 기원에 호소하였다는 점과, 베이컨이 목적인(causa finalis, 目的因)에 대립되는 동기인(動機因)에 호소하였다는 점은 한 사상운동의 두 측면이라고 볼 수 있다."[52]

자연과학이 출생하는 순간은 실로 역사적 반항의 순간이었다. 과학운동은 자연적 인과관계를 유일한 자연관으로 삼는다. 아리스토텔레스의 목적적 형이상학에서의 '가능태'와 '현실태'의 개념은 이제 예컨대 홉스에 의해 원인과 결과에 동일시되고 만다. 법칙원리와 목적원리를 통합시키고 소재와 일체의 이념적 형식을, 그리하여 자연에 대한 추리와 인간의 도덕적 삶을 통합시켰던 아리스토텔레스의 자연철학체계는 이제 무너지게 된다.

'자연'을 '목적'에 연결시킴으로써 '자연'은 아리스토텔레스에게는 움직여진 전체 물질세계를 가리키는 동시에, 이 영역에서 질서짓고, 만들고, 형성하는, 그리고 "항상 완전한 것과 선한 것을 추구하는" 움직임으로 나타나는 것이다. 자연은 그런 까닭에 이 세계에서 목적론적 질서를 위한 책임까지도 떠맡는 자연을 의미했다. 그 결과 "자연에 합당함"이란 표상은 선의 인식근거 내지 실재적인 규정근거로서, 일체의 사회적 행동양식을 위한 지침으로 제공될 수 있게 되었던 것이다. 이렇게 하여 "너의 본래의 자연을 실현하라"는 윤리적 행위의 원초규범이 탄생된 것이다. 아리스토텔레스의 목적론적 자연개념은 그 후 중세철학에 그대로 이어져서, 인간이, 그의 자연적 이성의 힘으로 사물의 본성으로부터 윤리적 행동양식을 인식할 수 있다는 가톨릭 자연법체계의 바탕을 이루게 되었다.

자연에 합당하게 행동함으로써 이성에 따른 덕과 의무에 충실했던 고전적·자연적 규범관은 이제, 합의를 필요로 하고 그에 따른 만큼의 권리를 논하는 새로운 규범관에 의해 도전받게 된다. 사람들은, 현실적으로 보면 우연한 가능성의 실현에 내맡겨질 뿐인 목적이라는 조건하에 자연의 경과를 놓아두려고 하지 않게 되었다. '목적인'이란 실제에 있어서 인간이 자의적으로 정한 내

52) 화이트헤드, 『근대와 과학사상』, 오영환 역, 삼성출판사, 1982, 39-40면.

용으로서의 '작용인(causa efficiens)'에 불과하다고 보게 된 것이다. 이렇게 되면 자연의 경과는 목적적 조건하에 놓이는 게 아니라, 일련의 인과관계에 놓이게 된다.

전체적으로 볼 때 목적적 자연개념으로부터의 이탈이라는 근대 사유세계의 흐름은, 자연을 법개념의 발전을 위한 적극적이고도 능동적인 장소로 보기를 그치는 철학태도로 이어진다.

홉스를 위시한 근대 사상가들이 근대 자연법의 전제로 본 '자연 상태'에 관한 이론에서 우리는 이렇게 자연을 소극적으로 개념화하거나 자연을 부정하는 역사적 시각을 찾아볼 수 있다. 근대 시민사회의 시발점에서 자연법을 위한 중요한 논거로 등장하는 '자연상태'이론은, 자연을 부정함으로써, 법개념을 도출하고자 하는 방법적 패러다임으로 이해될 수 있나. 홉스의 자연상태이론에서 자연의 절대적・보편적 의미에서의 '사화(私化, Privation)'가 그것을 의미한다. 자연상태이론을 근대 자연법의 전제로 삼은 헤겔에서 나타나는 적극적 존재양식의 '부정(Negation)'도 이 '사화'의 의미와 동일한 궤에 놓인다.

이러한 패러다임의 의미는, 자연을 법개념을 구성하기 위한 적극적 역할로서는 더 이상 인정하지 않는 데 있다. 홉스에 의하면 이는 스콜라 자연법이 남겨 둔 자연적인 것의 베일을 마저 걷어내는 작업에 해당한다. 홉스에 의하면 자연상태에서 개인은, 그의 자연을 완성할 필요 없이 원칙적으로 똑같은 자기보존 욕구를 지닐 뿐이다. 자연과 역사를 분리시키고, 자연과 인간의 관계를 대립적으로 설정하는 자연과학적 자연지배의 시대로 들어서게 된 것이다. '자연'은 이제 조작가능한 사실세계로 완전히 이관되었다. 과학적 실험은, 그것이 하나의 질문을 던지고 이에 대한 해답을 제시할 수 있는 수학적 이론에 의해 인도된다는 점에서, 일상경험과 구별된다. 그래서 그것은 주어진 '자연'을 조작가능한 '사실성'으로 변형시킬 수 있게 되었다. '자연에 합당하게' 라는 행동양식은 이와 함께, '자연을 지배한다'는 행동양식으로 바뀐다.

목적체계는 이제 임의로 선택된 목적에 따른 수단체계에 의해 밀려나게 된다. 플라톤의 『국가』편에 나오는 훌륭한 양치기 기술은 양고기를 먹는 사람을 위한 기술이 아니라, 양의 본성에 따라 가장 좋은 양이 되도록 키우기 위한 기술이었다. 즉 설사 훌륭하게 키운 양이 먼저 잡혀먹게 된다 하더라도, 최선의 양치기 기술은 양을 그의 본래의 자연적 본성(목적)에 이르도록 하는 데 있다. 말하자면 '자연에 합당하게' 키울 것이다. 이에 비해 실제에 있어서 '목적인'이란 인간이 임의로 정한 내용 이외에 다른 것일 수 없다고 생각하고 임의로 선택된 목적에 따라 자연을 지배할 수 있다고 보는 세계에서는 어떠한가. 동물의 사육기술을 정하는 것은 양의 본질이 아니라, 필경 양고기를 파는 사람의 의도이게 된다. 오늘날 소비자들의 식성과 이윤극대에 맞추어 소, 돼지, 닭 등을 어떻게 대량으로 사육, 도살하고 있는지는 자세히 설명할 필요도 없을 것이다.

근대적 자연과학은 아리스토텔레스식 목적개념 대신에 자의적으로 정해지는 의도에 따라 인간이 자연을 지배하는 수단체계를 그것 자체로서 자립시키는 철학개념을 탄생시켰다. 이 수단의 개념체계에서는, 각 사물이 그의 목적에 달함으로써 그의 완전한 자연적 본성에 이르게 된다는 목적구조는 그 의미를 잃게 된다.

자연에 대한 지배를 늘리자는 근대과학에서는 확실히 주체로서의 인간을 우주와 자연의 굴레로부터 해방시키는 힘이 있었다. 이것은, 기술적·사회적 힘들을 그것 자체로서 독자적인 원리로 만드는, 말하자면 '제2의 자연'으로 유도하는 힘이었다. 제2의 자연으로의 길은 바로 인간을 '자연'으로부터 '역사'로 들어서게 하는 길이었다. 사물의 목적이 불분명해지는 대신에, 이제 역사적 정신이 강화되었다. 사물의 목적이 불분명해졌으므로 적어도 그 기원을 생각할 필요가 있었던 것이다. 그러므로 인간도 이제 '자연'이 아니라 '역사'로서 존재하게 되었다. 지금까지 자연으로 이해된 세계는 이제 역사로 파악되었다. 플라톤의 '동굴'이나 고대의 '코스모스'는 새로운 시대에서 '역사적 세계', '문화', '문명' 혹은 '세계관'으로 불려질 채비를 끝낸 것이다.

서구 철학의 전통에서 인간은 처음으로, 스스로의 사회적·윤리적 행동양식의 규준을 찾는 가운데, 자신의 존재를 미리 주어진 자연적 질서로부터 떼어내고, 자신이 전적으로 주인인 단독무대를 역사의 이름으로 창설한다. 자연과 인간의 통일성이 붕괴된 이 역사의 무대에서 인간은 신적·절대적 자유에 버금가는 권리를 인수받는다.

3. 자연법적 계약이론의 대두

근대 자연법론자들은 사회질서의 기초를 이루는 여러 요소들을 통합하고 정치적 경과의 전체상을 보여주기 위해 자연상태-자연법-사회계약이라는 구성모델을 사용했다. 그것은 입법자로 하여금 법을 구성원 전체의 합치된 의사로부터 나올 수 있게 만드는 이성적 구성모델이다.

사회계약은 그 어디에도 사실상 체결된 적이 없는 순수한 이념유형이었다. 애초에 형식적·분석적 구조를 갖는 계약모델은 상충하는 정치적 이상들을 다 담을 수 있다. 예컨대 보댕이나 홉스는 절대주의를 보호하기 위해 사회계약론을 끌어들였는가 하면, 로크나 루소는 각각 입헌주의와 자유주의를 위해 그것을 사용했다. 사회계약론과 혼인한 자연법은 한 마디로 그 누구도 자신의 동의에 의하지 않고는 다른 사람의 정치적 힘에 복종할 수 없다는 정치이론이다. 그리고 권위에 대한 복종은 권력을 행사하는 사람들에 대한 자발적인 복종에 의해서만 정당화된다는 것이며, 이때 개인들이 무엇에 동의하였는가는 계약론자들의 가치관에 따

라 근본적으로 다르게 설명될 수 있는 것이다.[53]

사회계약론은 근대법의 구성이념인 동시에 국가적 제재(국가권력)를 정당화해주는 이론이었다. 그것은 법이 강제가 아닌 자발적인 합의에 기초하는 것임을 설명해주는 도식이며, 무정부상태나 자연상태에 비교하면 국가상태가 훨씬 적은 해악을 준다는 점에 대해 사람들은 합의한 것이라는 의미를 지닌다.

계약사상은 법사고에서 인간의 의지와 무관한 창조질서나 자연질서의 요소를 포기시키고 자유로운 자기지배(자율), 자의식을 가진 주체의 의사결정능력을 이끌어 들인다. 사회계약모델은 중세의 위계적 모형을 깨고 새로운 사회응집력을 설명해주기에 적절한 모형이다. 무엇이 정치질서를 정당화해주는가, 왜 복종해야 하는가의 해답을 계약에 따른 동의에서 찾는 이 모형은 낡은 모형의 억압으로부터 인간을 해방시켜 주는 측면을 지녔다.

자연상태에서 시민상태로 가는 길을, 모든 사람의 자유는 모든 사람의 자유의 상호제한이라는 수단에 의해 달성된다는 패러독스[54]를 해결함으로써 열고자 했던 이 계약사상 이래로 법은 자유를 합리적으로 제한하는 보편형식이라는 의미를 굳히게 되었다.

근대의 계약이론에 나타나는 이중구조(합의구조, 복종구조)는, 똑같이 이성에 의해 규정되는 자유가능성과 강제가능성을, 즉 자유라는 카테고리와 강제라는 카테고리를, 동시에 규범적 구성부분으로 삼기 위한 이성적 전략으로 볼 수 있다. 다시 말하면 권리와 질서(제재)를 동시에 발생시키기 위한 이성적 전략이었다고 볼 수 있는 것이다. 자유법이 동시에 또한 강제법이기 위한 이성적 구조모델이 바로 계약이었던 것이다. 그러므로 근대 자연법은 이성법으로 규정되는 한, 자유법인 동시에 또한 그러한 한은 강제법으로 규정되는 것이다. 한 마디로 우리 스스로 강제함으로 자

53) Lloyd, 앞의 책, 101면.

54) 비사교적 사교적 존재, 권리를 주장하면서 쉽게 권리를 남용하는 인간.

유롭다는 이성적 식견이 법의 원천으로 여겨진 것이다.

근대라는 시대는 자유가 유례없이 강조된 시대였는가 하면, 동시에 국가가 강조된 시대였다. 그 시대는 개인의 이성뿐만 아니라 절대국가 또한 계몽되기를 원했던 시대였다. 인간이성이라는 말과 나란히, '국가이성'이라는 말이 이 시대에 특히 가능했다. 이 시대의 이성은 거의 모든 개인의 자유를 설명해주면서 동시에 국가를 정당화해 주는 이론구성에도 개입하고자 했던 것이다. 그러고 보면 17,8세기의 자연법적 계약이론은 모두, 한편으로 권리와 다른 한편으로 질서를, 한편으로 자유와 다른 한편으로 국가를 이성적으로 한데 짜맞추려고 노력한 이론들이 아니었던가 싶다.

모든 전래의 개념들처럼 자연법개념도 근대라는 시대정신에 부딪히면서 크게 굴절된다. 자연법의 핵심을 이룬 것은 바로 규범적인 것으로의 자연개념이었는데, 자연개념이 간직해온 이러한 규범적 속성이 근대에 이르러 깨어진다. 자연법에 있어서 자연개념의 규범성이 빠져나간 자리를 메우고 들어온 것은 국가였다. 사회계약이론의 기반이 된 근대 자연법사상은 오로지 왜 인간이 자연상태로부터 빠져나와 시민사회상태에로의, 즉 국가에로의 계약에 이르러야 하는가를 설명해주기 위한 것이었다. 그야말로 '자연상태'가 아닌 '시민사회상태'가 돌이킬 수 없는 인간조건이 되면서부터, 규범적 자연적 질서사상을 지탱해준 저 형이상학이 깨어지고 만다. 그때부터 그것은 한낱 '있는 것'으로부터 '있어야 하는 것'을 도출해내고자 한 방법상의 오류의 산물 정도로 여겨지게 되었다.

국가가 자연을 대체한 시민사회상태에서 자연법이 적용여지가 없는 것처럼 보이는 것은 당연했다. 실정법으로 무장한 시민사회상태에서는 자연법이 더 이상 중요하지 않게 되는 반면, 실정국가법에 대한 복종여부의 문제만이 중요하게 되는 것이다. 자연법의 물음은 이제 더 이상 법칙과 자유의 변증법적 통합이라는 철학적·존재론적 관심 대신에, 다만 우리는 왜 실정법에 복종해야 하는가라는 정치적·도덕적 관심사에 국한되고 말게 된 것이다. 이때부터 자연법론은 인간존재에 있어서 질서와 자유의 관계를 설명하는 존재론적 사유의 장으로부터, 법과 도덕의 상관관계를 논하는 윤리론적 사유의 장으로 완전히 옮겨 앉게 된 것이다.

상호적 자유제한이라는 근대법적 계약모델은 홉스 이후 로크, 루소에 이어져, 전자는 영미의, 후자는 프랑스의 근대 자유주의 헌법국가 체제를 낳게 했다.

4. 홉스식의 '최소한의 인간학'

계약론이라는 근대 계몽주의적 법규명 작업을 처음으로 체계화한 홉스는 법(국가) 없는 자연상태를 가정한다. "사회상태의 밖에는 항상 모든 사람에 대한 모든 사람의 전쟁이 존재한다. 이로써 다음과 같은 것이 분명해진다. 즉, 인간이 그들 모두를 두렵게 하는 공통의 힘이 없이 사는 시기에는, 그들은 전쟁이라고 불리는 상태에 있으며, 그리고 그러한 전쟁은 모든 사람에 대한 모든 사람의 전쟁인 것이다."[55] 이 자연상태는 만인의 만인에 의한 투쟁상태다. "고독하며 가난하고 험악하며 잔인하고 짧은"[56] 이 상태에서는 개인의 자기보존, 평화, 재산보호, 권리향유는 불안전할 수밖에 없다. 자기보존본능이 인간에게 있어 가장 강한 욕구인데 이것이 불안정해지면 모두는 그들의 이익을 위해 이 상태에서 벗어나기를 원할 것이다. 그렇다면 이 상태로부터 벗어날 수 있는 길은 무엇인가? 상호적인 자유제한, 바로 계약에 의해서만 가능하게 된다. 이 계약의 문서가 바로 (헌)법이다. 그리고 이 계약의 유지를 위해 책임을 지는 공권력(국가)이 필요하게 된다는 것이

55) 홉스, 『리바이어던』, 한승조 역, 삼성출판사, 1978, 223면.
56) 홉스, 앞의 책, 224면.

다. 즉 그의 자연법은 인간이 자기보존을 위해 무엇을 해야 하고 무엇을 하지 말아야 하는지에 대한 이성적 지시, 바로 계약을 체결케 하는 이성이다.

국가적 법질서의 단일성을 개념적으로 도출하기 위해서 홉스는 우선 국가를 해체된 것처럼 관찰한다. "국가의 권리와 시민의 의무를 전하기 위해서는 국가를 물론 해체할 수는 없지만, 해체된 것처럼 관찰해야 한다."[57] 이 과정이 바로 '기하학적 방법'에 따른 분석적 측면에 해당한다. 이 해체로부터 얻어낸 개념적 요소들은 자연상태에 있는 주체로서의 개인, 자기 보존을 위해 자신의 힘을 마음대로 사용할 수 있는 자유로서의 자연 법칙이다. 그리고 분석된 것들을 종합하는 측면에 해당하는 것이 계약개념이다.

자기보존본능. 이것이 홉스가 공동체의 인간학적 기초로 삼는 유일한 명제였다. 그에 있어서 인간학적 전제는 말하자면 이렇게 대폭 축소되어 나타난다. '국가의 권리'와 '시민의 의무'를 연결시키기 위해서 국가를 해체된 것처럼 관찰할 때, 남는 것은 ―자연상태에서― 인간의 원천적 선이 아니라, 자기보존본능이다. 이 점에서 홉스는 자연법론의 전제를 이루는 자연상태론을 이론적·전략적으로 크게 의미변화시켰다.

개인은 자연상태에서 그의 자연을 완성할 필요 없이, 원칙적으로 똑같은 자기보존욕구를 지닐 뿐이다. 그는 왜 인간학적 전제를 최소한으로 좁혔는가? 국가가 더 이상 인간의 목적이 아니게 되면, 국가는 다만 경우에 따라서는 피할 수 있는(예컨대 맑스처럼), 혹은 경우에 따라서는 피할 수 없는 유보일 뿐이게 된다. 홉스는 후자의 길을 택했다. 인간을 국가와 연결시키는 목적적 구조를 인정하지 않는 홉스는 그러므로, 인간이 그 사회적 성향을

57) Hobbes, De Cive, Praefatio.

지닐 때만 작용하는 국가가 아니라, 공격적 반사회성 성향이 클 때도 마찬가지로 작용할 수 있는 국가법이론을 구상할 필요가 있었다. 그는 결국 국가의 내적 필연성을 더 강화시키기 위해서 인간학적 전제를 약화시켰던 것이다.

국가의 필연성을 강조하는 길은 바로 '리바이어던'으로의 길이었다. 무조건적인 절대가치로 설정된 자기보존은 그런 까닭에 국가권력의 근원이자, 내용이요, 규범적 척도인 동시에 제한을 뜻한다. 사람은 누구나 나면서부터 자신의 안녕을 다른 사람의 안녕에 대한 고려에 우선시킨다. 그러므로 자연으로부터는 완전한 권리의 표상은 가능하나 결코 완전한 의무의 표상은 불가능하다. 그러므로 홉스의 최소한의 인간학적 전제는 형식적 의미에 있어서는 개인의 권리를 법개념적으로 확장시키는 결과를 낳는다.

모든 주어진 관계의 조직원리가 개인의 자유인 관계를 법칙적 가능성으로 제시하고자 했다는 점에서, 홉스는 칸트를 연상시키는 데가 있다. 칸트와 홉스는 둘 다 개인에게 동등한 자유의 법칙을 정립시키고자 했다. 다만 칸트가 이 자유의 보편법칙을 '정언적으로(kategorisch)' 논증하고자 했다면, 홉스는 이것을 '가언적으로(konditional)' 논증하고자 했다. 전자가 인간의 공동생활이 그것 자체로서 자유의 보편법칙 아래서 가능하기 위한 선험적 전제조건을 표시하는 도덕형이상학을 완성했다면, 후자는 사회적 관점에서 자유가 사회적으로 지탱될 수 있기 위한—즉 자기보존이 가능하기 위한—현실적 조건을 표시하는 사회이론을 완성했다고 할까.

결론적으로 홉스의 인간학적 전제는 한편으로는 국가의 필연성을 강조하는 이론구성의 기반을 이루는 동시에, 다른 한편으로는 형식적으로 자유의 법칙을 보편화하는 이론구성의 기반을 이룬다. 홉스의 자연법사상은 이념사적으로 볼 때 권리의 개념범주를 의무의 그것보다 우월한 지위에 두는 데 크게 기여했다. 그를 일컬어, 개인으로부터 출발하여 형식적인 자유법원리를 탄생시킨 사람이라고 말하는 것도 이런 맥락에서 이해될 수 있다.

홉스가 계약론적 관점에서 이끌어낸 국가 법질서의 유일한 내용은 계약은 지켜져야 한다는 것이었다. 법이 국가의 전제조건이라는 견해는, 국가를 계약을 통해서 근거짓고 그래서 국가를 법적 관계로 파악하는 자연법론에 기초를 두고 있다. 법률행위로서의 계약이 법적 관계라면, 즉 상호적인 의무와 권리를 가져온다면, 그와 같은 구성요건에 그와 같은 결론을 연결시키는 법질서가 전제되어야만 한다.

계약은 지켜져야 한다는 이 명제는 바로 홉스가 말하는 자연법 명제이었다. 권리를 제3자에게 우리들이 양도하는 것을 부득이 하게 만드는 만인의 만인에 대한 투쟁상태에서의 저 이성적 통찰을, 홉스는 자연법으로 부르고 있다. 이에 따르면 "평화를 추구하고 그것을 따르라"는 제1의 기본적 자연법과, "'네가 너를 위하여 바라지 않는 것을 타인에게 행하지 말라" 는 제2의 자연법으로부터 바로, "인간들은 그들의 맺어진 신약을 이행해야 한다"는 제3의 자연법이 도출된다.[58] 그 밖에도 홉스는 여러 가지 세부적인 자연법명제들을 제시해 주고 있다. 은혜에 대해서는 고마워할 줄 알아야 한다든가, 모든 사람들은 스스로를 다른 사람들에게 적응시키려고 노력해야 하며, 잘못을 비는 사람에 대해서는 미래에 대한 보증에 따라 용서해야 하고, 복수에 있어서는 지나간 악의 크기가 아니라 다가올 선의 크기를 고려하고, 오만이나 자만은 허용되지 않으며, 형평을 추구하고, 공유물은 평등하게 향유해야 하며, 공동으로 향유할 수 없을 때는 추첨에 의하거나 최초의 점유자에게 돌아가야 하고, 평화를 중재하는 사람에게는 안전이 보장되어야 하며, 누구든 중재자에게 복종해야만 하고, 그 누구도

58) 홉스, 『리바이어던』, 226면 이하.

자신의 재판관이 될 수 없다는 등등.

홉스에 의해서 세부적인 자연법명제로 제시된 내용들은 이처럼 평화에 부속되는 이성적 고려들이었다.[59] 홉스는 이 이성적 고려로서의 자연법은, 오로지 이 법의 이행에 대한 노력만을 의무지우는 까닭에 도덕철학일 뿐, 엄격한 의미에서 법이라고는 볼 수 없다고 말했다. "이러한 이성의 지시들을 인간은 법의 이름으로 보통 부르는데 그것은 부적당한 것이다. 그것들은 무엇이 그들 자신의 보존과 방어에 도움이 되는가에 관련되는 결론이나 정리에 지나지 않기 때문이다. 반면에 법은 사실은, 권리에 의해 타인들에 대한 지배권을 갖는 사람들의 말인 것이다."[60]

홉스가 기본적 자연법 이외에 열거한 자연법들은 국가질서가 기능하기 위한 조건에 해당한다. 자연상태로부터의 탈출이 가능하기 위한 이성적 전제조건으로서 그것은 바로 법치국가의 전제조건에 해당하는 셈이었다. 특히 제3의 자연법에 해당하는 "계약은 지켜야한다"에서 자연법과 실정법의 관계가 잘 드러난다. 계약파기를 저지하기 위해서는, 다시 말해서 자연법을 관철시키기 위해서는, 국가적 강제권력의 창설이 요청되는데, 이와 같은 요청의 필연성이야말로 자연법 안에 포함된 것으로, 이와 더불어 어느 의미에서는 실정법에 대한 초실정법적 의미의, 즉 자연법적 의미의 정당화에 대해서도 말할 수 있다는 것이다. 국가적 권위에 의한 강제력이 불가피하다는 요청은 이미 홉스의 자연법 안에 포함되어 있다. 이 점에서 우리는 홉스에 대해서도 자연법의 실정법화라는 표현을 쓸 수 있다.

홉스는 자연법과 실정법을 내용적으로 대립되는 관계에 두고 있지 않다. 『리바이어던』에서 자연법과 시민법 즉 실정법은 서로 상대방을 내포하는 관계에 있다고 설명하고 있는데, 여기서 '자연

---

59) 홉스, 앞의 책, 241면 이하 참조.

60) 홉스, 앞의 책, 247면. 또 "자연법은 내면의 법정에서 의무를 지운다" (246면).

법의 실정법화' 주제를 다시 한 번 확인할 수 있다. "자연법과 시민법은 상호 내포하며 그 범위는 동일하다…. 국가가 일단 설립되면 자연법은 국가의 명령 그리고 또한 시민법으로서 실제적으로 법이 되지만, 국가가 설립되기 이전에는 그렇지 못하다."[61] 그러므로 "시민법에 대한 복종은 또한 자연법의 일부이다. 시민법과 자연법은 상이한 종류의 것이 아니고 법의 상이한 부분이다. 그것의 한 부분은 성문화되었기 때문에 시민법이라고 불리어지며, 다른 부분은 불문화되었기 때문에 자연법이라고 불리어진다."[62] 그에 있어서 자연법적 이론의 가능성은 결국 평화를 위해서는 실정법에 복종하라는 유일한 초규범—켈젠의 '근본규범'처럼!—이론으로서 남는다.

홉스는 『리바이어넌』에서 합의에 기초하는 국가의 성립에 대해서 다음과 같이 서술한다. "인간을 외적의 침입과 상호간 상해로부터 방어할 수 있는 것과 같은 국가를 수립하는 유일한 방법은 … 그들 모두의 권력과 힘을 하나의 인물 또는 하나의 집단의 인간들에게 수여해서, 그들 모두의 의사를 다수의 소리에 의해서 단일의 의사로 하는 것이다. … 그리고 그러한 범위 안에서 만인은 그들의 의사를 그의 의사에, 그리고 그들의 판단을 그의 판단에 복종시키는 것이다. 이것은 동의나 합의 이상의 것이며, 만인 상호간의 계약에 의해서 창조된, 바로 단일인격에 있어서의 만인의 진정한 통일이다. 그것은 마치 만인이 만인에게 '나는, 당신들이 그에게 당신의 권리를 포기하고 그와 같이 그의 모든 행동을 승인한다는 조건에서, 내 자신을 지배하는 내 권리를 이 사람 또는 이 집단의 인간들에게 포기하고 승인한다.'라는 말과 같다. 이와 같이 하나의 인격에 있어서 통일된 다수는 국가, 라틴어로 civitas라고 불리어진다.[63]

61) 홉스, 앞의 책, 318면.
62) 홉스, 앞의 책, 318면.

여기서 국가권력은 계약의 보장자인 동시에 계약의 내용이 된다. 그러면 개인의 의사를 단일인격의 획득자의 의사 속으로 흡수시키는 이 '법률적 의미'의 내용은 구체적으로 과연 무엇인가. 그것은 한 마디로 개인의 의사에 대한 단일인격의 획득자, 즉 주권자의 의사의 절대적·법적 우위를 의미한다. 결국 주권자를 상대로 하는 권리의 포기 및 양도행위는 홉스식 계약의 본질을 '복종계약'으로 전락시키고 만다. 여기서 주권자를 개인에 대해서 (법적)구속관계에 서 있지 않게 하는 이 포기 및 양도행위를 과연 계약이라는 법형식으로서 부를 수 있겠는가 하는 의문이 생기는 것은 어쩔 수 없다.

홉스에서 남는 것은 결국 리바이어던으로 상징되는 절대국가 즉 자기제한 원리를 갖지 않은 국가권력이고 만다. 홉스는 『리바이어던』의 라틴어판 후문에서, 그의 저작의 목적이, 어떤 변명하에서도 실정법에 대한 침해는 용서될 수 없다는 것을 증명해 보이는 데 있었다고 적은 바 있다. 만인의 만인에 대한 이리상태는 종식되었으되, 이제 가장 큰 이리 한 마리가 남게 된 것이다. 이러한 절대국가로의 귀결을 피하기 위해 노력한 계약사상가들은 로크와 루소였다.

5. 로크와 루소의 경우

로크(Locke)와 루소(J. J. Rousseau)는 자연상태에서의 인간학적 명제가 홉스와 달랐기에 절대국가에의 귀결을 피할 수 있었다.

로크는 사회계약론을 무엇보다도 자연권의 원리를 구성하기 위해 이용했다. 그는 자연상태에서 사회상태로 가기 위해 인간은 양도할 수 없는 불가침의 인권 —생명, 자유, 재산— 을 가진다는

63) 홉스, 앞의 책, 255면.

것 그리고 국가권력은 분립되어야 한다는 것을 주장했다. 시민사회 이전의 상태에서의 인간의 권리를 강조한 것이다. 그래서 정부의 목표는 인간의 권능, 자격을 보호하는 것이며 이와 함께 계약이론에서 강조되는 부분은 신뢰관계이다. 로크는 이러한 자연법적 권리를 보호하는 일을 양도받을 정부가 그 신뢰를 저버리고 권한을 남용할 위험에 특별히 주의했던 것이다. “폭정에 처할 때 정부를 교란시키는 쪽은 국민들이 아니라 바로 폭군이다. 그러므로 진정한 반란자는 억압받는 국민이 아니라, 바로 유해한 짐승이 되어버린 폭군이다.”[64]

로크는 다수의 생명, 자유, 재산에 대한 명백한 위협에 대한 저항의 권리를 인정했다는 점에서 자연권이론에서 특히 재산에 관한 부분을 강조함으로써 자본주의적 생산관계를 정당화했다고 보는 사람들도 있다. 그러나 로크가 이와 관련하여 인간이 자기의 노동의 결실을 차지할 권리를 인정한 점, 재산권보다는 더 근본적인 권리, 즉 물질적 생활을 할 권리에 관심을 가졌다는 사실 등을 주목해야 한다. 소유권 방어보다는 어느 의미에서 생존권에 더 관심이 컸던 것이다. 소유권 개념도 오늘날 우리가 이해하는 것보다는 더 넓었다. 그는 하느님이 지상의 모두에게 공동으로 주신 것을 노동을 통해 사적으로 향유할 권리를 인정한 것이다. 노동과 살아가는 물량들을 필요로 하는 우리 인간의 생활조건은 필연적으로 사적 소유를 초래하게 된다고 본다.[65] 재산권에 우선하는 생존권에 대한 배려는 그의 글 여러 곳이 나타난다. 사람이 굶어 죽어가는 데도 그에게 시장가격을 요구하여 그가 결과적으로 죽게 되었다면 그 자는 살인의 책임을 져야 한다고 주장한 것

---

64) Locke, *Two Treaties of Government*, Laslett(ed.), 1967(1683). Ⅱ, 209면.

65) 맹자도 “백성들에게 일정한 생활근거인 항산(恒産)이 없으면 일정한 마음이(恒心)이 없게 된다”고 하였다. 정치에 있어 물질적·경제적 요소를 중시한 것이다(『孟子』, 梁惠王 上).

이나, 노동을 한 자는 노년에 품위 있는 생활을 할 권리를 가진다 등등. 그는 또 신은 사람들이 가난한 사람들을 돕기를 원하기 때문에, 어느 누군가가 극도의 빈곤에 신음하지 않기 위해 다른 사람들의 풍요로부터 어느 정도 취할 수 있는 자격이 사람들에게 있음을 인정했다. 부자들로부터 거두어 가난한 사람들에게 나누어 준다는 생각은 자선의 개념에는 속할 수 있었어도 19세기까지만 해도 법적 제도로서는 감히 발상하지 못했던 점을 생각하면, 로크의 저작은 실로 파격적인 내용을 담고 있는 것이다.

루소는 로크에서 더 나아가 국가권력을 제한하기 위한 규준과 근거를 제시해 주고자 했다. 그것이 바로 국민의 '일반의지(volonte generale)'라는 이념이었다. 사회계약에 의해 개인은 일반의지의 부분이 된다. 말하자면 일반의지는 그때까지 자연법에 의해 대변되어 오던 상위의 법이념 내지 법규준에 대한 대체개념 구실을 하는 셈이다.[66]

사회계약론적 접근은 루소에 이르러 가장 성숙된 모습으로 나타난다. 루소의 『사회계약론』은 다음과 같은 논제로 출발한다. 즉, 인간은 자유롭게 태어났으나 도처에서 쇠사슬에 묶여 있다. 어떻게 하면 전체의 공동의 힘에 의하여 모든 사회구성원의 신체 및 재산을 방위하고 보호할 수 있는 사회상태를 발견할 수 있을 것인가? 그리고 그것에 의하여 각 개인이 다른 모든 사람과 결합하였음에도 불구하고 의연히 자기 자신에게만 복종하고 이전과 마찬가지로 자유로울 수 있는 조직체를 발견할 수 있을 것인가?[67]

루소는 이 물음에 대한 대답을 일반의지 개념을 가지고 설명한다. 일반의지는 공동의 이익을 기초로 한 사회구성원리이다. 그러므로 그것은 인간의 현실적인 개별의지나 개별적 특수의지의

66) Lloyd, 앞의 책, 108면.

67) 루소, 『사회계약론』, 박옥줄 역, 박영사, 1982, 제1부 제1편: 44면, 62-63면.

집합개념으로서의 집합의지를 말하는 것은 아니다. 집합된 전체의지는 사익의 총화에 지나지 않는 것으로서 그 자체 공익의 일반성을 뜻하지는 않는 것이다. 의지를 일반적으로 만드는 것은 투표자의 수에 의하는 것이 아니라 그들을 결합시키는 공동의 이익이다. 루소에 따르면 이 일반의지의 표현이 바로 법이다. 그리고 이 일반의지의 화체(化體)가 국가이며, 이 일반의지의 작용이 국가권력이다. 이익의 일반성은 이익의 평등성에 기초한다. 일반의지는 성질상 평등에로 지향되어 있고 특수의지는 불평등에로 지향되어 있다. 그러므로 분배가 불평등한 사회에서는 특수의지가 판을 칠 뿐이다.

국민이 법에 복종한다는 것은 일반의지의 요구에 복종한다는 뜻이며, 법률에 복종하는 국민이 그 법률의 제정권자이어야 한다. 일반의지에 복종한다는 것은 국민이 자기가 만든 자기의 의지에 복종한다는 뜻이다. 결국 일반의지는 각 시민의 도덕적 의지이다. 이러한 일반의지의 기록물을 법이라고 봄으로써 루소는 결국 법과 도덕 사이에 경계를 긋는 것에 반대한다.

그는 인간을 계몽된 존재로 만들기 위한 필수조건으로 『에밀』에서는 교육을, 그리고 『사회계약론』에서는 자유의 법질서를 제시하고 있는 것이다. 그의 주장에 따르면 법은 사회구성원들 사이에 퍼진 도덕적 확신의 표현이다. 그의 민주정체는 계몽된 존재로서의 민주시민의 윤리적 자질을 전제한다. 그러므로 국민들이 모두 도덕적 분별력을 갖춘 진정한 민주국가에서는 모두가 평등하고 도덕, 능력, 재산도 비슷하게 지니고 있기 때문에 누가 공직자로 뽑혀도 상관없으므로 선거도 추첨의 방식이 권장된다.[68)]

---

68) "재판관과 같은, 상식과 정의감과 강직성만 구비한 사람이면 누구나가 할 수 있는 직에 알맞는 사람을 뽑을 경우에는 추첨에 의한 방법이 적당하다. 왜냐하면 잘 구성된 국가에서는 이와 같은 장점은 모든 공민이 구비하고 있는 것이기 때문이다." (루소, 앞의 책, 제2부, 제4편: 218면.)

직접민주주의를 주장한 루소는 영국의 로크식 대의제를 비판했다. 영국국민들은 국회의원을 선거할 때만 자유롭고 선거가 끝나자마자 다시 노예상태로 돌아간다는 것이다.[69] 대의제를 진정한 민주주의로 보지 않기 때문에 그는 엄밀한 의미로 참된 민주정치는 아직 없었고, 앞으로도 존재할 수 없을 것이라고까지 말했다.[70]

6. 실정화이념으로서의 근대 자연법

이성에서 신적 권위가 빠져나가면서 인간이성은 이제 그 스스로 원천적인 힘, 즉 권위의 기능을 지닐 수 있게 되었다. 스스로 힘의 원천이 된다 함은 스스로 법을 만드는 능력을 지닌다 함을 의미한다. 자연법은 이때부터 윤리적 결정 내지 판단의 척도이념이기에 앞서, 무엇보다도 실정화 이념, 입법이념으로서 작용하게 되었다. 그것은 자연과 신에 대한 의무로부터 벗어난 사회적 제반 세력들을 조직하는 이성체계의 의미에서의 입법이념으로서 작용하게 된 것이다. 자연법은 근대의 사회적 생활관계 일체를 합리적으로 조직하는 힘으로, 그 형식적 입법이념으로 나타났다. 18세기 말에 이르면서 자연법이 (실정)법의 실질적 척도로서의 이념이 아니라, "법의 실정화 즉 입법에 연관되어 있는" "법 자체의 관계"로 파악되는 발전양상이 잘 드러난다.[71] 그것은 또한 중세식의 자연법체계에서 혼합되어 있었던 법학적·신학적 관점이 완전히 떨어져 나가는 국면을 보여주기도 한다.

이성적 자율원리가 실정화원리, 제도화원리로 표출되는 측면은

69) 루소, 앞의 책, 제2부 제3편: 194면.

70) 루소, 앞의 책, 제2부 제3편: 147면.

71) Gustav Hugo, *Lehrbuch des Naturrechts des einer Philosophie des positiven Rechts*, 1799, X(여기서는 Helmut Kohlenberger, "Das Naturrecht im Kulturparadigmatischen Perspektive," in: *Marcic-Gedächtnisschrift*, 67면에서 재인용).

확실히 근대 학문정신의 계몽적 특색에 비추어 풀이될 수 있다. 미하엘 피셔는『계몽과 그의 적』[72]이라는 책에서 근대학문의 발전과정을 한 마디로 '제도화 과정'으로서 설명하고 있다. 그는 종교개혁에서부터 불란서 혁명의 시기까지 정치적 지도이념의 구실을 했던 근대계몽정신에 의해서 학문적 인식이 사회구조 및 사회제도에 어떻게 연결되었는가를 실증적으로 검토했다. 그러면서 그는 근대학문의 발전상을, 인식이 사회 현실에 연결되는 과정으로서의 제도화 과정으로 규정했다.

인식과정과 사회구조의 연관성을 설명하고자 하는 일은 이념적 요소와 현실적 요소의 연관성, 즉 이념과 현실의 관계를 설명하는 일과도 같다. 피셔는 이들의 관계를 검토하기 위해서는 학문이론 자체만으로는 불가능하며, 이 학문이론적 시각과 동시에 오늘날 지식사회학이라는 이름으로 알려져 있는 학문사적 시각이 병행되어야 한다고 말한다. 말하자면 지식사회학과 (비판적)학문이론을 연관시켜 파악함으로써, 이를 통해서 인식과 사회구조, 이상과 현실의 올바른 문제를 설명해 낼 수 있다는 것이다.[73] 사회의 현실적인 문제 및 제반 기대에 대해서 학문의 역할은 상대적으로 독립되어 있을 수도 있고 상대적으로 종속되어 있을 수도 있다. 모든 학문적 연구는 특정한 현실영역을 대상으로 하는 한, 현실을 불가피하게 단순화하는 구조를 띨 수밖에 없다. 보편법칙적 성과를 원하는 학자는 결국 특정한 영역 이외의 현실영역을 부득이 그의 관심 밖으로 내보낼 수밖에 없기 때문이다. 기존의 학문이론이 구사하는 개념이때가 되면 위기를 맞게 되는 것은 이 때문이다.[74]

---

72) Michael Fischer, *Die Aufklärung und ihr Gegenteil. Die Rolle der Geheimbünde in Wissenschaft und Politik*, Berlin, 1982.

73) 쿤의『과학적 혁명의 구조』는 이러한 연관성을 설명해 준 역저였다. 이에 대하여는 Fischer, 앞의 책, 10면 이하 참조.

74) 이는 학문적 패러다임을 대체시키는 사회적 과정에 대한 설명방식이기도 하

근대의 변화된 경험내용이 근대적 학문을 위기상황으로 몰고 간 것도 이러한 맥락에서 설명될 수 있다. 기존의 개념틀이나 법칙들이 거부되는 학문적 위기상황에서는 논리적 논변에 대해 모험적인 사색을 하게 된다. 그래서 이러한 상황에서는 "사변적 이론"[75]들이 먼저 등장한 다음, 이것이 어느 정도 성공한 후에 드디어 소위 새로운 패러다임으로 옮겨 가게 된다(근대 초기의 변화된 새로운 세계상을 담고자 했던 방법론적 — more geometrico — 체계적 정신에서 패러다임의 대체의 양상을 볼 수 있다).

학문적 개념전통의 와해과정은 결국 다름 아닌 사회적 과정을 의미한다. 근대정신의 세계에서 아리스토텔레스식 철학적·정치적 개념전통이 와해되는 과정은 그러므로 근대적 사회변화에 직결되어 있다. 근대자연과학이 탄생하는 순간은 그런 의미에서 역사적인 반항의 순간이었다. "원리로까지 환원시킬 수 없는 완강한 사실"을 주장했던 과학자 갈릴레이를 그 당시 정신적·정치적 세계를 지배하던 스콜라교단은 사회적으로(!) 용납할 수 없었다.

학문이 역사적 성격을 지님에 대해서는[76] 새삼 말할 필요도 없지만, 근대계몽시대만큼 학문이 사회현실에 연관되어 제도화, 조직화 및 실정화의 이념으로 작용할 수 있었던 관계를 명료하게 보여준 시기도 없을 것이다.[77] 지식의 사회적 원천 및 학문의 사

다. "거의 모든 학문적 진보는 노후한 이론의 위기로부터 나온다"(Fischer, 앞의 책, 18면에서 재인용)는 아인슈타인의 말도 이 대목에서 음미할 만하다.

75) Fischer, 앞의 책, 18면.

76) F. Strunz의 "모든 미신은 옛날에는 학문이었고, 모든 학문은 새로운 미신"이라는 표현도 아주 적절하다(*Beiträge und Skizzen zur Geschichte der Naturwissenschaften*, Frankfurt und Leipzig, 1906, 1면).

77) 서구적 의미의 이성이 본원적으로 정치권력에 밀착되어 있음을 비판하고, 정치권력을 인간 삶의 가치로 보도록 하는 독특한 근대적·정치주의적 세계관을 탄생시킨 것이 바로 근대적 이성이었다고 말하는 사람들은 많다. 미셸 푸코는 아마도 그런 의미에서 '지(知)'의 한 형태로서의 '광기(狂氣)'라는 말을 쓰지 않았나 싶다. 18세기 말의 비밀결사조직들은 흔히 오늘날 순수 정치적 의미의 당파개념을 적용시킬 수 있는 결사단체로 이해되는데, 스스로를 유럽을 계몽시키

회적 구조, 즉 제도로서의 학문에 대해서 언급하는 지식사회학적 기본관점을 밝히는 글들 중에서 근대를 모델로 삼는 예가 적지 않은 사실도 이 점을 잘 시사해 준다.[78)]

법학적 인식과 사회현실을 연결시키는 과정, 즉 제도화 과정은 18세기에 왕성했던 법전편찬사업과 근대자연법의 발전의 관계에 비추어서도 설명된다. 1794년의 '프로이센 보통주법(Das Preuβische Allgemeine Landrecht)'이나, 1804년 프랑스의 '민법전(Civil Code)', 1811년의 오스트리아 '보통민법전(Allgemeines Bürgerliches Gesetzbuch)' 등 18세기에 유럽 도처에서 결실을 맺은 법전편찬 사업에 자연법론자들이 대단한 영향력을 미쳤다는 사실은 이미 널리 알려져 있다. 자연법과 법전편찬의 관계에 대해서는 사실 지금까지 세밀하게

기 위한 제도적 중추로 생각한 이들 결사단은 서적 시장을 장악하려는 시도를 하는 등(Alfred A. Rossberg, *Freimaurerei und Politik im Zeitalter der französischen Revolution*, Berlin, 1942, 89면 이하 참조), 가히 학문독점체제를 꾀한 것으로 알려져 있다. 계몽을 통한 실천적 변화의지가 지배의지를 의미할 수 있음을 설명하기는 어렵지 않다. 당시의 오스트리아 국립경찰 당국의 비밀보고서는 수천 종류의 인쇄물을 가지고 "쉴 새 없이 새로운 기도"를 하고 "신동정신"을 퍼뜨리는 비밀결사단에 대해서 언급하고 있다 한다(Rossberg, 앞의 책, 100면 참조). 학문개념이 제도화, 조직화를 통해 사회를 합리화해 주는 형식적인 틀로 옮겨가게 되고, 이 형식적인 합리성이 마침내 인간을 예속시키는 틀이 되어버린 오늘날 후기물량산업사회를 푸코는 학문과 진리를 제도화하는 저 근대적 이성의 의지로부터 풀이한다.

78) 예컨대 R. Merton의 지식사회학적 관점. *Science, Technology and Society in the 17th Century England*, New York, 1970(1937).

Fischer는 17,8세기의 엘리트 출신의 시민 비밀결사조직이였던 '장미십자단(Rosenkreuzer)', '자유석공조합(Freimaurerei)', '황금십자단(Goldkreuzer)' 등을 연구하면서 이들 비밀조직에서 절대주의 계몽시대 제도를 형성해주는 매개 역할을 밝혀내고자 했다. 지적 탐구와 동지애를 특성으로 하는 이들 결사단은, 대체로 정치와 종교의 분리, 관용이념의 실현, 현대적 의미의 종교, 양심의 자유를 주장하는 움직임으로서, 오늘날 의미의 정당개념의 출현배경으로 설명되기도 한다. 피셔는, 이성의 원리 및 진보의 원리가 사회적으로 작용하여 엘리트들이 정치적·실천적 갈등상황에서 단순히 비판만 하는 데 그치지 않고, 그들의 비판을 마침내 정치적 행동방식으로 옮길 수 있게 하는 조직화, 제도화를 촉진시키는 현상을 이들 비밀결사단에서 검토해 본 것이다(Fischer, 앞의 책, 117면).

연구되어 있지 않다. 자연법학은 근대 후기에 법전편찬에 영향을 미쳐, 이 영향으로 공법을 위시하여 사법 또한 자유와 소유의 원리를 기초로 편찬되었다는 정도로만 알려져 있을 뿐, 자유와 소유의 원리에 기초한 법규법의 구체적 자연법적 성격은 아직까지 진지하게 규명되지 않은 채 남아 있다. 이 점은 사실 17,8세기 자연법사상 중에서도 가장 연구가 미흡한 분야에 속한다.[79)]

이 부분에 대한 연구가 미흡한 채 남아 있는 것은, 칸트와 사비니, 그 중에서도 사비니식의 17,8세기 자연법에 대한 피상적 평가에 의해 근대 자연법이 아직 제 위치를 찾지 못하고 있는 때문이기도 하다. 사비니는 『입법과 법학을 위한 우리 시대의 직책에 관하여』(1814)에서 프로이센 보통 주법은 그 일반적·지도적 근본명제에 있어서도 원숙한 단계에 이르지 못했을 뿐만 아니라, 개별적인 것과 관련해서도 일목요연하지 못했다고 폄하했다. 사비니가 계몽시대의 자연법론자들을 맹공한 이래로, 사비니를 따르는 역사학파식 자연법 이해가 19세기를 지배하면서, 근대 자연법에 대해서는 오늘날까지도 그 이해의 폭이 좁아진 채 다루어져 오고 있는 것이다. 특히 독일에서 이러한 추세가 더 강했다. 예컨대 오스트리아에서는 보통 민법전 제정 100주기를 기념하는 사업이 있었으나,[80)] 18세기 독일 자연법의 걸작이랄 수 있는 프로이센 보통주법은 그 다음 세기에서는 거의 잊혀진 것이나 다름없게 되어, 그 100주기조차 침묵으로 지나쳐버렸던 것이다.

---

79) 이 중에서도 더 연구가 안 된 부분은 자연법이 공법에 미친 영향보다도 자연법이 사법전편찬에 미친 영향이다. 예컨대 O. Gierke, Naturrecht und Deutsches Recht(Frankfurt, 1883)은 자연법과 공법 사이의 관계를 중심으로 다루었다. 사법과 자연법의 관계에 대해서는 프로이센 보통주법보다는, 오스트리아 보통민법전을 연구한 사람들에 의해서 나중에야 주목되었다. 예컨대 M. Wellspacher, "Das Naturrecht und das Allgemeines Bürgerliches Gesetzbuch"(ABG), in: *Festschrift zur Jahrhundertfeier des Allgemeinen Bürgerlichen Gesetzgebung (ABGB)* I, Wien, 1911; Ernst Swoboda, *Das ABGB im Lichte der Lehren Kants*, Graz, 1926.

80) *Festschrift zur Jahrhundertfeier des ABGB*, Wien, 1911.

7. 법과 도덕의 분리

근대자연법론의 발전의 정점에서 법과 도덕이 구별되었다는 사실은 자못 중요하다. 법에 있어서 실정성이라는 개념이 독자적인 법적 의미를 얻게 된 것은 그때부터였다. 국가의 의의가 증대하면서 법과 도덕의 분리를 낳는 근대자연법론의 이러한 발전양상은, 소극적 의미에서는 자연법이 법으로서의 성격을 잃어가는 과정으로, 적극적 의미에서는 자연법이 '실정화' 내지 '실정법화'되는 과정으로 풀이된다. 국가법 질서에서 구체화(실정화)된 기본권 개념이나 공공복리개념은 후자의 의미에서 실정화된 자연법원리, 자연법의 실정법적 실현이라고 볼 수 있다.

자연법이 법률적 의미에서의 법이 아닌 것은 분명하다. 역사적으로 보면 자연법론은 근대 이후 그 '법'성을 경감시키는 방향으로 발전해나간다. 이는 '실정성'이라는 고유한 법적 카테고리의 대두, 그리고 법과 도덕의 분리에 따른 결과에 해당한다. 한편으로는 만인이 만인에 대해서 갖는 자연적 권리의 결과이기 때문에 타당하고, 다른 한편으로는 자기보존을 위해서 불가피한 올바른 이성의 명령이기 때문에 타당할 수밖에 없는 홉스의 자연법은 자연적 필연성으로 여겨지는 까닭에 "본래는 법이 아닌" 것으로 설명된다. 푸펜도르프에 있어서 자연법은 강제가 없는 까닭에 '불완전한 법(lex imperfecta)'일 뿐으로, 그것은 잘해야 계몽된 입법가를 위한 원칙에 불과했다. 토마지우스에 있어서 자연법은 현인에게 필요한 '내적 의무(obligatio interna)'에 연관되어, 단지 목적과 수단 사이의 관계에 대한 인간적 통찰을 돕는 '조언(consilis)'정도로 나타난다.[81]

자연법에서의 이와 같은 '법'성의 경감은 18세기에 이르러 마침내

81) 이에 대해 자세히는 박은정, 앞의 책, 28면 참조.

'자연법의 실정법화'로 귀결된다. 크리스치안 볼프의 8권의 방대한 『자연법』은 실정법의 전 영역까지를 포괄하는 그야말로 '법의 백과전서'에 해당한다. 칸트의 자연법은 행위의 합법칙성, 즉 외적 자유의 형식적 조건과 연결됨으로써, 법치국가 헌법을 기초짓는 직접적인 이념으로 작용한다. 18세기를 벗어나면서 역사주의 법학에 연결되는 과정에서 자연법론은 마침내 '실정법의 철학'이 된다. 실정법에 관한 근본문제를 제기한 구스타프 후고가 1799년에 쓴 책의 제목 『실정법의 철학으로서의 자연법(Lehrbuch des Naturrechts als einer Philosophie des positiven Rechts)』은 이의 좋은 예라 할 만하다.

18세기 후반기의 법이론가들에서도 자연법은 현실이 아니라, 하나의 이상이었다. 그러나 이들에게 이 이상은 도달불가능한 이상으로서 설정되지는 않았다. 그 당시 법이론가들은 자연법을 그때그때 합리적 정책적 법해결을 돕는 '사유양식'으로 파악했다. 그것은 법 안에서 건강한 이성을 부름을 의미했다. 경험적으로 주어진 개별사례를 합리적으로 해결하기 위해서 적용되는 사고를 뜻했던 것이다. 이맘 때 용어를 살펴보더라도, 스토아 이래로 자연법에 나타난 대칭개념들 중에서, 예컨대 절대적 – 상대적 자연법, 순수 – 응용 자연법, 이론적 – 실천적 자연법 등에서의 후자의 범주에 드는 용어가 자주 쓰였다.

"자연법은 동적 가치의 표상을 통해서 내용적으로 정해지는 방법이 되었고 오직 그러한 것으로서 보편타당성을 요구했을 뿐, 개별사례에서 일어날 수 있는 상이한 결과와 관련해서까지 보편타당성을 요구한 것은 아니었다. 그러므로 독일 대학 강단에서 상이한 자연법들이 동시에 강의되었다 하더라도 별로 이상스럽게 여겨질 것은 없었다. 사람들은 이상적인 해결책을 안고 돌아가기 위해서 자연법 강의를 들으러 왔던 게 아니라, 명석한 두뇌의 지도하에 법률적으로 생각하는 방법을 배우기 위해서 자연법강의를 들으러 왔기 때문이다. 자연법은, 철학이 법률가로 하여금 도달케

해 준 유일한 고지였다."[82)]

이러한 의미의 자연법이 '실정법의 철학' 혹은 '실정법이론입문'으로 불린 것은 어느 의미에서 당연했다.

18세기 후기 법사상가들에게 자연법은 '법관의 도구'의 의미로서 규정될 수도 있다. 그러나 18세기 후기 자연법사상에서 법관의 역할에 대한 기대는, 예컨대 '자유법운동'에서처럼 사회에서 '살아 있는 법'을 발견하는 것보다는, 법이념을 실현시키는 데 있었다. 요컨대 이들에게는 도덕적 사고, 법이념과의 연관성이 아직까지 큰 비중을 차지하고 있었다.

8. 칸트의 자연법과 보편입법이념

자연법사상을 보편입법의 완벽한 모델을 제시해 주는 이념으로 몰고 가는 데 결정적으로 영향을 미친 것은 칸트철학이었다. 형이상학적 법이론, 즉 '법의 형이상학적 기초'와 소위 '도덕적 인간학'을 뷰리시키는 칸트의 법철학을, 사람들은 대개 자연법의 전통과 오늘날 사이의 그것을 갈라놓는 분기점으로 이해한다. "그로티우스와 더불어 자연법이 법학 안으로 들어왔다면…, 칸트와 더불어 이제 자연법은 법학과 작별한다."[83)] 전래의 자연법적 이해가 칸트식 비판철학에 의해 어떻게 조절, 와해되었는가를 살펴보는 것은 중요한 과제의 하나이다. 이는 17,8세기의 자연법사상의 올바른 모습을 알기 위해서는 필히 전제되어야 하는 작업인 것이다.

칸트의 순수비판철학은 행위론에 있어서 경험적 소재적인 것을 퇴치시키는 대가로, 전래의 '자연의 법'을 '법의 철학'으로 넘겨준 것으로 알려져 있다. 칸트의 자연법은 그 나름대로 그때까지의

82) Hans Thieme, "Die Zeit des späten Naturrechts," in: *ZRG Germ.* Abt. 56, 235면.

83) Landsberg, *Geschichte der deutschen Wissenschaft*, 3.Abt., 1. Halb Bd., 510면.

자연법을 철학적으로 보다 순수화하는 여과장치를 가지고 있기는 했다. 그러므로 칸트식 자연법 이해는 전래의 실천적 이론, 즉 사회적 경험을 포함시킨 채 보편적 규율을 논하는 이론들과 조화되기 힘들었다. 이 상황을 누구보다도 더 잘 포착한 사람은 헤겔이었다. 절대적 윤리개념으로서의 자연개념을 법적으로 구성하는 과제, 즉 자연법의 과제를 그 전통에 충실하여 끝까지 생각했던 헤겔의 눈에는, '자연상태'와 인간의 본성과 특성 등을 전제하는 17세기식 자연법 취급양식은 경험주의적 그것으로 비치었고, 반면 18세기 칸트식의 자연법 취급양식은 형식주의의 그것으로 선명하게 구별되어 비칠 수밖에 없었다.[84] 헤겔에게는 자연법에 있어서 17세기적 과학적 경험주의는, 절대적 윤리성의 요소를 개별적 본질들로—예컨대 자연상태와 법상태로— 해체시켜버림으로써, 자연적인 것을 윤리적 관계에서는 이제 포기해야 할 부정적 계기로 삼는 것으로 비춰진 반면, 합법성과 분리되는 칸트식의 도덕성은 단순한 가능성으로서만 경험되는 도덕세계를 위한 추상화 형식에 불과한 것으로 여겨진 것이다.

법의 형이상학적 기초로부터 일체의 소재의 영역이 제거됨으로써, 자연법(법철학)은 순수히 형식적 원리로 만족한 자율체제에 맡겨지게 되었다. '선의지'의 자율법칙은 '도덕인간학'과 완전히 분리되어 있으므로, 모든 인간학적 내용원리는 이 순수 형식적 도덕법칙으로부터 이끌어내질 수는 있을지언정, 순수법칙에 전제되는 인간학적 내용원리는 일체 불가능하게 된다. 그에 의하면 인간학은 이른바 '응용인간학'으로서만 가능하다. 도덕형이상학은 인간학에 기초하고 있지는 않으나 소위 인간학에 적용될 수는 있다는 것이다. "사람들은 만약 원한다면(순수수학과 응용수학을, 순

84) G. W. F. Hegel, *Über die wissenschaftlichen Behandlungsarten des Naturrechts, seine Stelle in der praktischen Philosophie und sein Verhältnis zu den positiven Rechtswissenschaften*, Werke 2, Jenaer Schriften, 438면 이하 참조.

수논리학과 응용논리학을 구별하는 것처럼) 순수도덕(형이상학)철학과 (말하자면 인간본성에) 적용되는 철학을 구별할 수 있을 것이다. 이와 같은 명칭을 통해서 사람들은 금방 도덕원리들이 인간본성의 고유성에 기초한 것이 아니라 독립해서 선험적으로서 존재함을 상기할 수 있게 되며, 모든 이성존재에 있어서처럼 인간 존재에 있어서도 이 도덕원리들로부터 실천적 규범들이 도출될 수 있어야 하는 것이다."[85]

그러므로 17,8세기 자연법론자들이 법내용을 규범적으로 규정하는 데 동원시킨 개념들(예컨대 socialitas, imbecillitas, libertas, aequalitas 등 인간학적 기초로부터 나온 개념들)은 칸트 시스템이 시작되면서부터는 아무런 규범적 기능을 맡지 못하고, 경험적 인간의 상대적 덕목으로 머물고 말게 된다. 규범적 영역은 이렇게 이제 독자적으로 순수해신 나머지, 현실과의 연관성을 잃어버리게 되었다. 즉 자연법론이 법철학으로 인수되는 과정은 자연법사상에서 경험적 속성들이 정체되어 버림으로써, 자연법이 규범현상으로서 독자적인 성격을 얻게 되는 대신에 현실과의 연관성은 점점 잃어버리게 되는 과정으로 설명될 수 있는 것이다.

자율적인 법이론에 대한 칸트식의 착상, 혹은 규범적 영역에 국한된 법이론의 착상은, 규범과 현실을 구별한다는 의미에서의 공헌을 별도로 한다면,[86] 결과적으로는 실천철학의 영역을 경험적 현실에 구애받지 않는 규범이론의 자족체계로 넘겨주고만 셈

---

85) Kant, *Grundlegung zur Metaphysik der Sitten. Philosophische Bibliothek*, Hamburg, 1965, 30면.

86) 규범적 자율의 관점은 그러므로 볼프의 기하학적 방법에 입각하여 설명될 수도 있다. 말하자면 볼프식의 기하학적 방법 체계가 현실을 구성하는 모델로서 극단적으로 체계화되면 개념의 자기구성적 성격을 띠게 됨으로써, 현실은 법 창출의 계기에는 연결되지 않고 다만 법개념이 적용되는 장소일 뿐으로 여겨지게 되는 것이다. 이에 대해서는 Wolfgang Röd, "Rationalistisches Naturrecht und praktische Philosophie der Neuzeit." in: *Rehabilitierung der praktischen Philosophie*, Bd. I, Hrsg. M. Riedel, Freiburg, 1974, 293면 참조.

이었다. 그 결과 현실은 인간이성이 관념적으로 만들어낸 형식(당위)법칙에 전적으로 포섭되어, 다만 그 적용대상이 될 뿐, 법창출의 이론적 거점이 될 수 있는 계기를 박탈당하게 되는 것이다. 이와 함께 사실과 당위(가치)를 동시에 포함하여 법이론을 전개하는 길이 막히게 되었다. 현존하는 것보다 인간정신이 만들어낸 산물을 더 높게 평가하는 법이성주의의 한 모습이 이로써 칸트철학과 함께 뚜렷이 새겨지게 된 것이다.

존재로부터 당위를 근거짓는, 혹은 존재와 당위를 일치시키는 고전적 양식의 후퇴는, 홉스에서 볼프에로 이르는 자연법체계가 의존했던 '기하학적 방법(more geometrico)'의 득세와도 관계있다.[87] 자율적인 법이론에 대한 착상 혹은 규범적 영역에 국한된 법이론에 대한 착상은 요컨대 규범과 현실이 방법론적으로 구별되는 통찰에 병행되어 등장했다. 이렇게 볼 때 자율의 사고는 어느 정도는 방법상의 순수주의 경향에 의해서 초래된 결과인 셈이기도 한 것이다. 실천에 관한 이론은 이렇게 자립함으로써—칸트의 도덕형이상학은 명실공히 실천철학 자체의 선험적 기초에 관한 이론이다—규범적 현상에 나타나는, 그래서 고려되어야 하는 경험적·실증적 측면들과는 무관한 세계로 넘어가 버리게 되었다.

칸트는 입법자의 의사에 의해 제정되는 실정법과는 달리, 비실정적이며, 모든 인간의 이성을 통해서 인식되는 '선험적 법'[88]으로서 자연법을 인정한다. 그것은 모든 실정법에 불변하는 정의원리에 해당한다. 칸트에 의하면 법과 국가를 창설하는 데 있어서 순수한 실정적 창설은 불가능하며, 입법자의 권위(즉 입법자의 의지에 의하여 타인을 구속할 수 있는 권한)를 세워주는 자연법이 선행해야만 한다. 국가가 법을 임의로 만들 수는 있지만 그것이 법으로 인정되는 것은 국가가 만들었기 때문이 아니라 보편법이념을

---

87) 이에 대해서는 이 책, 제8장: "'기하학의 정신'과 자연법" 참조.

88) Kant, *Die Metaphysik der Sitten*, Akademie Textausgabe, 273면, 296면 이하.

보증하는 한에서다.

칸트의 비판정신에 기초한 자연법은 오로지 선험적이며 형식적 명제로만 가능하게 된다. 그러므로 그 내용이 명확하게 인식될 수 있고 동시에 시대와 장소를 초월하여 타당한 자연법 따위는 이제 거부된다. 자연법의 내용원리들은 경험적 다양성에 적용되지만, 그래서 구체적으로는 실정법규정들에까지 인도되지만, 그 구속성은 모든 경험적 조건, 인간학적 사실들로부터 독립된다.

자연법 문제는 이제 객관적 실질내용의 문제가 아니라 철저히 주관적 도덕성, 바로 인격을 가지는 인간의 자율성의 문제로 변형된다. 인격을 가진 인간이라면 그 스스로 입법자가 된다는 자율성의 사고가 칸트법철학의 기저를 이루다. 그러고 보면 칸트는 인간의 도덕적 자질에 관한 참으로 소박한 생각으로부터 출발하고 있는 것이다. 그에 따르면 이 세상에 우리가 아무런 제한 없이 선(善)으로 간주할 수 있는 것이 있다면 그것은 오직 선의지(善意志)이다. 선의지란 그 자체로 높이 평가되며 다른 어떤 목적 없이도 그 자체로 선한 의지이다. 그리고 그것은 다른 모든 가치의 조건이 되는 것으로, 칸트에 의하면 그에 대한 개념은 건전한 상식에 이미 내재되어 있다. 따라서 그러한 개념은 배움을 통해 얻어진다기보다는 오히려 계몽을 통해 밝혀진다고 말했던 것이다. 인간은 이성적 존재이며 이성적 인간은 선의지를 가진다. 선의지를 가진 이성적 인간은 실천의 영역에서 자유를 가진다. 즉 인간은 이성적으로 자유로운 행위를 할 수 있다. 다시 말하면, 그는 도덕적 자유를 누릴 수 있는 것이다. 이렇듯 칸트는 도덕성을 자유와 동일시했다. 그리고 만일 법이 도덕성과 일치한다면 자유를 잃지 않고 법에 복종하는 길이 열리게 된다. 그는 자기가 하고 싶은 것이, 즉 그의 주관적 의지가 언제나 모든 이성적 존재에게 힘을 발휘할 수 있게, 즉 객관적 법칙이 될 수 있게 할 수 있는 도덕적 인격체일 수 있는 것이다. 선의지를 가진 사람이 행사하는 도덕적 자유가 법의 원천이기 때문이다. "인간이 가지는 유일한 천부적 권리"요 어느 누구의 강요로부터도 벗어난 상태를 가리키는 자유는 "타인의 그것과 보편법칙에 의해 함께 성립가능한 한에서, 모든 인간의 인간성에 의해 부여되는 근원적 권리"이다.[89] 그러므로 순수한 실천이성의 근본법칙은 다음과 같다. "너의 의지의 준칙이 항상 동시에 보편적 법칙 수립의 원리로서 타당할 수 있도록, 그렇게 행위하라."[90]

선의지를 가진 사람이 행사하는 도덕적 자유는 항상 의무를 부과하는 도덕적 명령을 통해서만 알 수 있다. 자율의식은 도덕법칙에 따라야 한다는 의무의식으로만 ─직관이나 판단이 아니라─ 나타난다. "의무는 (도덕)법칙에 대한 존경심에서 유래하는 행위의 필연성이다. 내가 어떤 행위를 하고자 하는 경우, 나는 행위결과인 그 행위 대상에 대한 애착을 가지기는 하지만 존경심을 가질 수는 없다. 그것은 의지 활동 자체가 아니라 단지 의지의 결과일 뿐이기 때문이다…. 나의 경향성에 도움이 되는 것이 아니라 그것을 압도하거나, 아니면 최소한 무엇인가를 선택할 때 경향성을 일체 고려하지 않도록 만드는 것이 바로 법칙이다. 이러한 법칙만이 존경의 대상이 될 수 있고 또한 그것만이 명령을 발동할 수 있다. 의무에서 유래하는 행위는 경향성의 영향으로부터 벗어나야 한다. 그와 함께 의지의 대상 또한 전적으로 배제해야 한다. 그러므로 의지를 규정할 수 있는 것은 객관적으로는 법칙밖에 없고, 주관적으로는 실천법칙에 대한 순수한 존경, 바로 나의 경향성을 일체 포기하면서도 법칙에 복종하겠다는 준칙밖에 없다."[91]

의무는 인간과 같은 유한한 존재에게 선이 나타나는 형식이다.

---

89) Kant, 앞의 책, 345면.

90) 임마누엘 칸트, 『실천이성비판』, 백종현 옮김, 2004, 86면.

91) Kant, *Grundlegung zur Metaphysik der Sitten,* 26면.

결국 칸트에게 있어서 이성과 자유의식 그리고 의무감은 삼위일체가 되는 것이다. 칸트는 법이 효력을 가지려면 수범자를 책임 있는 인격자로 승인해야 된다고 본다. 요컨대 인간의 자율성이 법과 사회질서 속의 최소한의 전제가 되는 것이다.

칸트의 자율이념, 인격이념은 입법적 권위에 제한을 가할 수 있는 권한을 근거짓는 이념으로 오늘날까지 자유주의 법이론의 핵으로 전수되고 있다. 또 실정법의 선험적 기초이론으로서의 자연법론은 인권론으로 귀착된다. 법치국가의 철학적 근거를 예시했다. 다른 한면으로 형식만이 보편적·선험적으로 주어진다고 봄으로써 내용이 아닌 법제정 형식에 따른 법효력을 중시했다. 이와 함께 실증주의적 법개념으로의 길을 다졌다.

그러나 다른 한편으로 그는 자연법논의에서 내용적·경험적 영역을 등한시했다. 인간과 법의 역사성을 등한시한 것이다. 그의 뒤를 잇는 사조가 그러므로 역사를 정신과 결합시키는 헤겔의 역사철학, 법의 발생기원을 묻는 역사학파, 역사를 경제와 결합시킨 맑스의 유물론인 것은 자연스러운 일이다.

칸트 이후 법이론 및 사회이론은 역사주의 혹은 실증주의의 이름으로 사회학을 필두로 한 심리학, 생물학, 역사학 등 경험적 자료들에 대해 문호를 개방하여, 경험세계에서 가능한 한 포괄적인 윤리적 동인을 캐내고 그것들이 작용하는 조건을 알아내는 데 주력하기 시작했다.

사회학이 대두되는 상황에 대해서 파울루스는 다음과 같이 묘사하고 있다. "사회적 현실이, 의심의 여지없이 확실하고 완벽하게는 더 이상 설정될 수 없는 사회적 현실로서,—정치적으로가 아니라—이론적으로 파악되면, 일련의 질문은 무엇이 그 자리에 있는가 그리고 있어야 하는가를 목표삼지 않고, 어째서 그렇게 되었으며 그래서 어떻게 될 수밖에 없는가를 목표삼는다. 사회학은, 달리 말하자면, 인간사회의 역사에 관한 보편과학으로서 데뷔

하며, 이 보편과학의 논리는 각자를 의무지우는 직접적인 법적 행위규정을 가능케 했던 규범적 바탕을 이제 발전법칙적 바탕으로 바꾸어 놓는다.[92)]

이렇듯 사회학은 칸트법철학 이후 세기적 사회이론으로서의 자연법이 종사해 왔던 자리를 채워나갔다. 18세기를 마치면서 이것은 보다 선명하게 부각되어 역사주의와 실증주의로서 19세기에 접목되어 오늘에 이르기까지, 법이념에 비춘 정당성의 검토와는 별도로 법소재 및 법발견에 주력하면서 법철학 안에서 한 주도적인 분위기를 이루고 있다.

개별과학의 전문성에 눈 뜬 사람들은 자연법에 대한 비판과 함께 '철학의 월권'을 지적하기 시작했다. 개별과학으로서의 실정법학의 가능조건에 대한 물음은 이제 이성적인 것을 역사적인 것(실정적인 것)과 결합시키는 방법론의 토대 위에서 제기되었다.

칸트의 법형이상학에 의해 자연법론은 순수히 형식적 철학원리가 되어버리고, 반면 이로부터 제외된 소재의 영역은 이제 조각조각 나뉘어져서, 각각 그에 상응되는 개별과학의 대상영역으로 넘어가게 된다. 이 개별과학은 각각 그들의 입장에서 축소된 소재를 대상으로서 삼는데, 이때 이 소재는 사회적 현실로부터 직접 여과된, 즉 사회적 현실의 단순한 재생산의 의미를 지니는 대상들이다. 이러한 의미의 소재의 영역을 다루는 것이 칸트에 의하면 Jurisscientia와 구별되는 의미에서의 Jurisprudentia, 즉 실정법학인 것이다. 칸트는 선험적 법이론(자연법)에 대한 체계적 지식을 목표하는 전자를 소위 철학부에 속하는 것으로 보고, 후자를 실정법 —말하자면 프로이센법— 을 중심으로 하는 경험적 법이론으로서 법학부에 소속된 학문으로 보았던 것이다. 소재의 영역을 다루는 이 법학은 —그러므로 정치적 지배관계를 포함한— 사회적

---

92) Gotthart Paulus, *Die juristische Fragestellung des Naturrechts*, Berlin, 1979, 23면.

현실의 재생산에 해당하는 실정법만으로 만족하게 된다.

이렇게 되면서 칸트 이전의 자연법이 실천에 관한 보편적 사회이론으로서 담당해 왔던 기능영역이 공백으로 남게 된다. 다시 말하면 가치와 소재(현실)를 동시에 포함하는 이론이 법사고에서 설 자리를 잃게 된 것이다. 칸트식의 두 법이론의 영역, 즉 순수한 법이론의 영역과 실정적 법이론의 영역을 어떻게 연결시킬 것인가의 문제는, 칸트체계에서 설명되지 못한 채, 세기의 전환점에 이르게 된다. 이 전환시기가 그러므로 한면으로는 자연법에 대해 염증을 가진 사람들과 그리고 다른 한면으로 사회과학적·경험적 연구방법을 찾는 사람들로 뒤섞이게 된 것은 당연했다. 즉 몽테스키외처럼 모든 사람에게 공통적인 보편적인 자연법을 주장하는 내신에 사회구조는 기후, 종교, 법, 노넉, 관습 등 다양한 요소들의 작용에 달려 있다고 주장하는 사람들, 또 스코틀랜드의 계몽주의자 흄(Hume)이나 애덤 스미스(Adam Smith)처럼 사회를 사회계약론으로 설명하는 데 반대하고 좀더 과학적인 사회연구 방법을 찾는 지식인들이 대두한 것이다. 이들은 대개 보편적·초월적 자연법논의 대신 경험적으로 자연법원리를 설명하고자 했고 이 원리들을 법을 위한 정의의 규칙들로 삼고자 했다.

제 6 장

자연법 · 실천철학 · 이데올로기

Ⅰ. 법의 옷을 걸친 사회철학

『근대사법사』의 저자인 독일 법사학자 프란츠 비아커는 이성법으로 표현되는 근대 자연법을 사회철학이라고 규정한 바 있다. 그에 따르면 사회철학이, 그에 부응하는 전문법학 내지 전문법학자에 의한 매개과정을 생략한 채,[1] 그것 자체로서 법이론이 될 것을 요구한 시대가 바로 근대 자연법의 시대이다. "자연법 자체는 한편으로는 이론적 인간이 끊임없이 사회에서의 그의 위치에 대해서 묻는 물음이며 그런 까닭에 그것은 사회철학이다. 다른 한면으로는 그러나 그것은 헬레니즘 철학의 시작 이래로 지금껏 계속되는 정신적인 전통이다."[2]

인간이 사회에서의 자기 위치를, 사회에서의 개인의 권리와 의무를 물으면서 서구 정신사의 전통에서 지속되어온 자연법의 보편적 의미는, 그것이 실재의 법문화 안에서보다는 신학이나 철학

1) 예컨대 페리파토스의 아카데미 철학과 스토아철학, 중세 도덕철학, 칸트철학 등이 사회윤리이론으로서 각각, 로마법학, 교회법, 19세기 판덱텐법학의 배경이 되었듯이 말이다(Franz Wieacker, *Privatrechtsgeschichte der Neuzeit*, Göttingen, 1967, 249면 참조).

2) Wieacker, 앞의 책, 250면.

을 통해 보존되어 왔던 원리였다는 데 있었다. 19세기의 전문법학자들의 눈으로 본다면 "사회철학이 그것 자체로서 법이론이 될 것을 요구한 시대"인 18세기는 법에 관한 학문이 법과 함께 있지 않았던 시대였다고 표현할 법도 하다.[3] 18세기를 벗어나는 지점에서 활동한 사비니나 예링 같은 학자들이 계몽시대의 법학이 전반적으로 전문성이 부재한 가운데 상당히 빈약하고 진부했다고 비판한 것도 그래서였을 것이다.[4]

로마법을 계수한 근대 초기까지의 실정법학은 아직 중세법학식의 '권위'와 '이성'의 공존을 그대로 수용한 상태에 머물러 있었다. 즉 이성은 권위에 대해 비판하고 도전하는 실천적 의욕을 내보이지 않은 채, 다만 법전(Corpus Iuris Civilis)의 해석을 통해서 그 권위를 보좌하는 역할만 할 뿐이었다. 그 결과 실정법학은 근대라는 새로운 시대의 사회상과 연관되는 방법상의 고리를 갖지 못한 채 뒤처져 있었다. 즉 규범적 확신을 상실한 사회의식과 기존 법질서를 연결시킬 수 없었던 것이다. 비아커에 따르면, 이성법으로 표현되는 새로운 자연법은 17세기 초 실정법학이 처해 있던 이 '방법상의 위난상태(methodische Notlage)'에서 구원수의 역할을 하면서 등장한다. 이에 대해서는 좀더 설명이 필요하다.

볼로냐가 로마법 교육의 중심지가 된 이래 로마법은 독일을 비롯한 유럽 전역에 계수되었다.[5] 이리하여 전문 법교육을 받은 법률가들이 실무를 주도하게 되고 이들은 교회법에까지 침투하여, 교회법도 이들에 의해서 거의 재편성되다시피 했다. 로마법 주석

3) 이에 대해서는 H. Thieme, "Die Zeit des späten Naturrechts. Eine privatrechtsgeschichtliche Studie," in: ZRG., Germ. Abt.56(1936). 202면 참조.

4) Savigny, *Vom Beruf unserer Zeit für Gesetzgebung und Rechtswissenschaft*, Heidelberg, 1814, 48면, 26면, 그 뒤를 따르는 사람들 중에 잘 알려진 사람은 R. 예링(Friedrich Karl v. Savigny, Jherings Jahb. V., 1861, 357면), K. 베르그봄(*Jurisprudenz und Rechtsphilosophie*, Leipzig, 1892, 230면) 등이다.

5) 이에 대해서는 Gerd Kleinheyer/Jan Schröder(Hrsg.), *Deutsche Juristen aus fünf Jahrhunderten*, Karlsruhe/Heidelberg, 1979, 서문 참조.

학파의 주도권은 15세기까지 계속되었다. 그러나 그 후 유럽의 여러 나라에서 도시들이 발달하고 번성하면서 사회적·경제적 생활조건의 변화와 함께 그 주도권은 흔들릴 수밖에 없었다. 사실 중세적 권위를 전해 주던 계수법학의 규범체계는 그것 자체로는 세련된 것이었으나 몇 세기를 지나도록 독일사회에 뿌리내리지는 못했었다. 계수법학은 법발견이나 법적용 기술을 사회적으로 축적시켜서 발전의 어느 단계에서 자연스럽게 이념을 직접 탄생시키는 그런 의미의 사회생활의 실제적인 틀로 작용하기 어려웠다. 뿐만 아니라 새로운 시대상에 처해 사회의 생활조건의 변화들을 따라잡기에는 그것 자체로서 이미 너무 경직되어 있었다. 요컨대 법질서의 위기 내지 공백상태에서 계수법학으로서의 실정법학은 변화된 새로운 세계상과 연결되는 '방법상의' 출구를 자기편에서 갖는 데 실패한 것이다. 그래도 17세기까지 계수된 로마법이 효력을 지닐 수 있었던 것은, 신성로마제국이 아직 그럭저럭 명맥을 이어가고 있었기 때문이었다. 이제 신성로마제국의 권위의 붕괴와 잇단 종교분쟁은 계수법의 효력을 밑바닥에서부터 흔들어놓기에 충분했다.[6] 여기에 실무의 요청도 가세했다.

이미 훼손된 계수법의 권위의 공백을 메우는 작업은 이제 필연적이게 되었다. 그것은 바로 법과 현실 사이의 괴리를 메우는 학문적인 작업으로 나타났다. 실천에 관한 보편이론으로서의 근대 자연법론의 대두가 바로 그것이었다.

17,8세기는 이렇게 사회철학이 그것 자체로서 법이론 혹은 법학의 근본이론이고자 한 시대였다. 이 시대에 있어서 자연법은 '법의 옷을 걸친 사회철학'이었다. 사회철학으로서 자연법은 법의

6) Kleinheyer/Schröder, 앞의 책, 11면과 63면 이하 참조. 헤르만 콘링(Hermann Conring: 1606~1681)은 당시 실정법 질서의 역사적 근원을 로마법계수 이전의 독일법에서 찾을 수 있다고 믿은 나머지, 로마법은 독일에서 다만 관습법적인 효력밖에 없었음을 증명해 보이고자까지 했다.

구체적 현존과는 일단 거리를 두는 윤리적 · 법적 보편원리로 나타난다. 그러다가 법질서의 위기나 공백이 닥칠 때, 이 윤리적 · 법적 보편이념은 사회현실에서 인간이 자신의 위치를 묻는 물음을 통해 법현실의 전면에 나타나게 된다.

Ⅱ. 자연법과 이데올로기

만약 실천적 사회이론이 그것 자체로서 실정법이론에서 위력을 떨쳤다면, 그 말은 법적 · 윤리적 보편이념이 (실정)법개혁 의지 혹은 법확립의 요청으로만 그치지 않고, 실천에 관한 이론이 그것 자체로서 현실에서 사회형성력으로 작용했다는 뜻이 된다. 근대의 자연법은 확실히, 중세 기독교전통에서처럼, 세계를 관조적으로 정돈하는 모델은 아니었다. "18세기는 자연법의 세기가 되었다. … 자연법은 사회생활을 형성하는 힘이 되었다."[7)]

자연법이 사회생활을 형성하는 힘이 되었다는 말은 어떻게 받아들여야 할까? 실천에 관한 사회윤리이론이 그것 자체로서 현실적이 되었다 함은 무엇을 의미하는가? 근대 자연법이 보여주는 이와 같은 현실과의 밀착은 어떻게 설명될 수 있을 것인가? 여기서 우리는 실천철학의 이론으로서의 근대자연법론과 이데올로기의 관계를 살펴볼 차례에 이르렀다. 그리고 이 관계를 제대로 검토하기 위해서는 실천철학의 원리와 이데올로기의 관계를 먼저 언급해야 한다. 이는 현대적 의미에서의 이데올로기론이 시작하는 시점에 대한 언급이기도 하다.

근대 이데올로기론의 대두는 아리스토텔레스식 실천철학의 개

7) 한스 벨첼, 『자연법과 실질적 정의』, 232면. 여기서 벨첼은 자연법이 법전편찬사업을 성공시켰으며, 그 시대의 법의식 및 공동체의식을 지배했었다고 계속해서 적어나갔다.

념 전통의 변질과 연관되어 있다. 아리스토텔레스의 실천철학은 형이상학(제1철학)과 실제의 간격을 메우기 위한 이론이었다. 그런 의미에서 그의 실천철학은 형이상학과도 구별되며, 또한 실제와도 마땅히 구별되었다. 인간과 같은 유한한 존재에게 있어서, 실천철학과 제1철학이 동일시되지 못하고 분리되어 나타나는 것은 당연했다.[8] 아리스토텔레스에 있어서 철학자는, 플라톤에서와는 달리, 지배자가 아니라 지배자에 대한 충고자였다. 그런 만큼 그에게 있어서 철학과 실제 사이의 구별은 당연했으며, 실천철학의 역할은 바로 이 사이에 다리를 놓는 것이었다.

아리스토텔레스의 실천철학에 나타나는 목적적 구조는 바로 이 이론과 실제 사이의 연결에 대응된다. 그의 목적론적 자연형이상학은 바로 이상과 현실, 인간과 폴리스를 연결시켜 주는 이론으로 나타난다. 자연(존재)개념이 목적에 연결되는 측면, 즉 '자연에 합당함', '자연에 합당하고자 함'은 이론과 실제의 연결에 관한 표상이다. 이론은 현실에서 그 목적에 도달함으로써 비로소 현실생활에 기여하게 된다. 이때 이론은 실천철학으로서 단순한 '사유형식'으로서만 의미를 지니는 게 아니라 본질적으로 '생활태도'의 의미를 지닌다.

그러므로 이러한 철학은 현실 자체에 대한 지식과는 구별된다. 실천철학은 "현실에 종속된"철학이 아니며, 그러므로 또한 "현실적 지식의 자명성에 종속된"[9] 이론은 더더구나 아니다. 그것은 소위 현실의 구조를 이론적으로 묘사하거나 하지 않으며, 그런 만큼 "인간 행위를 지배하고자 하는 개념들"과는 거리를 둔다. 그것은 현실로부터 나오는 이론이 아니라, 현실을 위한 이론이다. 사물에 대한 (실천적)인식은 사물에 대한 지배와는 구별된다. 이

8) Helmut Kuhn, "Ist 'praktische Philosophie' eine Tautologie?", in: *Rehabilitierung der praktischen Philosophie*, Bd.1, Freiburg, 1972, 71면.

9) Kuhn, 앞의 글, 74면.

둘을 구별하지 않을 때 현실은 그 자체로서 철학으로 나타나게 되고 현실은 ―자가발전적으로 직접 이론을 생산해 내면서― 철학에 동화된다. 그 결과, 인간행위를 지배하고 형성하는 개념들이 전격적으로 철학이라는 옷을 걸칠 수 있게 된다. 이것이 다름 아닌 이데올로기의 정체이다. 실천철학이 현실과 간격을 두는 철학이라면, 이데올로기는 현실에 흡수된 이론이다. 그런 만큼 아리스토텔레스식 실천철학이 보여 주었던 실천철학과 형이상학(제1철학) 사이의 간격, 실천철학과 현실 사이의 간격은 여기서는 이미 찾아볼 수 없게 된다.

헬무트 쿤은 아리스토텔레스식 실천철학 전통을 변질시키는 이데올로기의 대두과정이 근대사상에서 찾아낼 수 있다고 주장했다. 그에 의하면 근대정신 속에는 그때까지 내려오던 실천을 위한 철학원리를 변혁시키는 새로운 요소가 들어 있다.[10] 근대적인 새로운 자연과학정신에 병행한 철학적 방법이념의 대두가 바로 그것이었다.

형이상학의 중심이 실로 방법론에―데카르트!―놓이게 되면서 많은 변화가 일어났다. 무엇보다도 새로운 방법론은 존재개념의 목적적 구조를 해체시키는 데 성공했다. 이는 아리스토텔레스식 실천철학의 전통의 붕괴를 의미하는 것이었다. 목적인(目的因)을 추방하는 데 성공함으로써, 실천적 주제들, 그 중에서도 특히 정치적 주제들은, 이제 제1철학과의 관계에서 검토되지 않고 실제의 정치적 현실에 비추어 설명될 수 있게 되었다. 목적적 구조의 후퇴 결과, 이론을 실제에 연결시키는 작업에는 철학적 이론과 실제 사이의 본질적 간격을 부인하는 그 무엇이 그림자처럼 따라붙게 되었다.

근대의 철학적·방법적 상황에 따른 변화양상은 17,8세기의 사

---

10) Kuhn, 앞의 글, 74면 이하 참조.

회변동과정 자체에 나란히 놓인다. 근대 초기는 생산조직체로서의 사회가 주목되기 시작한 시기였다. 자연과학의 기술적 인식과 산업혁명 등의 사회변화는, 인간이 대상을 인식한다는 관점으로부터 인간이 재화를 만들어 지배한다는 관점으로 실천적 관심을 돌리게 했다. 인식하는 인간은 동시에, 그리고 무엇보다도 만드는 인간으로서 사회에서 실천적 의미를 얻게 된 것이다. 홉스에 의하면 사고하는 사람은 마치 기하학적 도형을 짜내는 기하학자처럼 그의 대상을 구성해 나간다.

아리스토텔레스식 정통체계에서의 'Poiesis'에 대한 'Theoria'의 우위는 이윽고 깨어진다.[11] 노동에 관한 이론이 이를테면 근대적 '시학'에 해당했다. 근대의 경제학은 한결같이 '정치경제학'으로 나타났다. '이론'의 확고한 우위가 흔들리면서 '현실'은, 이제까지처럼, 이론에 대응되는 제약적 개념범주로만 머물지 않게 되었다. 다시 말하면 현실은 이제 어느 의미에서 스스로 가동하는 힘을 자기 안에 지닐 수 있게 되었다. 이 힘의 원천이 인식하는 주체에 —이론에 존재하는 게 아니라— 존재하는 것으로 여겨지는 한, 주체는 인식하는 동시에 의욕하는 주체, 그러므로 힘의 원천이기도 했다.

이와 함께 실천철학이 이데올로기로 변질될 수 있는 길도 점점 넓게 닦여갔다. 도덕이론에서 이제 관조적·존재론적 질서철학은 후퇴했다. 도덕이론은 이제 이 인식의 주체가 막강하다는 것을 보여주는 한에서 의미를 지니게 되었다. 여기서 실천이성이 주도하는 철학은 신 중심의 중세적 형이상학의 관념론을 해체시키는 데는 성공했지만, 결과적으로 또 하나의 관념론을 낳게 된다. 주관을 전능시하는 독특한 철학적 의도가 절정에 이를 때, 이 관념

---

11) Kuhn, 앞의 글, 76면. 근대의 경제학은 한결같이 권력과 부의 상호작용, 즉 부의 배분에 있어서의 국가의 역할, 국가정책이 국민경제에 미치는 영향 등에 대해 언급하고 있다.

론은 이데올로기적 현실과 구분되기 힘들게 된다. 즉 그것은 이론을 가지고 현실을 결정적으로 지배하려는 논리의 틀과 구별되지 않게 된다는 것이다.

이데올로기는 개념의 이름으로 전체를 관장하려는 인식주관의 충동이 서구의 근대화 과정에서 생기게 된 철학적 공백의 자리에 들어선 독특한 세계관에 해당한다. 이 독특한 세계관이 현실의 역사적 상황, 혹은 인간실존의 역사적 형태를 합리화시켜 주는 도구로서 작용할 수 있다는 설명은 쉽게 얻어질 수 있다. 우리는 앞서, 근대적 인식주체는 실천의 활력을 외부로부터 공급받지 않고 자기 안에 포함하고 있다고 말한 바 있다. 그렇다면 근대적 주관성의 철학이 한면으로 자유의 철학, 정신의 철학으로 불리는 까닭은 바로 이 주관성의 활력 때문이다. 자유를 보다 더 적극적으로 자율, 즉 실천이성의 '자기입법'으로 설명한다든지, 실천적 이성을 '정신'이라는 보다 막강한 용어로 대체시키려는 시도에서 이러한 자기활력적 요소를 확인할 수 있다.

이렇게 되면 실천(철학)이론의 문제는 이론과 실제의 문제가 아니라, 전적으로 의욕하는 실천이성 자체의 문제가 된다. 이 실천이성은 제 스스로의 힘으로 살아가는—칸트식 '자율'원리나 헤겔의 '정신'의 자기발전법칙이 그러하듯이— 능력을 지닌 까닭에, 이것 이외에 이론을 현실에 연결시키기 위해 별도의 철학적 원리를 필요로 하지 않았다. 현실은 이론과 일정한 거리를 유지하면서 그에 대응되는, 그래서 간접적으로나마 인식주관(실천이성)에 대응되는 위치에 놓이는 것이 아니라, 오히려 사유라는 인식주관의 강압적인—전능하고 초월적인— 개념 틀에 의해 곧 정비될 소재로 머물 뿐이게 된다.

Ⅲ. 자연법과 실천철학

과연 자연법론은 근대를 기점으로 실천철학의 이론의 위치로부터 독특한 정치주의적 세계관(이데올로기)을 법리화(法理化)해주는 수단으로 전락하고 말게 되었는가? 18세기 말을 고비로 이 물음이 던져지기 직전의 상황에 대해서 한스 벨첼은 '자연-「법」의 와해'라고 일컬으면서 다음과 같이 설명한다.

"18세기는 자연법의 세기가 되었다. 17세기 사람들이 뿌린 씨앗은 그들의 자손들에게 풍성한 열매를 가져다주었다. 자연법은 사회생활을 형성하는 힘이 되었다. 자연법의 승리는 미국과 프랑스의 인권선언에서 칭송되었으며, 그것은 또 오스트리아, 프러시아, 프랑스의 법전편찬사업을 성공시켰다. 자연법은 그 시대의 법의식 및 공동체의식을 지배했다. 그러나 수천 년을 참고 기다린 끝에 드디어 현실을 지배할 수 있게 되자마자, 자연법은 그 몰락의 징조를 나타냈다. 처음부터 자연법은 이념과 현실 사이의 긴장관계로부터 존속했었다. 그런데 이제 자연법은 그 스스로 현실이 되어버림으로써, 지금까지 자연법에 자양을 제공해 주던 힘의 원천을 포기해 버리고 말았다. 모든 나라와 모든 시대에 걸쳐 타당한 법을 만들어야 한다는 요청으로부터 빠져나와서, 그것은 한 나라의 ―오스트리아, 프러시아, 프랑스― 법전이 되어버리고 말았다. 그리하여 그것은 더 이상 논의될 필요도 없이 현실 자체에 의해 반박되게끔 여겨졌다. 사실 가장 품위 있는 역량을 자신 안에 간직하면서 수천 년에 걸쳐 전해온 정신의 힘이, 동시대의 사람들이 불과 몇 마디 사소한 말로써 끝장낼 수 있다고 믿었을 정도로 그토록 명분 없이 함몰되고 말았음을 확인해야만 한다는 것은 놀라운 일이 아닐 수 없다. … 자연법과의 진정한 논쟁은 결코 찾아볼 수 없게 되었다."[12)]

벨첼에 의하면 진정한 자연법논쟁을 찾아볼 수 없게 되는 자연법의 '와해'과정은, 자연법이 법으로서의 성격을 잃으면서 도덕적 법이론으로부터 법적 도덕이론으로 옮겨가는 과정으로 풀이된다. 그러면서도 그는 이 대목에서 자연법론의 본질적인 내용은 법의 '철학'혹은 법의 '윤리학'안에 의연히 머물게 됨을 특히 강조하고자 했다. 그러나 여기서 놓치지 말아야 할 중요한 사실은, 이념적 요소와 현실 사이의 긴장관계를 본래적 구조로 담고 있는 자연법의 실천철학으로서의 성격에 비추어본다면, 자연법이 벨첼식으로 실질적 윤리의 의미에서의 법이념으로만 설명되는 것으로는 충분하지 않다는 점이다. 즉 법을 법이게끔 하는 이념적 요소만을 자연법의 사유영역으로 확보하는 데 만족할 수 없다는 점이다.

벨첼은 이 대목에서 칸트식 '비판주의'와 '역사주의'가 실천철학의 이론으로서의 자연법의 성격을 어떤 식으로 변질시키는 계기가 되었는가를 추적해 가는 대신에, 그러한 정당한 비판으로 인해 희생된 것은, 자연법이론 중에서는 비교적 중요하지 않은 부분일 뿐이며, 핵심적인 문제는 오히려 새로운 이름—윤리학(실질적 법윤리), 법철학—안에 변함없이 존속한다고 주장했다. 그렇지만 그는 실천에 관한 보편이론으로서의 자연법론의 기능영역을 제대로 보지 못했다. 물론 실질내용적 차원에서 법과 도덕이 불가분의 상관관계에 있다는 점은 그 누구도 부인할 수 없을 것이다. 그러므로 자연법론의 본질적인 내용이 법의 '철학', 혹은 법의 '윤리학' 안에 의연히 머물고 있다는 그의 주장은 옳다. 그러나 요컨대, 문제는 자연법이 형식적으로 법으로서의 성격을 잃게 되는 측면이, 그에 의하면 '중요하지 않은 부분'에 속한다는 데 있다.

자연법의 와해과정에 대한 벨첼식의 설명이야말로, 실천철학의 이론의 의미에서의 자연법론이 필연적으로 이론과 실천의 괴리,

---

12) 한스 벨첼, 앞의 책, 232면.

그러므로 바로 이상과 현실 사이의 긴장구조를 안고 있음을 증명해 보이고 있다. 자연법사상은 이론과 실천의 괴리를 부정할 수 없는 구조에 의존하고 있다. 그 점에서 자연법적 논의는 이념성과 현실성의 교차점에 놓여 있다고도 말할 수 있다.

벨첼은 자연법론을 칸트를 기점으로 실현된 국가법체계의 가치내용을 진단하는 문제로, 즉 법의 도덕성의 문제로 한정시키는데 만족해 버렸다. 요컨대 벨첼은 자연법의 개념사적 연구를 충실히 하지 못한 나머지, 자연법의 이념을 자연법 내용과 바꾸어 버리고 말았다. 규범내용의 가치구조를 묻는 물음에 한정시킴으로써 자연법이 법으로서의 성격을 잃는 대신에 —설상가상으로 이름을 잃는 대신에[13]— 본질에 충실하게 되었다고 말함으로써.

필자는 지금까지의 설명을 통해서 결론적으로 자연법사상을 실천철학이냐 이데올로기냐의 질문 앞에 오래 세워둘 필요는 없어지게 되었다고 생각한다. 물론 근대 이래로 자연법을 위한 변명은 필요해졌다. 이론과 현실의 거리가 점점 좁혀들 때, 실천이성의 자리에 현실을 지배하려는 이성, 소위 '도구적 이성'이 들어서게 될 때, 자연법을 위한 변명은 더더욱 필요하다. 실천적 관심은 현실을 지배하고자 하는 힘과는 구별된다. 그렇지 못하다면, 자연법적 사고는 저 지배자의 논리로부터 즉, 현실정치의 합목적성에 대한 도덕적인 고려는 결국 '정상적인'—'정당한'이 아니라— 정치적·규범적 시스템을 응집시키고 지속시키는 역할 이외에 아무것도 할 수 없다는 노선으로부터 구분되기 어려울 것이다.

13) 벨첼, 앞의 책, 238면 참조.

제 7 장

자연법에 있어서 '유명론'의 영향

Ⅰ. 유명론의 의의

자연법규범을 추구하는 데 있어서 개인으로서의 주체가, 그 특수성 및 자유와 함께 본질적인 지위를 얻게 된 데에는, 서구 중세에서 근대로 넘어오는 과정에 놓이는 한 철학적 흐름이 크게 작용했다. 그것은 유명론(唯名論)이었다.

프란치스카너 신학의 거장 오캄에 의해서 14세기 전반기에 대두된 유명론은, 우주질서의 완결성 그리고 신의 의지에 앞선 존재질서를 거부하고 '신의 절대적 자유(Potentia dei absoluta)'를 기독교의 본질로 내세운 이론이었다. 그런데 이 유명론이 함축하고 있는 사회적 의미는 한 마디로 수미일관된 개인주의였다. 그것은 일체의 질서, 즉 논리적, 언어적, 자연법적, 윤리적, 사회적 질서가 일체, 개별 주체로서의 인간에 의해서 만들어져야 하고 인간에 연관되어야 한다는 것이었다. 유명론은 이러한 개인주의나 개별주의의 인식론적·논리적 전제에 해당한다. 중세에서 근대로 넘어오는 과정의 철학에 해당하는 이 유명론은 이러한 의미에서 근대계몽정신의 첫 단계에 소속되는 한 사조로 특징지을 수 있다. 우리는 유명론에서 개인에게 철학적인 우선권을 부여해주고,

사회현실의 변화를 최초로 철학적 성찰의 본질로 끌어올리는 움직임을 발견한다. 이는 개별화된 자유로운 주체의 법적·정치적 차원을—도덕적 차원만이 아니라— 최초로 열어주는 철학적 흐름이라 할 수 있다.

중세와 근세를 이어주는 철학적 흐름에서 유명론을 긍정적으로 새롭게 평가하고자 하는 사람들에게 공통된 경향 중의 하나는, 우선 전통적인 신학적 본질에 대한 성찰이 인간의 자유를 강조하는 이론과 반드시 상충되지는 않는다는 데서 출발하는 것이다. 이들은 신학적 진술과 인간학적 진술을 서로 모순되는 규정들로 해석하지 않고, 신의 자유는 오히려 인간의 자유를 가능하게 만드는 것으로 해석할 수 있다고 생각한다.

클라우스 우르반은[1] 『자연법에 있어서 유명론』이라는 책에서 유명론을 "자유의 역사적 변증법"을 위한 한 패러다임으로 이해한다. 즉 기독교세계의 전체적인 역사적 전통에서 볼 때, 유명론은 예외적이거나 비주류적인 현상 내지 흐름이 아니라 기독교적 자유 이해의 폭이 확장되는 데 기여한 역사적 변증법으로 이해되어야 한다는 것이다.[2] 그는 유명론을 자연법사상의 한 전개 형태로 파악하고 있는데, 이는 물론 그가 자연법을 카톨릭 신학에서 빼놓을 수 없는 본질로서 이해하기 때문이었다. 사실 중세에서 자연법으로 일컬어진 것은 십계명이나 최상의 윤리적 보편원리들만이 아니었다. 사회에서 제반 통합적인 평가원리들도 자연법으로 일컬어졌다. 성서와의 연관 속에서 자연법은 그러므로, 비기독세계의 상대적 자율과 위엄도 전체 인간의 공동생활을 위해서 합법화될 수 있는 바탕을 마련하는 데 원용되었던 것이다. 그런 점에서 아우구스티누스에 의해서 처음으로 체계적으로 전개되어 토마스 아퀴나스에서 완성되는 가톨릭자연법론은, 근본적으로 그리

---

1) Claus Urban, *Nominalismus im Naturrecht*, Düsseldorf, 1979, 108면 참조.

2) Urban, 앞의 책, 15면 참조.

스도교의 법(lex evangeli) 이전의 바탕에서도 그 근거지음이 가능한 시도로서도 이해할 수 있다. 원칙적으로 자연법은 계시 없이도 가능할 수 있었다.

Ⅱ. 자연법의 '세속화'과정과 유명론

변함없는 인간본성으로부터 이끌어내진 자연법을 통해서, 한 면으로는 세계를 자유로운 것으로 설정하며, 다른 한면으로는 보편적으로 타당한 사회규범을 전해 주는 자연법의 양 기능을 체계적으로 설명한 사람은 토마스 아퀴나스였다. 그의 자연법체계는, 단순히 "세속적 권력의 형이상학적 부력화"[3)]로서 규정되기에는, 역사신학적·사변적 긴장을 분명히 담고 있다. 자연법을 이성에 의해서 인식될 수 있는 질서로 설명하는 데 있어서 토마스 아퀴나스의 독창적인 면을, 알렉산더 홀러바흐는 가톨릭 자연법론자답게 다음과 같이 훌륭하게 요약해냈다. "이러한 자연법과 이성의 명백한 결합은 크나큰 의미를 지니게 되는데, 왜냐하면 이로써 우주론적이고 생물학적, 자연주의적인 이해방식이 거부되기 때문이며, 다른 한편으로 형이상학적, 교회적 구속으로부터 해방되는 이성이 기독교자연법의 틀을 부수는 바로 그 지점도 이로써 지적되기 때문이다. 이와 관련해서 특히 주목할 가치가 있는 사항은, 토마스는 자연과 신 그리고 이성이 분리되지 않은 채로 있는 스토아의 형식인 "자연에 따라 사는 것(secundum naturam vivere)"을 받아들이지 않고, "이성에 따라 살아야 하는 것 (secundum rationem esse vivendum)"을 지침으로 설정하면서, 바로 인간과 세계에 대하

3) Hans Maier가 아우구스티누스의 사상체계를 두고 한 말이다. Augustin, in: *Klassiker des politischen Denkens I. Von Plato bis Hobbes*, hrsg. v. M. Maier/H. Raesch/H. Denzer, München, 1968, 112면.

여 신이 만든 합리성의 구조를 지적하고 있다는 점이다.[4)]

자연법을 논하는 사람들은 어느 시대이든, 자연법을 내용적으로 고착시키지 않으려는 의도를 어떤 식으로든 간에 내보이고자 했다. 스콜라의 자연법론도 그 점에서는 마찬가지였다. 자연법을 이른바 절대적/상대적 자연법, 원초적/부수적 자연법, 불변하는/변화가능한 자연법, 정적/동적 자연법으로 각각 구분하는 사고는[5)] 자연법사상 자체만큼이나 오래된 전통을 가진다. 이들은 모두, 자연법을 불변하는 자연적 구조(인간이성)에 근거지으면서, 동시에 가변적 인간상황에까지 연관짓기 위한 의도에서 소위 절대적/상대적 자연법 등등의 구별을 하고자 했던 것이다.

'영구법(lex aeterna)', '자연법(lex naturalis)', '인정법(lex positiva)'의 세 단계구조에서 우리는 스콜라자연법론에 독특한 사변적 긴장을 엿볼 수 있다. '영구법' 중에서 특히 인간학적으로 의미 있는 측면을 가리키는 것이 '자연법'인데, 이 '자연법'은 객관적으로는 모든 것에 작용하는 영구법에 속하나, 주관적으로는 인간이성의 자연적 능력에 속한다. 이 '자연법'내용이 구체적 역사적 상황에서 해석·적용되었을 때 '인정법'이라 불리게 된다. 이 모든 것은 기독교자연법의 원리가 독특한 역사신학적 긴장 속에서 사변된 것임을 알려준다.

자연법적 규범을 발견함에 있어서, 인간의 역사적 요소를 본질적인 한 구성부분으로 강조하는 생각은 오캄의 자연개념에도 나타난다. 오캄의 자연개념은 철저히 인간학적이었다. 그는 자연개념을 세 가지로 분류한다. 첫째, 자유, 재화의 공유, 그리고 힘의 배제로서의 순수한 자연적 이성이 지배하는 자연상태, 둘째, 죄악

4) 알렉산더 홀러바흐, 『法哲學과 法史學』, 최종고/박은정 역, 삼영사, 18면, 19면.

5) Hans Dieter Schelauske, *Naturrechtsdiskussion in Deutschland, Ein Überblick über zwei Jahrzehnte*, 1945~1965, Köln, 1967, 213면 이하.

에 의해 약화되어서 사유재산과 전쟁 등이 자연적이게 되는 상태, 셋째, 국가들 사이의 법과 인간의 행위에 의해서 자연적인 것으로 통찰될 수 있는, 즉 인간의 행위와 인간적 실재의 결과로서의 자연 등이 그것이다. 그의 자연개념은 요컨대 역사적 상태와 선역사적 상태를 모두 포함한다고 볼 수 있다.

"인간의 본성 또한 가변적이다. 그러한 이유 때문에 인간에게 있어 자연적인 것은 때로는 불완전한 것일 수 있다."[6] 이는 바로 스콜라철학의 거장 토마스 아퀴나스의 통찰이었다. 이 통찰은 가톨릭 자연법 체계가 역사신학적 접근을 근원적으로 전제함을 부인할 수 없게 만든다. 그러기에 자연법을 '자유의 역사적 변증법' 속에서 이해하고자 하는 우르반의 다음과 같은 표현은 많은 공감을 불러일으킨다. "자연법은 믿음과 세계의 관계가, 즉 신학적 진술과 사회적·정치적 현실 사이의 관계가 명시적으로 주제화되는 신학적 장소이다."[7]

그에 의하면 그러므로 자연법사상은 바로 자유의 역사적 전개과정을 수용하는 기독교적 원리에 해당하며, 유명론은 이 자연법사상의 한 변증법적 전개과정에 해당한다.[8] 유명론을 자유에 대한 변증법의 한 역사적 형태로 파악하는 한, 유명론은 어떤 의미로든 계몽정신의 첫 단계로 이해될 수 있다.[9] 우르반에 의하면, 기독교 신학의 전통에서 보면 일찍부터 자연법론에서 자유개념이 강조되었다. 토마스 아퀴나스의 자연법이론에서 본질적인 중요성

6) S. T. II-III, q.57, ad.1(여기서는 홀러바흐, 앞의 책, 20면에서 재인용).

7) Urban, 앞의 책, 51면.

8) Urban, 앞의 책, 10면, 15면 참조.

9) 우르반은 유명론을 서구 기독교에 있어서 계몽의 첫 단계라고 못박으면서(9면), 그러므로 유명론 없이는 데카르트, 칸트, 맑스도 존재할 수 없었을 것이라고 주장한다(35면). 이와 관련해서는 Dilthey, *Weltanschauung und Analyse des Menschen seit Renaissance und Reformation*, Gesammelte Schriften II. Hrsg. v. Georg Misch, Stuttgart, 1962.

을 차지하고 있는 것은 바로 도덕적 자유개념이었다. 그러나 아퀴나스의 자연법이론에서 강조된 자유의 차원은 자유의 도덕적 차원이었을 뿐, 자유의 정치적, 법적 차원은 아직 주목되지 않았다.[10] 자연법을 도덕적 자유를 넘어서서 정치적 자유의 영역에서 근거짓고자 한 것이 바로 주의주의(主意主義)의 움직임으로서의 유명론이라는 것이다.

신학적 설명을 인간학적 그것과 대립적으로 이해하지 않으려는 태도는 비가톨릭 계열의 유명론 해석에서도 마찬가지로 엿보인다. 근세를 신학적 절대주의의—특히 중세 후기의 주의주의에서 극단화되는— 타율성에 대항하여, 자연과학적 이성에 따른 인간의 자기 이해의 정립과정으로 보았던 학자나,[11] 네오맑시즘의 비판이론의 입장에 서서 프랑스의 유물론적 계몽주의 사회이론을 다시 검토하는 가운데 유명론을 새롭게 이해하고자 한 사람들이 그 예라 하겠다.[12]

흔히 알려진 대로 유명론을 기독세계에 있어서의 이변, 혹은 스콜라전통의 왜곡으로 보지 않고, 기독세계의 역사적 발전의 한 양식으로 해석하는 한은, 그래서 유명론에서 자유에 대한 역사적 이해의 폭을 넓히는 변증법을 확인할 수 있는 한은, 이성법으로서의 근대자연법의 출현은 기독세계가 역사적으로 발전하면서 자기 안에서 이루어낸 성과의 일부로 이해될 수 있는 것이다. 알렉산더 홀러바흐는 기독세계와 17,8세기 자연법이성주의 사이의 관계를 이렇게 설명한 바 있다. “이성법의 출현은 혁명적인 굴절로

10) Urban, 앞의 책, 65면 참조. 토마스 아퀴나스의 자연법이론의 비정치적 성격에 대해서는 W. Kluxen, *Philosophische Ethik bei Thomas v. Aquin*, Mainz, 1964, 429면 참조.

11) Hans Blumenberg, *Die Legitimität der Neuzeit,* Frankfurt/M., 1966; *Säkularisierung und Selbstbehauptung*, Frankfurt/M., 1974, 제1편과 제2편 참조.

12) Günter Mensching, *Totalität und Autonomie. Untersuchungen zur philosophischen Gesellschaftstheorie des französischen Materialismus*, Frankfurt/M., 1971.

파악되기보다는 오히려 진화의 결과라 하겠다. 그것은 실로 자연법의 내적인 자체 움직임의 결과이며, 그런 점에서 기독교가 실증주의뿐만 아니라 이성자율의 원리와 세속화 원리도 어떤 면에서 몸소 길러냈다는 주장은 사실이다."[13]

"만약 신이 없다 하더라도 자연법은…"이라는 그로티우스식 법이성주의 태도는 근대 세속법의 상징으로 여겨지고 있다. 신을 가상적으로 괄호 안에 넣을 수 있다는 독신적(瀆神的) 발상은, 그 발상이 독신적인 한, 신학을 바탕으로 나올 수밖에 없다.[14] 그렇다면 우리는 이성법의 출현을 기독세계의 변증법적 자기전개의 결과로서, 바로 알프레드 페어드로스가 '합리주의적 반격'[15]이라고 표현한 의미로 이해할 수 있다.

17세기 정신세계를 이른바 '역사신학'과 '합리주의철학'이 "통합적 평행"[16]을 이룬 정신세계로 이해하고자 하는 한, 유명론은 보다 긍정적으로 근대 사유세계에 접합될 수 있다. 흔히 유명론은, 그 주의주의적 신개념으로 인해 결국 역사실증적 비합리주의에 이르고 마는 법개념을 낳는다고 이해되곤 한다.[17] 그러나 여기서

---

13) 홀러바흐, 앞의 책, 27면 이하.

14) 오캄과 동시대 사람인 Gregor von Rimini(1358～?)에게서 이미 윤리적 가치의 정당성을 가상적으로 신의 존재로부터 독립시키는 사유방식을 발견할 수 있다(한스 벨첼, 『자연법과 실질적 정의』, 박은정 역, 삼영사, 2001, 138면 이하 참조).

15) Alfred Verdroβ, *Abendländische Rechtsphilosophie. Ihre Grundlagen und Hauptprobleme in geschichtlicher Schau*, Wien, 1963, 86면 이하 참조.

16) B. Willms가 유명론과 기독교를 연결시키는 홉스의 사상과 관련하여 위와 같이 묘사한 바 있다 그는 17세기적 기독교신학의 본질형식을 홉스식 관점에서 잘 파악할 수 있다고 보는데, 홉스식 관점이야말로 역사적으로 파악된 신학과 합리적 철학을 바탕으로 설명될 수 있다는 것이다("Tendenzen der gegenwärtigen Hobbes-Forschung," in: *Furcht und Freiheit. Leviathan-Diskussion 300 Jahre nach Thomas Hobbes*, Hrsg. v. U. Bermbach/K.M. Kodalle Opladen, 1982, 236면 참조).

17) 홉스를 이런 식으로 이해하는 데 우리는 익숙해 있다. 홉스사상과 유명론의 관계 문제는 앞으로 치밀하게 연구되어야 할 중요한 과제에 속한다.

보다 더 강조해야 할 사항은 유명론이 보편적·신적 진리의 객관적 초월성에는 더 이상 거점을 둘 수 없는 원리—이는 일체의 관심을 내재화, 개별화시키는 원리를 의미한다—에 본질적으로 눈을 돌리게 했다는 것이다. 또한 그럼으로써 개인주체의 자율성에 바탕을 두는 법원리를 탄생시키는 데 유명론이 객관적으로 기여했다는 점이다. 개인으로서의 주체, 그리고 그의 특수성과 자유가 도덕의 카테고리에서 본질적인 것으로 설명되는 데에는, 초월적 진리에 접근하는 길을 이론적으로 봉쇄한 유명론이 확실히 한 몫을 담당하고 있다. 유명론은 바로 보편적인 것을 객관적인 것에 일치시키던 등식을 깨버린 셈이다. 이 점에서 유명론은 근대의 철학적 사유를 가능케 하기 위한 논리적 전제라고도 볼 수 있는 것이다.

Ⅲ. 법실증주의로 가는 길

유명론은 서구의 사유전통에서 보편성을 객관성에 일치시키는 사고를 최초로 무너뜨리는 내용을 담고 있다. 실재하는 것은 보편이 아니라 개별일 뿐이다. 유명론의 입장에 의하면 보편성은 더 이상 선험적으로 확정된 것이 아니며, 다만 주관적 업적에 의해서 비로소 형성된 것에 지나지 않는다. 이것이야말로 중세의 자연법체계를 와해시키는 결정적인 계기를 의미했다. 이로서 의지적인 힘이 법칙을 정립한다는 실증주의적 사유구조가 부각되는 계기가 주어졌다. 뿐만 아니라 실재하는 것은 보편이 아니라 자연현상의 다양함인 까닭에, 자연개념은 이제 존재하는 것의 전부, 즉 심리적, 정신적, 사회적 과정 전부를 설명하는 경험적이고도 보편적인 원리일 수도 있게 된 것이다!

유명론의 흐름은 오캄의 사망(14세기 중엽)에서부터 17세기 스페인 후기 스콜라철학이 끝날 때까지 영향력을 발휘했다.[18] 오캄의 뒤를 이은 둔스 스코투스에 의하면 영구적인 것은 법이 아니라, 입법자 즉 신의 '절대의지'일 뿐, 그것 자체로서 영구한 법은 이제 존재하지 않게 된다. 그에 의하면 신에 대한 사랑 이외에는 그것 자체로서 악한 행위는, 예컨대 살인, 절도, 이혼 등은 일체 존재할 수 없다. 여기서는 신의 입법적 권위가 부각됨으로써 인간의 법에 있어서 의지적 제정이라는 요소와 함께, 일반적으로 그 법의 실정성, 개별성 및 시간적 공간적 제약성이 새로운 중요성을 얻게 된다. 그리하여 법은 주어진 질서구조 내지 질서원리로부터 그저 단순히 합리적으로 연역될 수 있거나 정의될 수 있는 것으로 나타나지 않고, 사회적 충돌에 대처한 규율 및 해결로서, 한 입법자의 권위에 힘입어 그때그때 만들게 되는 하나의 장치로 나타난다. 법(lex)은 토마스적인 의미의 '이성의 질서(ordinatio rationis)'로부터 '의지의 질서(ordinatio voluntatis)'로 바뀌게 된다. 오캄식의 도덕신학이 도덕실증주의에로 유도되듯이, 이로써 이제, 법실증주의에로의 길이 나타나게 되는 것이다.

'절대의지'는 그것 자체로서는 신에 대한 표상이다. 그러나 이제 이 신적 표상에서는 영구법－자연법－인정법의 단계구조가 지녔던 객관적·내용적 그것을 찾아볼 수 없게 된다. 왜냐하면 신의 절대적 의지세계는 인간의 인식을 넘어선, 그러므로 인간의 인식과는 무관한 '신의 직접성'을 의미하며, 이 신의 직접성 앞에 인간은 일체의 미리 전제된 자연적 질서내용으로부터 해방된 자유로운 주체로 부름받게 되기 때문이다.

내용에 대한 표상이 없는 만큼 절대의지로 나타나는 신은 이론

18) Peter d'Ailly (1350～1420), Jahannes Gerson(1363～1429), Gabriel Biel(?～1495), Ferdinand Vasquez(?～1566경)를 거쳐 홉스에까지 연결되는 유명론은 '영구법'의 체계를 서서히 와해시키는 데 작용했다. 이 노선은 실증주의와 연결되는 역사적 노선이기도 하다(알렉산더 홀러바흐, 앞의 책, 23면 참조).

의 영역에서는 인간의 인식 및 행위에 대해서 의미를 잃게 된다. 왜냐하면 전능의 신은 이제는 더 이상 인간의 이성으로 다가갈 수 있는 신은 아니므로, 인간을 이롭게 하는 그 어떤 적절한 제한도 가할 수 없게 된다. 인간적인 생활의 가능성은 모든 것을 불확실한 것으로 만드는 '절대의지'를 오로지 전제하는 도리밖에 없게 된다. 그런데 이 내용 없는 '절대의지'는, 이론세계에서는 인간의 인식 및 행위를 위해서 제약적, 규정적 의미를 잃은 반면, 인간의 현실 세계에서는 그 자신 이외의 그 어떤 것에 의해서도 근거될 필요가 없는, 모든 것을 지배하는 무제약적 힘으로 나타나게 된다. 무내용의 신적 절대의지 개념은 현실세계에서 어디에 곧장 연결되는가? 다름 아닌 지배의 추상적 원리이다. 신적 절대의지 개념은 추상적인 지배원리를 현실에서 단순히 의제하는 일을 전격적으로 가능하도록 만들었다. 그 지배원리는 가장 비합리적일 수 있으면서도 동시에 가장 보편성을 띌 수 있게 된다. 유명론은 이렇게 하여 실증주의의 철학적 산실 역할을 할 수 있었던 것이다.

자연질서와 세계질서는 인간에게 이제 불안정하고 불확실한 것이 되고 만다. 인간은 이제 모든 것을 일시에 변화시킬 수도 있는 보이지 않는 절대위력 자체에 직면해 있게 된다. 그 어떠한 내용을 말해주는 질서표상도 주어지지 않고, 신적 창조의 단계질서에 대한 통찰도 불가능한 만큼, 우주적 질서 안에서 인간의 우위 또한 확실하지 않게 된다. 주의주의에서 극단화되는 '신학적 절대주의'가 심화될수록 세계와의 관계에서 인간은 불안정한 상황에 빠져든다. 그것은 흡사 "그 좋던 시절…"을 노래하던 비극적 시인을 탄생시킨 고대 헬레니즘 후기의 상황을 연상시킨다. 세계와의 관계에서 인간이 처하게 되는 이 불안정한 상황은 윤리적 불확실성으로도 나타난다. 인간이 새롭게 얻게 되는 윤리적 자율공간에서 개인으로 하여금 저마다, 어디에서 어디까지 윤리적 타당성을 부여해야 할 것인가를 묻게 만든다.

이제 개인의 생활원리의 문제는 완전히 독자적으로 의미를 얻게 되는 동시에 바로 그것 때문에 윤리적 불확실성 속으로 들어가게 되는 것이다. 윤리의식의 자율화는 필경 윤리의식의 내면화 현상을 동반한다. 알렉산더 홀러바흐도 이와 관련하여 비슷한 표현을 쓴 바 있다. "신에 의해서 만들어지고 주어진 것에 대한 인식 및 이해 능력으로 이해되던 이성은, 이제 사고와 행위의 원천으로 되며, 철저히 내재적으로 표상된 윤리적 의식의 자율과 더불어 생산하는, 도구적 이성으로 된다."[19)]

이리하여 이 신학적 절대주의는 윤리적 불확실성 속에서 필경 인간이성의 절대성으로부터의 도발을 피할 수 없게 된다.[20)] 그래서 인간의 이성으로부터 출발하는 새로운 가능성은 신을 가상적으로 생략하거나, 아니면 인간의 가능성의 역할을 완벽한 본질로 설명하는 ―데카르트식― '합리적 유신론'의 형태로 나타났던 것이다.[21)] 이 두 가능성은, 세계와의 거리를 극복하기 위한 인간의 '자기이해'의 과정 속에서 모두 실현되었다.

중세 후기에는 한편으로 유명론적 주의주의의 영향을 받으면서도, 다시 영구법 전통으로 돌아가서 자연법을 기독교와 교회의 울타리 안에 다시 확고히 세워 놓고자 하는, 스페인 후기 스콜라학파의 움직임이 있기는 했다. 이 철학체계는, 신의 의지도 아니고, 신의 이성도 아닌, '객관적 자연'에 의지하여 주의주의적 관점과 주지주의적 관점 사이의 대립을 어느 정도 극복해 주는 역할을 했다. 그러므로 이 철학체계는 자율적 가치객관주의로 불리기도 한다. 예컨대 후기 스페인 스콜라철학을 대변하는 가브리엘 바스퀘스는, 행위 윤리는 여하한 명령이나, 의지, 혹은 판단에 앞

19) 홀러바흐, 앞의 책, 28면 이하.

20) Blumenberg, 앞의 책, 143면.

21) Blumenberg, 앞의 책, 144면 참조.

서 있는, 사물의 객관적 표상으로서의 이성적 자연으로부터 도출할 수 있다고 보고, 자연적 이성으로서의 '올바른 이성(recta ratio)' 개념에 가미되어 있는 주관적 잔재를 없애고자 애썼다.[22] 그에 의하면 신은 창조주가 아니라 고대의 의미에서의 충고자, 올바른 길로 인도하는 현인이었다.[23] 그의 이러한 객관주의의 태도는, 자연법을 이윽고 영구법과 독립시킬 만큼 극단화되면서 일종의 객관적·자율적 가치철학을 만들어냈다.

후기 스콜라의 자율적 가치표상은 영구법에 기반을 두지 않고도 자연법이 가능하다는 것을 암시해 줌으로써, 결과적으로 세속화의 길을 촉진시켜 준 셈이 되었다. 거기다가 이 존재론적 객관주의는 결국, 윤리적·법적 최상 명제만을 자연법에 포함시키는 데서 더 나아가, 이로부터 도출되는 개별적 결론까지도 자연법에 포함시키고자 함으로써,—이 점에서 후기 스콜라철학은 토마스 아퀴나스의 사상보다도 더 나아갔다—자연법을 '확장'시켰다고 평가되고 있다.[24] 그런데 후기 스콜라의 이 자연법 확장 또한 결과적으로 세속적 자연법으로 가는 길을 터주는 구실을 한다. 왜냐하면 이 확장의 결과, 다양한 내용을 가지는 요소들이 최상의 자연법 명제를 둘러싼 논란 속으로 들어올 여지가 생기게 된 때문이었다.

다양한 내용적 표상에 대해 열리게 된 자연법은 어느덧 새로운 실천적 욕구들로부터 나온 17세기적 관심사를 수용할 태세를 갖추고 있었다. 자연법은 보편타당해야 할 뿐 아니라, 현실에서 무엇보다도 힘을 발휘해야 한다는 새로운 관심사와 만날 수도 있을 만큼 이제 어느새 충분히 유연성을 띠게 되었던 것이다.

그 밖에 이 후기 스콜라의 자연법 '확장'은, 후에 근대 법이성

---

22) 벨첼, 앞의 책, 95면.
23) 벨첼, 앞의 책, 97면.
24) 벨첼, 앞의 책, 99면 ; 홀러바흐, 앞의 책, 24면 참조.

주의가 이론적으로나 실제적으로 의존했던 자연법의 '체계화' 경향과도 밀접하게 연관된다. 최상의 자연법 명제만이 아니라, 그것으로부터 필연적으로 도출되는 결과까지 자연법에 포함시킬 수 있게 됨으로써, 이들 사이의 관계를 정리하는(체계를 잡는) 작업이 학문적으로 당연히 부상될 수밖에 없었던 것이다.

제 8 장

'기하학의 정신'과 자연법

Ⅰ. 방법원리와 자연법

"신은 방법을 통해서 계시한다."[1)]

17,8세기를 통틀어 서구 자연법사상에서 이성의 역할이 돋보였다면, 그것은 바로 신조차도 원한다는 이 방법과 관련되어 있다. 방법사적으로 볼 때, 17,8세기의 자연법론은 '기하학적 방법(more geometrico)'을 중심으로 구축되었다. 18세기 중반을 중심으로 근대를 크게 나누면, 전반기가 특히 이 체계적·기하학적 방법이 우세를 떨치던 시기에 해당한다.[2)] '기하학의 정신'은 형식의 정신이다. 그러므로 '기하학적 방법'원리 위에 구축된 자연법은 형식화 이념을 담고 있다. 여기서 실천에 관한 보편이론으로서의 근대자연법의 특성에 이제 형식성이 하나 더 첨가되는 것이다. 새로운 세계상을 구성하는 이 형식적 방법적 원리는, 일체의 공적 사회

1) Ch. Wolff, *Vernünfige Gedanken von Gott, der Welt und der Seele des Menschen*, Halle, 1719, § 4.

2) 한스 티이메는 근대자연법을 고찰하면서 17세기에서 18세기 중반기까지를 체계적 방법의 시기로, 그리고 18세기 중반기 이후를 경험적·철학적 방법의 시기로 나누고 있다. 이에 대하여는 "Die Zeit des späten Naturrechts," in: *ZRG* Germ. Abt.56(1936), 221면 이하 참조.

적 행위가 그 정당성을 얻기 위해서 자연법적인 논의방식을 거치도록 했다. 이렇게 하여 명실 공히 근대 자연법의 새로운 시대(Neuzeit!)가 열리게 되는 것이다.

자연법의 역사를 훑어보면서 우리는 근대 자연법이념을 보편입법이념 즉 실정화이념으로 파악한 바 있다. 형식화이념은 실정화이념과 대립되는 관계에 서 있지 않다. 오히려 이 둘은 서로 개념필연적으로 결속되어 있다. 형식화이념은 근대의 국가법적 실정성에 부수되는 이념이다. 그것은 모두에게 차별을 두지 않고 일체의 내용적 독단을 포기하는 가운데, 중립적 기반을 확보하고자 하는 실정법국가의 조직력에 연결되는 이념이었다. 내용의 진리가 아니라 순수한 형식의 진리가 더 많은 사회적 조직과 구성원을 포섭한다는 생각은[3] 실정성이라는 독특한 법적 카테고리를 탄생시키는 성찰의 한 면을 이룬다

'기하학적 방법'에 토대를 둔 근대 자연법론자들은 실제에 있어서 대부분 스콜라철학의 영향 안에서 사유한 사람들이었다. 기하학적 방법에 입각한 자연법론의 발전의 초기단계에 해당하는 홉스, 그로티우스 그리고 이 둘을 연결시킨 푸펜도르프가 그랬다. 이 자연법론이 절정에 이르는 볼프에서도 라이프니츠와 아리스토텔레스의 냄새를 풍기는 스콜라식 전통이 살아 있다. 그 점에서 '기하학적 방법'에 입각한 자연법론은 모두 존재-당위의 메타구조를 전제한다. 이들은 근본적으로는 규범질서를 존재범주로부터 이끌어내고자 한 조화론자들이었다.

물론 스콜라형이상학은 '기하학의 정신'을 처음부터 끝까지 지배하지는 않았었다. 이 수학적·체계적 정신은 그 발전과정의 후기에 들어서서 영국의 경험주의와 감각주의, 프랑스의 유물주의의 자극을 받은 경험적, 현실적 계몽정신에 의해 비판, 극복되는

3) 홉스! 그는 올바른 이성의 규정이 올바른 법이라는 생각이, 바로 인류역사에서 수천의 인명을 앗아간 근본 오류임을 지적했다.

과정에 들어간다. 예컨대 그래서 기하학적·체계적 자연법발전의 마지막 단계에 해당하는 토마지우스에 이르면, 초기 출발점에서의 형이상학적 요소는 크게 감소된다. 토마지우스에 이르면 초기의 출발점이 여러 모로 상대화된 만큼, 유클리트적 요소와 나란히 다분히 현실적으로 이해된 분석방법이 함께 엿보이기 시작한다.[4]

그러나 어쨌거나 '조화에 대한 이해'에 도달하고자 하는 이상을 담았던 스콜라 철학이 근대 초기의 자연법론자들에게 완전히 배척을 당하지 않은 것은 분명하다. 그들은 스콜라식 형이상학, 즉 무한자를 합리화시키고자 하는 갈망을 배척하기는 했을지언정, 스콜라식 합리주의, 즉 질서에 대한 철학은 그대로 계승했다. 중세야말로 "서구의 지성에게 질서의 관념을 가르친 긴 훈련의 시대"[5]였다면, 긴 훈련의 의미는 근대에서도 지속될 수밖에 없었다고 할까.[6] 이 점에서, 17,8세기의 자연법철학에서 문자 그대로의 탈스콜라화를 기대한다는 것은 불가능하다고 생각된다.

'기하학적 방법'에 따른 자연법론자들은 법 및 국가이론에 독자적인 방법론을 모색했다는 점에서 고유한 업적을 인정받을 수 있다. 물론 법학적 주제들이 그 속성상 순수히 기하학적 방법에 입각하여 다루어질 수는 없다는 데 대해서는 오늘날 길게 설명할 필요도 없을 것이다. 명확한 기초개념을 전제하고 결론에 이르기 위한 단계적 과정을 밟는 기하학의 방법에 따른다면, 법학원리에 대한 체계적인 검토는 법의 세부사항과 법개념에 대해서 토론하

---

4) 이에 대해서는 Wolfgang Röd, *Geometrischer Geist und Naturrecht*, 188면 참조.

5) 화이트헤드, 『科學과 近代思想』, 오영환 역, 三省出版社, 1982, 43면. 그는 "인격적 존재가 갖는 이해할 수 있는 합리성에 대한 신뢰"는 바로 헤브리즘과 헬레니즘이 연결되어 만들어낸, 서구 정신세계에 고유한 내용으로 보았다. 모든 세부적인 데까지 신이 보살피어 질서를 주니, 자연에 대한 탐구도 결국 합리성에 대한 신념을 옹호함을 의미한다(44면).

6) 그것은 어쩌면 자연법논의에서 오늘날까지 가톨릭 진영의 이론이 차지하는 비중의 의미로도 풀이될 법하다.

는 것으로 시작해야 할 것이었다. 그러나 이들 자연법론자들이 그러한 기하학적 방법에 의존하여 법학에 대해서 실제로 철두철미 체계적으로, 원리적으로 검토해나갔다고 보기는 어렵다. 예컨대 당시 예나 대학의 수학교수였던 에어하르트 바이겔[7]의 영향을 강하게 받은 푸펜도르프는 21개의 '정의(Definitiones)'와 2개의 '공리(Axiomata)' 그리고 이에 따른 결론에 해당하는 5개의 '관찰(Observationes)'로서 그의 보편적 법원리를 체계화시킴으로써,[8] "처음으로 유용한 자연법 교과서"를 만들어 냈다는 평을 들었다.[9] 그러나 그는 예컨대 어떤 때는 정의에서 기본적인 개념들을 설명하는 데 그치는가 하면, 또 어떤 때에는 이와 관련하여 전체로서의 법제도의 개별적인 문제들까지 취급하기도 했다. 또 정의XII는 본래 의무의 특성을 논하기 위해서 씌어진 것이었는데, 여기서 그는 실제로는 의무의 법의 전체적인 체계를 곧장 발전시켜 나갔던 것이다.

그럼에도 불구하고 '기하학의 정신'을 자연법 사고에 연결시킨 사람들의 노력을 특별히 평가하고자 하는 이유는, 그들이 순수히 규범적 영역에 적용될 수 있는 방법적 가능성을 적어도 처음으로 타진했다는 데서 찾을 수 있다. 방법사적으로 보면 '기하학적 방법'체계에 따른 자연법론은, 법학에서 최초로 방법상의 순수주의를 태동시켰다고 말할 수 있다. 그들은 국가론에 있어서도 순수히 법률적 국가개념, 즉 규범적 국가개념을 구성하는 데 주력했다. 자연법사상에서 형이상학이 아직 지배하던 시대 분위기에서, 분석하고 종합하는 방법의 시각에서 법 및 국가이론을 구성해보

---

7) Erhard Weigel, *Arithmetische Beschreibung der Moralweisheit von Personen und Sachen, worauf das gemeine Wesen besteht, nach der Pythagorischen Creutzzahl in lauter tetractische Glieder eingetheilt*, Jena, 1674.

8) Elementorum Jurisprudentiae Universalis Libri duo, 1672, in: *Classics of International Law*, Vol. Ⅱ. Translation, 1931.

9) Ompteda, *Litteratur des gesammten sowohl natürlichen als positiven Völkerrechts*, Part Ⅰ, Regensburg, 1785, 271면.

고자 한 이들은, 체계적 의미에서의 법의 학문성의 요청에 최초로 부응한 사람들이었다고도 평가될 만하다.

기하학적 분석종합의 방법이 국가이론에 적용되는 과정은, 학문적 구성과 형이상학적 요소가 서서히 분리되어 나가는 한 측면을 엿보여 준다. 이들의 움직임은 법학을 법 외적인 것으로부터 순수화시키고자 한 켈젠식 방법순수주의의 면모를 담고 있다. 실제로 기하학의 정신권 안에 있었던 자연법론은 그 형이상학적 색채를 어느 정도 벗어 가면서, 역사적으로 오스틴 계열의 분석법학파에 영향을 미쳤었다.[10] 기하학적 방법원리는 전래된 것, 혹은 선험적 자연 따위의 표상을 학문 외적 표상으로서 무시할 수 있게 해 줌으로써, 인식론적으로 독자적인 기반을 구축해 줄 수 있었다. 그 점에서 기하학의 정신은 그 스스로는 아직 형이상학적 분위기에 자리하고 있었으나, 학문사적으로 보건대는 형이상학적 요소를 학문적 구성개념과 구별해 주는 데 일익을 담당한 정신이었던 것이다.

'기하학적'이라는 표현은 일반적으로, 17,8세기에 기계론적 방법 내지 엄정한 자연과학적 방법의 의미로 통용되었다. 그것은 유클리트 기하학의 의미로 좁게 쓰이기보다는, 오히려 파스칼이 말한 대로 일체의 운동관계, 수리관계 및 팽창관계와 관련된 의미로 쓰였다.[11] 그것은 대상을 엄정한 자연과학의 방법론적 근본원칙의 지배하에 두고자 할 때 원용되곤 했다. 그래서 일반적으로는 분석하고 종합하는 방법으로 이해되면서,[12] 데카르트, 갈릴레이에 의해 물리학의 방법론으로서, 하비 등에 의해 생리학의 방법론으로

---

10) Röd, 앞의 책, 7면 참조.

11) B. Pascal, *Envers Completès*, vol.Ⅱ, ed. Lahure, Paris, 1858, 340면(여기서는 Röd, 앞의 책, 10면 참조).

12) 이 방법은 자연철학의 방법론으로서 중세 후기에 파두아대학의 해부학수업에서 발전되었다고 한다(J. H. Randall, *The School of Padua and the Emergence of modern Science*, Padova, 1961).

서 적용되었으며, 홉스에 이르러 드디어 국가철학에 적용되었다. 이에 의하면, 설명을 요하는 대상에 대한—이 대상은 물론 경험적 현상에 해당하거니와—'분석'을 통해서 비교적 단순한 개념적 요소들을 얻은 다음, 이 요소들을 '종합'해서 하나의 가능한 사유모델을 구성하도록 되어 있다. 그런데 이 모델은 이상적인 경우에 단순히 수학적으로 표현될 수 있는 관계들을 함축하며, 그런 까닭에 이 분석방법의 특징을 '기하학적'이라고 부를 수 있다는 것이다.[13] 개념요소들이 종합된 결과는 물론 단지 하나의 가정에 지나지 않는 만큼, 실험을 통한 증명이 따라야 할 것이다. 그러나 17세기의 방법론적 성찰은 물론 여기까지는 미치지는 못했었다. 그 대신 그들은 논리적으로 모순되지 않는 가정의 구성만으로 만족했다. 그러므로 분석하고 종합하는 방법의 도움으로 얻어진 구성물을 경험적으로 검증하는 작업은 자연과학의 발전에 의미심장한 기여를 했던 사상가들에게서조차 빠져 있었다. 그런 만큼, 이 방법론을 법 및 국가철학에 응용한 사람들, 예컨대 홉스에게서도 경험적 검증부분이 빠져 있었음은 당연하다 하겠다.

Ⅱ. 기하학의 정신과 자연법

개념적 요소들을 종합해서 얻은 가정을 궁극적으로 택할 것인가 아니면 반대할 것인가의 문제는, 논리적 선택규준에 의하여 결정되는 가능성 이외에, 그 예상된 결과에 대한 실천적 관심에 기초하여 결정(취사선택)될 수도 있었을 것이다. 이 방법에 입각한

13) 철학적이라 함은 그 당시 수학적인 것에 대체되는 의미로 쓰여졌다. Reitmeier, *Enzyklopädie und Geschichte der Rechte in Deutschland*, Göttingen, 1785, 272면; J. G. H. Feder, *Grundriß der philosophischen Wissenschaft*, Koburg, 1769, 49면.

자연법론에 대해서 이데올로기의 혐의가 가해질 여지는 여기서 생긴다. 그러나 구체적 목표를 합리적으로 정당화시키려는 바람과 방법적 요청 자체는 일단 구별해서 검토해야 마땅하다.[14] 크리스치안 볼프의 자연법 사상을 이해하고자 할 때 이 점에서 신중을 기할 필요가 있다. 자신의 표현대로 '학문적'인 자연법론을, 법이론과 국가이론 그리고 국제법이론을 전반적으로 포함하는 체계 속에서 구축하고자 했던 볼프는,[15] 기존의 실정법을 볼프식 자연법 방법으로 접근해 가도록 유도했던 사람으로 이해된다. 그리고 볼프는 실제로 그의 방대한 자연법 저서에서 실정법의 전 영역을 다루고 있기도 하다.[16] 그러나 이것은 그의 체계가 실정법을 자연법적 방법으로 정당화시키고자 했다는 현실적인 관점에서 이해될 것이 아니라, 그가 실천에 관한 보편원리를 제1철학(존재형이상학)에 체계적으로 종속시켜서 규명하고자 했기 때문으로 해석되어야 한다. 그에 있어서 최상의 자연의 법은 "너를, 그리고 너의 상태 혹은 다른 사람의 상태를, 보다 완전하게 만드는 것을 행하라. 그리고 그것들을 불완전하게 만드는 것을 행하지 말라"[17]로 나타난다. 그에 의하면 자연법과 실정법의 관계는 아리스토텔레스식 자연법 전통에 따르는 목적론적 의미의 '완전함'이라는 이념에[18] 기초하여 파악되어야 한다. 그러므로 이성이 "자

14) 자연철학은 근본적으로 이론과 실천 사이의 괴리를 부정할 수 없게 되어 있다는 구조를 나타내며 실천에 관한 보편이론으로서의 자연법론은 그러므로 이론과 실천 사이의 괴리를 부정하는 이데올로기와는 다르다.

15) Chr. Wolff, Jus naturae methodo scientifica petractatum, Ⅰ, Proleg, § 1. Ges. Werke. lat. Schr. 17(1740, ND 1972), 1면 이하.

16) 그래서 그의 자연법은 '법의 백과전서'로 나타난다. 이에 대하여는 A. Hügli, "Naturrecht," in; *Historisches Wörterbuch der Philosophie*, Bd.6, 1984, 593면 참조.

17) Chr. Wolff, *Vernünfige Gedanken von der Menschen Thun und Lassen, zu Beförderung ihrer Glückseligkeit*, Ges. Werke, dtsch. Schr.4(1733, ND 1976) 1, § 12.

18) Wolff, 앞의 책, § 29.

연의 법칙의 스승"[19]인 한, 자연법의 내용원리는 본질적으로 실정법의 내용원리와 구별되지 않는다. 볼프에 있어서 자연법의 실정법화는[20] 저 존재론적 인간학의 기초 위에서만 온당하게 개념사적으로 파악될 수 있는 것이다.

전통적·존재론적 악센트는 볼프로 하여금, 자연법의 기능을 궁극적으로는 자연적 존재법칙으로부터 도출되는 이론으로 한정하도록 했다. 그의 자연법체계는 보편실천철학과 특수실천철학으로 나뉜다. 전자는 말하자면 총론으로서 이성적 영역에 속하는 장이다. 즉 보편실천철학은 자연법을 근거짓는 역할을 하며, 이 점에서 그것은 자연법적 원칙에 관한 이론으로 나타난다. 후자는 각론으로서 경험적 영역에 속한다. 자연법은 실천철학의 이 경험적 영역에 대해서도 그 '이론'의 역할을 하기도 한다. 그러므로 실천을 위한 '이론'인 그의 자연법은, 또한 결과적으로 경험을 그것 자체로서 이론화하는 틀로서도 사용될 여지를 제공해 준다. 즉 볼프에 의해서 각론에서 다루어진 경험적 소재가, 자연적 법칙을 만드는 자료로서 이성편에서 되풀이 사용되고 있는 것이다.

만약 이 점을 지적하여, 18세기 중엽의 모든 사회적 지배관계가 전통 실천철학의 내용적인 바탕이 되어서 볼프의 이론 안에 들어와서 자연법적 외관을 띠게 되었다고 말한다면 이는 볼프의 자연법사상을 그 개념사적, 방법사적인 추적을 소홀히 한 채 관찰한 결과일 것이다. 볼프식 자연법에 있어서의 수학적·학문적 방법을, 자연법을 결과적으로 실정법의 시녀로 만드는, 즉 실정법

19) Wolff, 앞의 책, § 23.

20) "자연법은 시민법이 된다"[*Vernünftige Gedanken von dem Gesellschaftlichen Leben der Menschen*, Ges. Werke, dtsch. Schr.5(1736, ND 1975), 2,4, § 401]. 그는 여기서 행위와 행위의 결과가 갖는 참된 관계에 대한 인간의 무지와 허약이 인간으로 하여금 자연의 법칙으로부터 멀어지게 한다고 말했다. 그래서 공동체에서 자연적인 것이 힘을 발휘하지 못하는 곳에서는 새로운 구속성이 국가적인 제재와 함께 같이 작용해야 한다고 주장했다.

을 자연법적으로 정당화시키는 종속구조의 표현으로 보는 태도는, 일면의 상황만을 파악한 데 지나지 않는다. 볼프식의 수학적 방법이 법발견의 진정한 원천—그는 이것을 경험세계에서 찾을 수 있다고 믿었다—을 감추어버림으로써, 자연법을 결과적으로 실정법을 정당화시키는 구조로서만 가능하도록 만들었다고 비난한 한스 티메는[21] 이 점에서 잘못을 범하고 있는 셈이다. 기르케도 티메와 같은 이유를 들어, '수학적 자연법의 고찰방식의 오류'에 대해서 언급했었다. (그러면서도 그는, 볼프식 수학적 자연법이 법정책적 개혁적 속성을 담고 있지는 않으나, 그 자연법이 고유하게 지니는 체계형성 능력이 훗날 프로이센 보통주법과 판덱텐체계 발생에 끼친 영향을 생각할 때, 이 오류는 '생산적'인 오류이기는 했다고 적었다.[22])

이성의 지배가 자연에서뿐만 아니라 사회에서도 통하게 하는 이 철저한 방법 중심의 사회구상은, '완벽한 질서 유토피아'에로 향해 있다. 그것이 모든 것을 보편규율원리에 따라 완벽하게 정립시키는 역할을 해낼 수 있는 한, 그것은 궁극적으로는 형식주의에서 비롯되는 최소한의 안정성에의 기대를 가능케 해주기도 한다. 형식주의에 동반되는 안정성은 그것 자체로서는, 반드시 어떠한 구체적 내용을 가지는 목표를 정당화하는 이른바 이데올로기와 결부되어 있지 않다. 실제로 기하학적 방법의 자연법론은 형식주의를 고수함으로써, 당시의 정치적 · 사회적 영역에 직접적인 영향을 크게 미치지는 못했던 것으로 평가하는 사람도 있다.[23] 요컨대 방법론적 요청 그것 자체는 다양한 내용적인 표상 및 목적들로부터 독립되어 있을 수 있다. 그런 만큼 수학적 · 기하학적 방법원리를 근대의 사회적 · 정치적 현실여건들로부터 일단 분리시켜 그 자체로서 학문적 탐구대상으로 삼을 수 있는 것

21) Thieme, *Die Zeit des späten Naturrechts*, 222면 이하 참조.

22) O. Gierke, *Naturrecht und Deutsches Recht*, Frankfurt, 1883.

23) Röd, 앞의 책, 185면 참조.

이다.

기하학적 방법원리에 입각한 자연법론을 당시의 현실을 정당화해주는, 혹은 결과적으로 정당화시켜준 이론으로 곧장 해석해 버리려는 경향은, 앞서 말한 이유에서 옳지 않다고 본다. 형식주의가 가져다주는 안정성은, 정치적·사회적 혹은 종교적 특정 내용들을 이 형식적인 방법원리의 확실성을 가지고 '이성적'으로 보이게 하기 위한 목적과 결부되기도 할 것이다. 그리고 푸펜도르프나 볼프의 자연법체계가 당시 프러시아의 근대화 과정에서 강하게 요청된 국가적 절대성을 관철시키는 단계에서 실제적인 기능을 수행했을 수도 있다.[24] 국가의 포괄적인 규제력에 의지하여 광범위하게 사회기강을 확립하려는 시도는, 사실 당시 프로이센을 위시한 계몽된 절대국가가 당면한 과제였었다. 당시의 절대국가는 국민을 좀더 나은 생활로 이끌기 위해 골목길을 어떻게 깨끗하게 관리하는지부터 직업선택, 외국여행, 가구장치, 커피마시기, 식사시간, 음주 등등에 세세히 간섭했다. 이 모든 것은 국민을 계도하는 데 있어서 당시의 통치자가 마음을 써야 할 대상이었다.[25] 1754년까지 12판이나 거듭되면서 당시 중요한 대학교재로 쓰였던 세켄도르프(Veit Ludwig von Seckendorff)의 『군주국가』는 당시 독일 정치학 저서로서는 가장 애독된 책에 해당했었는데, 이 책은 당시의 정치적·경제적 사회상황을 비교적 자세하게 묘사하고 있다. 그는 이를 기초로 국민의 생존에 대한 일체의 배려를 떠맡은—산파, 청소년 보호, 알코올, 끽연남용 방지, 대기 및 하천오염 방지, 영양, 노인, 불구자를 위한 복지시설, 구빈소 등등

---

24) Michael Stolleis도 근대 자연법론의 출현을 첫째, 근대 자연과학의 등장, 둘째, 정치적·종교적 위기상황에서의 중립적인 법적 기반의 추구, 셋째, 국가 안에서 절대주의를 관철시키는 단계에 있어서의 실제적 기능의 세 가지 방향에서 설명했다(*Staatsdenker im 17. und 18. Jahrhundert*, 20면 이하 참조).

25) 이에 대하여는, J. J. Moser, *Von der Landeshoheit in Policey-Sachen*, Frankfurt/Leipzig, 1773, 88면 이하.

— 국가, 가히 가난한 사람들을 돌보는 가정의 역할로서의 국가론을 펼쳤었다.[26)]

이러한 상황들에 비추어 볼 때, 볼프식의 자연법체계도 앞서 말한 대로 프러시아 근대화과정에서 요청된 국가권력을 관철시키는 단계에서 실제적인 기능을 수행했을 법도 하다. 그러나 그를 두고, 이성으로부터 현존의 국가를 넘어서는 그 무엇을 이끌어내지 못했다고 비난하는 것은,[27)] 우리와 관심방향을 달리한 결과라 할 것이다. 볼프식의 자연법론이 근대국가의 권력집중과정에 동반되는 이론적 도구였다고 폄하하는 태도 또한 그러하다.

개념필연적인 것이 경험적으로 사회현상에 일치하고 안하고의 문제는, 처음부터 볼프식의 기하학적 체계에 포섭되지 않은, 아니 기하학적 형식체계와는 무관한 문제였다. 도대체가 기하학적 방법의 자연법론에 사용된 계약모델이 이미 사회개념을 구상하기 위한 것이 아니었다. 그것은 일차적으로 국가개념을 구상하기 위한 것이 아니었다. 그렇기 때문에 예컨대, 자연적·사회적 토대가 살아나는 루소식의 계약개념에서는 계약당사자의 실질적 합의점이 본질을 이루는 데 비해서, 기하학적 방법에 밀착된 홉스의 계약개념에서는 계약당사자의 합의내용보다도, 교환물의 형식적 상관관계가 그것 자체로서 본질을 이룬다. 루소의 계약개념이 직접적인 사회토대로부터 나온 실질원리를 고수하고 있다면(합의계약), 홉스의 그것은 사회적 토대를 떠난, 제2단계의 형식적 지배원리를 주축으로 삼고 있다(복종계약).

요컨대 '기하학적 방법'원리에 의존했던 사람들은 대부분 사회에 관심이 있지 않고, 사회가 어떻게 통치될 것인지에 관심이 있

---

26) Stolleis, 앞의 글, 158면 참조. "좋은 질서와 법률의 확립"을 최상의 이상으로 삼는 독일 행정학의 창시자 세켄도르프의 복지행정개념은, 1800년대의 '위로부터의 혁명'의 전단계를 이끌어 나갔다고 할 수 있다(169면 이하).

27) 예컨대 Ernst Bloch, *Naturrecht und menschliche Würde*, 66면 참조.

었던 것이다. 그리고 이러한 그들의 관심은 정치적 현실주의로 접근될 성질로서 이해될 것이 아니라, 일차적으로 방법론적 차원에서 다루어져야 하는 것이다.

여기서 우리는 기하학의 정신을 바탕으로 한 자연법체계가, 인간의 사회적 행위를 위한 결정의 내용들로부터 출발하는 체계가 아니라, 결정 자체에 관계되는 관심사를 다루는 체계임을 알 수 있게 된다. 특정한 정의를 표상하여 거기에 따른 결정의 내용으로부터 출발하는 자연법체계는, 법을 특정한 내용과 더불어 국가 이전의 바탕에서 법으로 성립시킨다. 이에 반해서 결정 자체에 관심을 두는 자연법 체계는 국가 이전에 그리고 국가 밖에서는 어떠한 법도 성립할 수 없다고 보며, 국가의 위대성은 바로 법을 창설한다는 데에, 그래서 바로 법을 둘러싼 싸움을 결정한다는 데 있다. 예컨대 무엇이 국가에 이익이 되는가의 물음에 직면하여 후자에서 문제가 되는 것은 목적이 아니라, 목적을 위한 수단을 둘러싼 결정이다. 이러한 자연법체계에서는 대개, 국가의 이익은 적어도 불명료하고 모호한 것이 아니라, 본질적으로 법처럼 확고하고 분명한 것으로 생각된다. 그러므로 여기서는 공익에 관한 한, 상황에 따른 예외도 자연스럽게 인정될 수 있었다. 그러므로 푸펜도르프조차도, "오직 군주만이 언제가 그때인가를 결정할 수 있고" 그럴 수 있는 한, "그는 그 모든 계약에도 불구하고 절대적 지배자"[28]라고 말할 수밖에 없었을 것이다.

기하학적 이성에 바탕을 둔 자연법체계에는, 당시 프러시아의 근대화과정에서 강력하게 요청된 국가권력의 절대성을 자연에 합당한 것으로 몰고 갔다는 비판이 따른다. 그러나 볼프식의 자연법을 방법론적 관점에서 거론하는 한, 그의 자연법체계를 두고, 저 아리스토텔레스의 목적론이 프러시아 국가에 의해 통째로 삼

---

28) Pufendorf, De jure et gentium Ⅷ, § 10.

켜 먹힌 꼴이 되고 말았다고 주장하는 것은 지나치다. 어떤 학자는 미국의 자유와 평등의 헌법이념이 볼프의 자연법사상에 기초하고 있다고 했다. 그런가 하면 또 다른 사람들은 공공복리에 따른 재산권 행사의 제한 및 그 수용절차에 관한 독일 헌법 제14조가, 그 역사적 뿌리를 볼프식 자연법사상에 내리고 있음을 지적했다.[29] 전자들이 볼프식 자연법에서 자유와 평등이념을 확인했다면, 후자들은 재산권의 수용이론들 발견해냈다. 볼프의 자연법사상이 이 두 상반된 요소 중에서 어느 쪽을 진정으로 대변해 주고 있는지는, 관심을 우선 방법론에 두는 한은, 여기서 논외로 삼을 수밖에 없다.

Ⅲ. 기하학적 자연법의 의의

기하학적 자연법은 자연법의 완벽한 시스템화의 경향을 보여주었다는 점에서도 특색을 드러낸다. 저 수학적 원리는 확실히, 사회적 관계도 하나의 완결된 시스템으로 파악하도록 유도하는 힘을 지녔다. 자연과학적·수학적 모델이야말로 시스템에 대한 강한 신뢰를 낳게 해줄 수 있었다. 그로티우스, 푸펜도르프, 볼프 등의 자연법에 나타나는 이 체계화경향은, 이 시대의 자연법론자들이 18세기 말에서부터 시작된 법전 편찬사업에—이 법전 편찬작업

29) Christoph Link, "Naturrechtliche Grundlagen des Grundrechtsdenkens in der deutschen Staatsrechtslehre des 17. und 18. Jahrhunderts," in; *Marcic Gedächtnisschrift*, 90면에서 재인용. 링크는 독일 기본법의 전통에는 기독교적 원천, 자유주의적 원천, 사회주의적 원천과 나란히 자연법적 원천이 나타난다고 보고, 이 자연법사상은 개인의 자유를 통치자의 공공복리 책임에 종속시킴으로써 결국 개인의 자연적 자유를 제한하는 쪽으로 흘렀다고 지적했다. 이러한 자연법사상에서 구상된 사회계약 모델은, (자연)법을 도덕적 책임의 일부로서 강요하는 사회화모델인 까닭에, 결국 자연적 자유를 제한하게 되어 시민의 정치적 공동형성권을 부정하는 쪽으로 기울어진다는 것이다.

이야말로 그 의도에서부터 체계적이지 않으면 안 된다—지대한 영향을 미치는 데도 관계했다.[30] 자연법에 관한 한, 가장 방대한 체계로 꼽히는 볼프의 『*Jus Naturae Methode Scientifica Pertractatum*』은 그야말로 자연법 '각론'체계까지를 완성시킨 것이었다.[31]

근대 자연법의 이 체계화 경향도 많은 후세사람들의 비판의 대상이 되었다. 볼프와는 물론 비교가 안 되지만, 현대에 와서 그래도 자연법에 관해서 부피가 꽤 나가는 저작을 남긴 요하네스 메쓰너는 이성주의적 자연법체계야말로 바로 자연법이념을 해치는 것이었다고 주장하면서, 자연법이 그것 때문에 "변질"되었다고 주장했다.[32] 그리고 사우터는 시스템화의 경향을 "불운"이었다고 지적했다.[33] 라렌츠는, 이성주의적 체계는 단순한 형식적 지침원리 대신에, 결국 내용적으로 특정한 법명제를 자연법으로 규정하고 말았다고 해서했다.[34] 그리고 한스 티메도 완벽한 시스템에의 노력이 결국 그 시대의 자연법을 타락시키는 근원이었다고 주장했다.[35]

그러나 볼프를 두고 "개념법학의 아버지"[36]라고 말할 때, 필자는 이 표현에서 메쓰너식의 자연법의 '변질'에 대해서 이야기하기

---

30) 볼프식 시스템은 오늘날 사법교과서의 체계와도 무관하지 않다고 보는 입장도 있다(Hans Martin Bachmann, *Die naturrechtliche Staatslehre Christian Wolffs*, 72면).

31) 도합 8권으로 9년에 걸쳐서(1740~1748, Frankfurt/Lipzig/Halle) 출간이 완성된 이 책의 방대함 때문에, 그 긴요성에도 불구하고, 아직 The Classics of International Law 시리즈조차도 번역본을 못 냈으리라 짐작된다. 그는 300여 개에 달하는 자연법적 명제들을 만들어 냈다. 이와 관련하여 W. Frauendienst, *Christian Wolff als Staatsdenker*, Berlin, 1927.

32) Johannes Messner, *Naturrecht. Handbuch der Gesellschaftethik*, *Staatsethik und Wirtschaftsethik*, Innsbruck/Wien/München, 1966(제5판), 228면.

33) J. Sauter, *Die Philosophischen Grundlagen des Naturrechts*, Wien, 1932.

34) K. Larenz, Methodenlehre der Rechtswissenschaft, Berlin/Heidelberg/New York, 1975, 25면 참조.

35) 이와 관련해서는 Bachmann, 앞의 책, 17면 참조.

36) 프란츠 비아커의 표현이다.

보다는 다소 긍정적인 의미를 살리고 싶다. 즉 볼프가 "자연법원리들로부터 개념들을 발전시켜 그와 함께 그것을 언제나 새롭게 법이념에 비추어 측정하고자" 노력한 측면과, 온갖 "권위로부터 해방된 합리적인 법해석학을 성취"[37]시켰을 가능성에 대해서 생각해 볼 수 있는 것이다.[38] 기하학적 방법에 입각한 자연법체계는 후에 역사학파와 실증주의, 자유주의 등이 각각 이성주의적 요소와 초국가적 전국가적 법성격의 요소, 사회국가적 요소를 공격하면서 끝장이 난 듯 보이지만,[39] 분석법적 원리의 측면에서의 그 기여도는 앞으로 제대로 평가되어야 할 것이다.

---

37) Bachmann, 앞의 책 72면. 예컨대 볼프의 방대한 체계에는 어떠한 고전의 인용도 나오지 않는다.

38) 19세기 실증주의의 태도로부터 개념법학이 불신임을 받는 이유는, 바흐만에 의하면, 법이념에 비추어 개념을 끊임없이 새롭게 측정하기를 거부하고, 한번 주어진 조문이나 개념을 감히 벗어나지 않으려고 했기 때문이다.

39) 이에 대하여는 Horst Denzer, Pufendorf, in: *Klassiker des politischen Denkens*, Ⅱ, München, 1968, 27~52면 참조.

제9장

한스 켈젠의 자연법비판의 한계

Ⅰ. 켈젠의 자연법 비판

켈젠은 법의 구조에 관한 이론과 법정책적 고찰을 엄격하게 구별한다. 그의 법철학적·법이론적 관심은 한면으로는 '순수법이론'으로, 그리고 다른 한면으로는 '민주주의론'과 '이데올로기 비판'으로 집약될 수 있겠는데, 이 중에서 순수법이론이 바로 법의 구조에 관한 이론이라면 그의 민주주의론과 이데올로기 비판론은 법을 정책적으로 고찰하는 관점에 해당할 것이다. 엄격하게 말하면 그는 법이론의 영역을 전자로 한정한다. 그래서 순수법이론을 법의 일반이론으로 제시하는 것이다.

켈젠하면 사람들은 금방 그의 순수법이론을 떠올릴 것이다. 그러나 그는 실제로 많은 글을 통해서 민주주의 그리고 이데올로기 비판의 문제를 순수법이론에 못지않은 지속적인 열의를 가지고 다루었다.[1] 실증주의자 중의 실증주의자라고 알려져 있는 켈젠이

1) 이 방면의 대표적인 글들로는 *Staatsform und Weltanschauung*, 1933; *Vertiefung der Demokratie*, 1932; *The Political Theory of Bolschevism*, 1948; *Vergeltung und Kausalität*, 1946; *Marx oder Lassalle. Wandlungen in der politischen Theorie des Marxismus*, Darmstadt, 1967.

법정책적 고찰에 대해서 많은 지면과 시간을 할애한 사실을 어떻게 이해해야 할까? 또 켈젠이 실증주의자로 불리면서도 19세기적 실증주의의 배경을 가지기보다는 오히려 신칸트학파에 연결된다는 점은 우리에게 무엇을 시사하는가? 이러한 의문들에 대해 올바른 답이 준비되기 위해서는, 우선 그가 엄격하게 분리시켜 각각 법구조론과 법정책론으로 전개시켜나간 경로를 따라가 볼 필요가 있다.

켈젠 자신은 자연법을 우선적으로 이데올로기의 맥락에서 다루고 있다. 이는 그가 자연법을 법의 구조론의 시각으로부터는 차단시킨 채, 순전히 법정책적·내용가치적 물음에 연관된 시각에서 검토한 결과라 할 것이다. 이데올로기 비판의 맥락에서 자연법은 실정법을 정당화하는 보수적 정치이데올로기로서 다루어지고 있다.

이데올로기의 관점에서 자연법을 혹독하게 비판했던 한스 켈젠은 '자연법이냐 법실증주의냐'식의 양자택일만을 생각했던 것임에 틀림없다. 그에 의하면 첫째, 자연법론은 이원론에 입각한 "법의 형이상학"일 뿐이다. 즉 그는 흡사 경험적 세계와 초월적 세계가 대립하듯이 인간적 권위에 의한 실정법과 "초인간적인 심급"의 자연법은 대립한다고 생각한다. 둘째, 자연법론은 존재와 당위라는 서로 환원될 수 없는 두 범주를 혼동하여, 존재로부터 당위를 이끌어 내고자 하는 오류에 빠진 사고의 한 전형이다. 즉 인과관계로 파악해야 하는 자연현상과 규범을 필요로 하는 사회현상은 다름에도 불구하고 흡사 자연에 규범이 내재해 있는 양 착각하여, 자연법론자들은 자기가 옳다고 생각하는 규범내용이나 가치를 미리 전제해 두고, "이것이 자연에 합당한 것"이라고 말하면서 끄집어 내보이는 것이나 마찬가지인 일종의 순환론에 빠져 있을 뿐이라는 것이다. 셋째, 규범은 의지에 의해 제정될 뿐인데 그렇다면 의지를 부여받은 자연이란 결국 "애니미즘적 미신"에 불과하니, 자연법론은 종교적·신학적 개념에 바탕을 두고 있다. 넷째, 인간의 본성에는 충동적 본성과 이성적 본성이 있는데 자연법론은 후자만을 인간의 본성으로 채택하여, 이 본성이 인간으로 하여금 악한 충동을 피하고 선한 충동을 따르도록 명하는 기능을 맡는다는 소위 실천이성이라는 모순된 개념에 입각하고 있다. 인간의 이성은 인식능력을 가질 뿐이라고 보는 그는 의욕의 기능인 규범제정기능을 이성에 부여하려는 데 반대한다. 즉 "규범제정적 당국으로서의, 입법자로서의 이성의 개념"은 그에 의하면 자체모순에 빠진 개념으로서, 인식하는 동시에 의욕하는 이성이 있다면 그것은 인간이성이 아닌 신의 이성에 불과하다. 다섯째, 역사에서 자연법론은 자연으로부터 서로 다른 혹은 날카롭게 대립되는 규범내용들을 연역했던 만큼, 자연법론은 실정법질서가 정의롭기 위한 어떠한 확실한 규준도 제공하지 않는다. 여섯째, 자연법론자들이 불변적인 자연법론 대신에 가변적 자연법의 주장을 하기도 하나, 그렇다면 가변적 자연법은 실정법으로부터 구별될 수 없어 자연법이란 결국 있으나마나 한 주장이 된다. 일곱째, 자연법론자들이 흔히 주장하는 대로 자연법이 실천적·정치적 입장에서 실정법의 개선에 이르게 하는 등 혁명적으로 작용한 것은 예외에 불과하고, 자연법은 기존의 법질서와 여타의 정치적 경제적 제도를 자연법에 일치하는 것으로 정당화하는 데 기여하면서 철저히 보수적 성격을 띠어 왔다.[2)]

이와 같은 자연법비판은 물론 켈젠의 법실증주의 입장에 입각한 것이었다. 즉 그것은 오로지 실정법 자체의 진리에만 충실한다는 의미의 과학적 태도를 견지하며, 둘째로 법은 도덕 혹은 정의와 구별되어야 하며 그래서 정의롭지 못한 실정법의 가능성을 염두에 두지 않으면 안 된다는 태도, 그리고 셋째로 법은 의지적

2) 한스 켈젠, "자연법론과 법실증주의", 『켈젠법이론선집』, 심헌섭 역, 법문사, 1990, 239면 이하.

제정의 산물이라는 점, 마지막으로 정의에 관한 주장은 서로 모순될 우려가 있으며 상대적 가치를 지닐 뿐이기 때문에 실정법의 효력에 관한 문제에서 고려될 필요가 없다는 태도로부터 나온 것이었다.[3)]

법을 보다 더 실질적·윤리적 관점에서 다루었던 켈젠의 초기 저작들에서는 자연법의 문제도 대개 이성법적 전통에 따라 거론되었다. 이때까지는 사실 켈젠은 법의 성격을 다분히 실질적·윤리적 관점에 비추어 규명했었다. 그러다가 1920년대를 지나면서 법의 형식적·법률적 성격이 첨예하게 이론화되기 시작했다. 그러면서 자연법은 완전히 이데올로기비판의 관점에서 비판적으로 다루어지게 된다. 실증주의자인 켈젠이 자연법을 한낱 법률정책적 요청일 뿐 실정법의 구성부분이 아니라고 단정하는 데는, 가치평가를 과학적 태도로부터 배제시키는 막스 베버식 학문개념이 영향을 미치고 있다. 몰가치적 학문개념에 따라 그의 자연법은 실증주의적 이론체계에서 일단 발판을 상실하고 있다.

학문적인 진리탐구에 있어서 방법론적 융합주의를 배제하고자 하는 노력에 있어서는, 그 누구도 켈젠을 따를 수 없을 것이다. 학문 외적 요소들로부터 학문을 '순수화'하는 작업의 성과로 켈젠은 20세기 철학과 학문방법론에 있어서 전무후무의 영향을 미쳤다. 베버에 있어서 그 작업이 '몰가치적 과학(wertfreie Wissenschaft)'으로 나타났다면, 켈젠에 있어서는 바로 '순수법이론(reine Rechtslehre)'으로 나타났던 것이다. 공교롭게도 이 두 사람은 19세기 실증주의적 배경을 가지는 실증주의자가 아니라 신칸트적 배경을 가지는 실증주의자로 불릴 수 있다는 점에서도 공통점을 지닌다.

켈젠의 순수법이론은 가히 법학의 과학적 성격을 과시해 줄 만한 이론이다. 즉 그것은 과학으로서의 법학의 논리적·분석적 성

3) 켈젠, 앞의 책, 249면 이하 참조.

격을 선명하게 드러내는 대표적인 이론이라고 해도 과언이 아니다. 종교적·형이상학적 요소를 위시하여 일체의 비합리적 요소를 학문적인 논점으로부터 추방하자는 각오에 있어서, 켈젠은 베버보다도 더 철저했다.[4)]

켈젠은 자신의 순수법을 "비판적·실증주의적" 이론이라고 주장한 적이 있다. 또 자신의 그러한 학문적 입장을 "이상주의적(idealistisch)" 법이론에 해당하는 자연법론과는 대립되는 "현실주의적" 법이론이라고 표현한 적도 있다.[5)] 이러한 표현은 그의 방법론적 태도에 비추어 생각한다면 과학으로서의 법학의 가치중립적 성격을 주목시키기 위한 것이었다고도 풀이할 수 있다.

켈젠은 자연법을 "단순히 생각된 규범(bloβ gedachte Norm)"으로서 구체적 제정행위를 전제하는 실정규범에 대립시킨다. 켈젠의 자연법은 사실 실정법과 철저하게 대립되는 관계에 놓인다는 요소만으로도 그 성격이 거의 드러난다고 볼 수 있다. 그는 자연법을 강제를 속성으로 하는 제정규범이 아닌, 단순히 생각된 규범으로 정의한다. 그에 있어서 자연법의 "자연성(Natürlichkeit)"은 바로 "강제가 없음(Zwangslosigkeit)"을 의미하며 그러므로 자연법적 질서라 함은 국가 없이 가능한 강제가 없는 질서, 그러므로 이상적인 의미에서의 무정부상태를 말한다고 볼 수 있다. 그에 의하면 자연법이론은 가장 순수한 형태로는 이상적인 아나키이론으로서만 가능한 셈이다.

이러한 의미에서의 자연법론은 사실 철저하게 실정법적 도그마의 관점에서 자연법을 파악한 결과라고 볼 수 있다. 아무튼 이런

---

4) 토피취는 이 점에 있어서 켈젠은 포이에르바하, 맑스, 니체, 베버, 프로이트보다도 더 극단적이었다고 묘사했다. Topitsch, "Hans Kelsen-Demokrat und Philosoph," in: Ideologiekritik und Demokratietheorie bei Hans Kelsen, *Rechtstheorie*, Beiheft 4, 25면 참조.

5) Kelsen, "Law, State and Justice in the pure Theory of Law," in: *The Yale Law Journal*, Jan. 1948 참조.

의미에서 자연법은 철두철미 실정법에 대립된다. 그러므로 자연법과 실정법을 어떤 식으로든 공존시킬 수 있다고 보는 시각은, 켈젠에 따르면, 처음부터 잘못된 것이거나 아니면 수미일관되지 못한 결론에 이르게 된다. 자연법론은 이론적으로는 다만 하나의 이상적인 아나키이론일 뿐이다. 그러므로 실정법체계 편에서 보면 '순수한 자연법'은 불필요한 여분일 뿐이게 된다. 자연법과 실정법은 비강제와 강제라는 개념징표에 의해서도 확연히 구별된다. 자연법론에서 주장되는 것처럼 만약 자연법의 원천이 인간의 선한 본성에 놓인다면, 그리고 자연법이 사회적 관계를 명백히 올바르게 규율하는 것이라 한다면 자연법을 따르는 데 어떠한 강제도 필요로 하지 않으리라는 것이다. 이러한 순수한 의미에서의 자연법, 즉 아나키이론은 켈젠에 의하면 불가능하다.[6)]

대부분의 자연법론은 실정법과의 관계에서 순수한 개념적인 대립상태를 버리고, 자연법적·형이상학적 요소를 실정화하거나 아니면 자연법적 요소를 실정법에 내재시키고자 하는 방향으로 변질 ―비순수화!― 된다. 켈젠은 이러한 비순수한 자연법의 유형을 셋으로 나누어 '혁명적 자연법론', '형식적 자연법론', '상대적 자연법론'으로 각각 표현한 바 있다.[7)] 혁명적 자연법론이 자연법과 실정법 체제를 대립관계에서 파악한다면,[8)] 형식적 자연법론은 자연법과 실정법의 대립을 보다 더 낙관적으로 보는 입장에 속한다. 상대적 자연법론은 자연법과 실정법의 이원론을 개혁적 경향에 서서 보는 입장에 속한다.

---

6) 켈젠에 의하면 모든 자연법이론이 '순수할' 수는 없다. 왜냐하면 인간은 선하다는 초경험적 본성 이외에 그 반대의 경험적·현실적 본성도 가지고 있으므로 소위 "형이상학적 강제"가 불가피하기 때문이다.

7) Kelsen, *Die Philosophische Grundlagen der Naturrechtslehre und des Rechtspositivismus*, Berlin, 1928, § 26, 27, 28.

8) 따라서 자연법론은 여기서는 이상적 아나키이론과 가장 근접되는 순수한 형태로 설명된다.

켈젠은 유감스럽게도 자연법과 실정법의 대립관계의 성격에 따른 이러한 자연법 유형들에 대해서 보다 상세하게 거론하지는 않았다. 그 대신 그는 모든 자연법론이 형이상학적·종교적 성격을 지닌다는 명제를 전적으로 자연법 비판의 거점으로 삼아, 이데올로기 비판의 일환으로 자연법에 대해서 비판하고 있다. 말하자면 그에 있어서 자연법론은 이론적으로는 아나키이론에 속하며, 실제에 있어서는 이데올로기론에 속하는 셈이 된다. 아나키이론으로서는 자연법은 혁명적 성격을 띤다. 실제에 있어서 이데올로기론으로서의 자연법론은 보수적인 성격을 띠게 되어, 역사에 있어서 대부분의 자연법론은 결국 실정법을 정당화하는 기능을 담당하는 정치적 보수 이데올로기로 낙착된다는 것이다.

켈젠은 아리스토텔레스, 토마스 아퀴나스 그리고 칸트의 자연법론을 실제로 전부 이런 각도에서 분석하고 비판했다. 규범을 인간의 의지행위로부터 이끌어내지 않고 자연 혹은 사물의 본성으로부터 이끌어 낼 수 있다고 보는 자연법론자들의 전제는 그에 의하면 현실의 일면을 정당화시키는 논리틀에 지나지 않는다.

자연법을 근거짓는다는 사물의 본성은 결국 켈젠에 의하면 인간이 행동하는 상황이거나, 아니면 인간행동으로써 문제시되고 있는 인간 자신이 되는데, 이때의 상황이란 결국 전체로서의 현실의 한 부분에 지나지 않게 된다는 것이다. "사물의 본성이란 결국 현실의 전체로서의 자연이거나 아니면 인간의 자연이다."[9] 아리스토텔레스의 목적론적 자연 개념도 그러므로 결국 실정법이 자연법적이라고 생각하도록 하는 정당화의 장치에 지나지 않게 된다는 것이다.[10] 목적론적 자연개념을 받아들인다는 것은 결국 본질적으로 선한 어떤 현실을 전제함을 의미한다는 것이다. 현실

---

9) Kelsen, "Die Grundlage der Naturrechtslehre," in: *Österreichische Zeitschrift für öffentliches Recht*, Neue Folge Bd.XIII, Heft 1/2(1963), 4면 참조.

10) Kelsen, 앞의 글, 21면 참조.

의 일면을 정당화하는 표상이 자연법이라는 이런 식의 주장은, 아리스토텔레스가 노예제라는 당시의 역사적 사회적 현실을 자연에 합당한 제도로 인정하는 대목에서 거의 검증을 끝냈다고 여겨지기도 한다.

자연법의 종교적·형이상학적 원천은 켈젠에 의하면 스토아나 토마스 아퀴나스식의 법의 3단계구조에서 가장 명백하게 드러난다. '신법(lex divina) - 자연법(lex naturalis) - 인정법(lex humana)'구조는 각각 신의 의지(혹은 이성)로부터 직접적으로 —간접적으로 인간의 의지로부터— 이끌어 낸 것들로서, 그것은 결국 '올바른 신성(gerechte Gottheit)'에 대한 믿음을 전제로 하는 구조라는 것이다. 또 실천이성을 전제로 한 칸트의 자연법에 대해서도 켈젠은 이와 똑같이 설명했다. 실천이성이란 사고하는 동시에 의욕하는, 입법하는 이성에 대한 표상인데, 켈젠에 의하면 인간의 이성이 실천적이라는 말은, 그의 이성이 신의 이성(의지)에 참여하고 있기 때문이라는 말과 같다. 그러므로 켈젠은 칸트도 실천이성을 가지고 결국 도덕의 영역에서 최상의 입법자인 신의 존재를 증명하려 했기 때문에,[11] 그의 자연법론도 신학에 기초한 자연법론 이외에 다른 것일 수 없다는 것이다. 실천이성에는 모든 인간의 의무를 신의 명령으로 보라는 정언명령이 놓여 있으며, 그렇게 되면 칸트가 의무, 즉 도덕법칙에 대한 존중으로부터 나오는 행위의 필연성을 그토록 강조한 것도 그 때문이게 된다.

켈젠에게는 18세기 유럽의 계몽주의에서 만연되었던 식의 인간의 완성가능성에 대한 소박한 믿음이나 낙관주의 따위를 찾아볼 수 없는지도 모른다. 켈젠은 인식의 발전과 도덕의 발전 사이의 필연적인 연관관계가 있다는 믿음을 갖지 않았는지도 모른다.[12]

---

11) 켈젠은 이를 주목시키기 위해 Kant, *Kritik der Urteilskraft*, Akademie Textausgabe, Bd.V, 444면을 인용했다. Kelsen 앞의 글, 32면 참조.

12) Topitsch, 앞의 글, 27면 참조.

어쨌거나 켈젠은 칸트식의, 즉 스스로 입법하는 능력으로서의 실천적 이성개념을 받아들이고 있지 않다. '자율'은 켈젠에게는 규범과는 무관한 범주이다. 왜냐하면 켈젠에 의하면, 규범이란 인식행위의 내용이 아니라, 하나의 의지를 다른 의지에 대해서 관철시키는 의지행위의 내용이기 때문에, 필연적으로 두 주체를 전제하며, 그런 만큼 '타율적'일 수밖에 없다. 그러므로 켈젠의 규범이론은 타율적이요, 따라서 칸트식의 도덕적·자율적 표상과는 자연히 결별하게 된다. 우리는 실천적 인식가능성을 부인하는 이러한 켈젠의 태도가 그릇됨을 나중에 밝힐 기회가 있을 것이다.[13]

지금까지 우리는 켈젠을 통해서 순수한 사유규범으로서의 자연법은 제정행위를 전제하는 실정법에 대립된다는 것과, 모든 자연법론은 형이상학적·종교적 성격을 지니며, 정치적으로는 보수이데올로기로서 작용한다는 설명을 들었다. 켈젠의 자연법 비판은 몇몇 자연법론에는 확실히 들어맞는다. 켈젠의 자연법비판의 배경에는 당시 오스트리아에서 독재주의와 볼세비즘에 대항하는 기독교 자연법을 유일한 진리로 간주하고자 하는 독단적 교조주의의 경향에 대한 반발도 작용하고 있다. 이와 정반대로 가톨릭교회와 나치정권의 일시적인 우호도 켈젠식의 자연법비판에 좋은 자료를 제공한다. 그럼에도 불구하고 켈젠은 자연법이념과 특정한 자연법론을 혼동했다는 비난을 면하기 어려울 것이다. 자연법비판에 관한 한, 그는 자기의 관점에서 지나치게 좁게 출발했다. 그의 비판은 생각보다는 상당히 피상적인 수준에 머물러 있다.

오늘날 자연법을 옹호하는 사람들이나 비판하는 사람들 중에는 자연법과 실정법을 필연적으로 대립, 경합시키는 시각에서 출발하는 사람들이 많다. 이 점에 있어서 켈젠도 예외는 아니었다. 그는 "자연법론은 이원적 법이론이다. 왜냐하면 그에 따르면 실정

13) 이에 대해서는 켈젠의 규범이론을 논박하는 Ota Weinberger, *Normtheorie als Grundlage der Jurspundenz und Ethtik*, Berlin 1981, 35면 이하도 참조.

법과 나란히 … 자연법이 있기 때문이다. 순수법이론은 그러나 일원적 법이론이다. 그에 따르면 오직 하나의 법, 실정법이 있을 뿐이다."[14]

'실증주의 논쟁'의 열기가 어느 정도 식은 시점에서 출판된 켈젠의 『일반규범이론』[15]은 순수법이론에 입각한 그의 법실증주의적 성격을 재검토할 필요성을 몇몇 사람들에게 불러일으키고 있다. 이 책은 특히 논리실증주의자들의 관심 속에서 주목되었다. 그들은 켈젠이 이 책에서 규범을 의지행위에 전적으로 연관짓는—"명령자가 없이는 명령이 있을 수 없다(Kein Imperativ ohne Imperator)" 식의—'제정실증주의(Setzungspositivismus)'로 자신의 입장을 극단화시키면서, 법이론에 있어서 규범의 논리적 연관 가능성을 부인하는 이른바 '규범비합리주의(Normirrationalismus)'로 빠져들고 말았다고 주장했다. 오타 바인베르거는 바로 이런 관점에서 켈젠의 규범이론을 비판하고 있다.[16]

바인베르거에 의하면 켈젠은 이 책을 규범비합리주의로부터 출발해서 순수법이론을 본격적으로 재구성하기 위해 쓰여진 것으로 설명하고 있다. 규범의 존재를 전적으로 인식행위와 구별되는 의지행위로서의 제정행위에서 찾는다는 점에서, 바인베르거는 켈젠식 실증주의를 '제정실증주의'로, 그리고 켈젠의 규범이론을 '비합리주의'로 성격짓는다. "…명령자 없이는 명령이 있을 수 없고 규범을 설정하는 권위 없이 규범은 있을 수 없다. 즉 하나의 의지행위가 없이는 바로 이 의지행위의 의미인 규범이 있을 수 없다."[17]

---

14) Kelsen, *Reine Rechtslehre*, Wien, 1976, 443면.

15) Kelsen, *Allgemeine Theorie der Normen*, Hrsg. K. Ringhofer/R. Walter, Wien, 1979.

16) Ota Weinberger, 앞의 책, 158면 이하 참조.

17) Kelsen, *Allgemeine Theorie der Normen*, 187면.

그러나 이 책을 과연 규범의 비합리성을 켈젠이 증명해 보이기 위해서 썼는가, 그래서 이 책으로써 그가 1911년 『국가법이론의 근본문제』[18] 이래로 60여년 동안 주장해 왔던 순수법이론이 전격적으로 재구성된다고 보아야 할 것인가는 그렇게 간단히 대답할 수 있는 문제가 아닌 것 같다. 논리실증주의자들은 원칙적으로 논리로부터 규범을 분리하지 않으려고 한다. 그러나 우선 규범논리학의 가능성은 그것 자체로서 아직 많은 어려운 과제를 안고 있다.

그의 사후에 간행된 최후의 책으로 인해 켈젠의 순수법이론이 발견해 낸 논리학이 바로 일반 규범논리학일 수 있다는 가능성이 희박해질 수 있을지는 모르겠다. 그러나 순수법이론이 규범체계에 대한 분석이론인 한, 과연 켈젠이 규범체계에 있어서 합리적 연관관계를 일체 무시하는 규범비합리주의를 표방했는가는 의문시된다. 규범논리의 가능성을 무시한다고 해서 무조건 규범 비합리주의자로 모는 태도는 일단 타당하지 않다. 또 오늘날의 법철학의 분위기는 존재와 당위를 구별하는 흄의 명제를 받아들이면서도 당위의 논리화가 가능한 것으로 보는 쪽으로 기울고 있으며 기실 이러한 분위기를 만들어내는 데는 켈젠이 기여한 바도 적지 않다.

그 밖에 실정법이 반드시 제정의지를 필요로 한다는 테마도 실제로, 켈젠의 이론체계에서 바인베르거가 평가하는 것처럼 그렇게 극단적으로 강조되지는 않는다. 그것은 '법률기술적' 차원으로서의 법실증주의의 한 구성요소로서 이해되면 족한 것이며, 또 그렇게 이해되는 한, 합리적 규범이론의 구성과 본질적으로 마찰을 일으키지는 않을 것이다.

---

18) Kelsen, *Hauptprobleme der Staatsrechtslehre entwickelt aus der Lehre von Rechtssätze*, Tübingen, 1911.

Ⅱ. 순수법이론과 자연법론의 관계

앞에서 켈젠이 자연법을 하나의 이데올로기 문제로 다루어 비판하고 있음을 살펴보았다. 이제 관점을 달리하여 켈젠의 법의 구조에 관한 이론적 고찰에서 자연법론의 가능성을 타진해 보고자 한다. 이는 자연법론을 실정법의 기초 및 근거에 관한 일반이론으로서 제기하는 시각이기도 한다. 법학적 인식에 있어서 개념장치 및 방법론을 다루고 있는 순수법이론은 다양한 체계를 가지는 법내용을 일반화하는 이론이 아니라 그야말로 법구조의 일반론으로 받아들여진다. 그런 까닭에 순수법이론은 일반 규범논리학의 가능성으로도 비친다. 그런가 하면, 형식적 일반성을 추구하는 합리적 구성이론인 한은 그것은 올바른 법이론을 위한 전세로도 불릴 수 있다.

르네 마르취치는 형식적인 관점에서만 본다면 자연법은 "실정법의 기초이론," "실정법의 조건을 분석하는 이론"에 해당한다고 보고 있다. 이런 이론작업은 법존재의 가능성의 조건을 확보하는 이론작업이므로 "실정법의 선험적 기초를 밝히는 작업"으로 설명될 수 있다. 마르취치는 이렇게 자연법을 특정한 실정법을 도덕적으로 정당화하기 위한 이론이라고 생각하지 않고 바로 '법의 선험철학'으로 간주한다.[19] 자연법의 징표를 선험적 본질에서 찾는 태도는 사실 서구 정신사에서 일찍부터 있어 왔다. 그것은 선험적 법이론의 기초를 제공한 저 플라톤의 이데아론으로부터 시작하여 아리스토텔레스의 목적론적 자연개념에서, 토마스 아퀴나스의 영구법－자연법－인정법의 형이상학적 구조에서, '기하학의 정신'의 산물로서의 홉스의 '리바이어던'에서, 루소식의 의지의 일

19) Marcic, "Das Naturrecht als Grundnorm der Verfassung," in: *Österreichische Zeitschrift für öffentliches Recht*, Neue Folge Bd. XIII, Heft 1/2(1963), 75면.

반화 형식에서, 칸트의 보편입법이념에서 그것은 각각 의심의 여지없이 나타났다.

이 선험성이라는 자연법의 징표를 오늘날 우리는 켈젠의 순수법이론에서 바로 근본규범과 관련하여 발견해낼 수 있다.[20] 『순수법이론』에서 법의 효력의 근거에 대해서 설명하면서 켈젠은, 근본규범은 실정법의 효력을 근거짓기 위해 생각된 규범으로서 단지 이러한 규범적 해석의 선험적·논리적 조건이 되는 만큼, 윤리적·정치적 기능을 수행하는 게 아니라, 하나의 인식론적 기능을 수행한다고 보았다.

켈젠은 근본규범을 질서를 위한 선험적인 논리적 조건으로 내세우고 있다. 켈젠의 근본규범이 지니는 논리적 의미를 존재론적 관점에서 보다 확대해석하면서 몇몇 사람들은 그의 순수법이론을 자연법론의 가능성으로 생각할 수 있다고 보고 있다. 마르취치와 같은 사람이 바로 그러하다. 물론 켈젠 자신은 그의 순수법이론이 자연법론으로 불릴 가능성을 부인했다. 그러므로 우리는 그의 순수법이론을 자연법론의 가능성으로 타진하기 전에, 근본규범의 이론과 자연법의 관계에 대한 켈젠 자신의 설명을 먼저 들어보기로 하자.

켈젠은 자연법을 실정법에 대한 윤리적·정치적 가치척도의 기능으로 이해하고 있는 반면, 순수법이론이 대변하는 근본규범에 대해서는 인식론적 기능만을 인정하고 있다. 그리고 근본규범의 이론이 실정법의 효력근거를 정한다면, 자연법 이론은 실정법의 효력내용을 정한다고 본다. 그에 따르면 효력근거의 문제는 효력내용의 문제와 전적으로 독립되어 있다.[21]

---

20) 근본규범의 해석과 관련하여 설명할 수 있는 자연법적 가능성 외에도 켈젠은 "선험논리적 자연법(transzendental logisches Naturrecht)"에 관해서 언급했다(*Die Philosophischen Grundlagen der Naturrechtslehre und des Rechtspositivismus,* Berlin, 1928, 66면).

21) Kelsen, 앞의 책, 443면.

그는 순수법이론을 전적으로 실증주의적 법이론의 산물로 보고 있는데, 자연법론이 이러한 실증주의 법이론과 다른 점은, 자연법론이 실정법의 효력의 근거를 실정법 밖에 있는 질서에서, 그래서 실정법이 내용상 그것에 일치할 수도 있고 일치하지 않을 수도 있는 질서에서 찾고 있다는 것이다. "자연법과 실정법 즉 현실적으로 작용하는 강제질서 사이의 충돌이 가능하다고 보는 관점은, 강제질서를 효력이 없는 것으로 여길 가능성을 포함하고 있다. 실정법이 그 내용에 있어서 자연법에 일치할 수 있고 일치하지 않을 수도 있는 한에 있어서, 즉 정당할 뿐만 아니라 정당하지 않을 수도 있어서 효력이 없을 수도 있다는 한에 있어서만, 자연법은 실정법에 대한 윤리적·정치적 규준으로서 실정법의 윤리적·정치적 정당성을 인정하는 데 기여하게 된다. 이것이 바로 자연법의 본질적인 기능인 것이다. 만약 자연법론으로 지칭된 법이론이, 예컨대 실정법질서에 의해 여하한 행위가 지시되든 간에 자연은 모든 실정법질서에 복종하라고 명한다고 주장함으로써, 실정법의 효력근거를 제시하는 이 질서와 실정법 사이의 충돌이 배제되는 식으로 표현한다면, 자연법론은 그것 자체로서 없어지고 말게 된다. 그와 함께 자연법은 윤리적 정치적 가치척도의 기능과 실정법의 정당함을 인정하는 그 본질적인 기능을 포기하게 된다."[22]

켈젠의 순수법이론에 따르면 실정법의 효력을 근거짓는 근본규범 자체는 실정법규범이 아니다.[23] 그런데 자연법이론에 따라서도 실정법의 효력은 실정법규범이 아닌 다른 규범에 기초한다. 이 점에서 그의 근본규범이론과 자연법이론 사이의 근접가능성이 시사된다. 그 자신 그의 실증주의적 법이론과 자연법이론 사이의 차이는 "절대적 차이가 아니라 다만 하나의 상대적 차이"[24]로 표

22) Kelsen, 앞의 책, 225면.

23) Kelsen, 앞의 책, 225면: 규범은 "…제정된 규범이 아니라 전제된 규범이다."

현될 수 있다고 말하기도 했었다. 그러나 그는 근본규범의 이론이 자연법의 이론이라고 말할 만큼, 이 차이를 무시하지는 않았다. 그러나 그의 실증주의적 법이론 즉 순수법이론으로부터 나온 근본규범을 자연법론의 각도에서 이해시켜 볼 수 있으리라는 생각을, 그가 어떤 식으로든 품고 있었던 것만은 분명하다. 그는 실제로 근본규범의 인식론적 기능을 강조하면서 "법논리적 자연법"이라는 표현을 끌어댄 적도 있다. 물론 그는 『순수법이론』에서는 근본규범이론의 인식론적 기능과 자연법이론의 윤리적·정치적 기능을 엄격하게 분리시켜 설명하려는 나머지, 그러한 표현을 썼던 것을 후회하기도 했지만 말이다.[25)]

켈젠에 따르면 실정법의 효력근거를 묻는 물음에 대해서 자연법이론은 정언적으로 대답한다면 순수법이론은 가언적으로 대답한다. "자연법론은 실정법의 효력근거에 대하여 물으면서, 즉 실정법질서가 효력을 지니는가, 왜 효력을 지니는가 물으면서 이에 대해 정언적으로 대답한다. 즉 무조건적으로, 그 내용이 자연법 내용에 일치하기 때문에 그래서 옳기 때문에 그것은 효력을 가진다거나, 아니면 자연법내용에 일치하지 않기 때문에 효력이 없다고 판단함으로써, 실정법의 효력근거는 본질적으로 그 내용과 연결되어 있다. … 순수법이론도 실정법의 효력근거를 묻는다. … 그러나 그것은 이 물음에 대해서 정언적인 즉 무조건적인 대답을 주지 않고 가언적인 즉 조건적인 대답을 준다. 그것은 이렇게 말한다. 만약 사람들이 실정법을 유효한 것으로 관찰한다면, 사람들은 역사적으로 제일 첫 번째인 헌법, 그것에 따라 실정법질서가 만들어진, 이 헌법이 명하는 대로 행동해야 한다는 규범을 전제하게 된다. 이 규범을 순수법이론은 근본규범이라고 부른다. 그것은 법권위의 의지행위에 의해 제정된 실정적인 규범이 아니라

24) Kelsen, 앞의 책, 226면.

25) Kelsen, 앞의 책, 226면 주 참조.

법률적 사고 안에서 전제된 규범이다."[26)]

근본규범은 다만 실정법의 효력근거를 정할 뿐이라고 보는 그는, 실정법의 효력 내용의 문제에 대해서는 헌법에 의해 정해진 실정법제정절차에 일임하고 있다. 그러면서 그는 이 절차에서 정해진 실정법제정절차에 일임하고 있다. 그러면서 그는, 이 절차에서 정한 법내용이 옳은가 그른가의 문제는 그 법의 효력문제와는 아무 상관이 없는 것으로 간주한다. "실정법 질서의 근본규범은 결코 정의규범이 아니다. 그러므로 입법이나 관습의 경로를 거쳐서 만들어진 일반적으로 작용하는 강제질서는 결코 그것의 근본규범과 모순될 수 없는 반면, 그와 같은 강제질서는 그 스스로 옳은 법으로 드러나는 자연법과는 족히 모순되는 관계에 놓일 수 있다. 그러므로 순수법 이론에 있어서 근본규범은 실정법의 가치척도가 —자연법처럼— 될 수 없고, 또 그런 까닭에 자연법이 실정법을 상대로 수행하는 기능, 바로 그것 때문에 자연법론이 실증주의 법이론과 대립되는 기능을 맡을 수 없다. 즉 정당함의 인정이라는 도덕적·정치적 기능을 맡을 수 없는 것이다."[27)]

이렇게 그는 자연법은 실정법에 대립되는 관계에 놓일 수는 있으나, 근본규범은 결코 실정법과 대립되는 관계에 놓일 수 없다는 데서도 근본규범론과 자연법론의 차이를 찾아볼 수 있다고 적고 있다. 앞에서 지적했던 것처럼 자연법론이 이원주의 법이론에 해당한다면, 순수법이론은 일원주의 법이론에 해당한다는 것이다. "순수법이론에 의해서 확인된 근본규범은 실정법과 다른 별개의 것이 아니라 오로지 그 효력근거이자 그 효력의 선험적·논리적 조건이며, 그러한 것으로서 도덕적 정치적 성격을 지니는 게 아니라 하나의 인식론적 성격을 지니는 것이다."[28)]

26) Kelsen, 앞의 책, 442면 이하.

27) Kelsen, 앞의 책, 443면.

28) Kelsen, 앞의 책, 443, 444면.

Ⅲ. 근본규범의 기능

지금까지 살펴본 대로 켈젠은 자신의 순수법이론이 자연법적 논의가능성을 안고 있으리라는 견해에 대해서 소극적인 태도를 취했다. 이제 켈젠의 순수법이론과 자연법적 논의가능성을 보다 적극적으로 연결해 볼 차례가 되었다. 그러기 위해서 우선 켈젠이 근본규범에 부여한 인식론적 성격을 켈젠보다 훨씬 확대시켜서 고찰할 필요가 있다. 다시 말하자면 켈젠이 인식론적 기능과 관련하여 엄격한 의미에서의 논리적 인식으로 국한시켰다면 자연법을 위해 요청되는 진정한 선험철학적 인식은 논리적 차원 이상으로 확대된다는 것이다. 선험철학의 인식차원은 '개념(Begriff)'들을 대상으로 하는 논리적 인식차원을 넘어서서, 말하자면 '근본개념(Urbegriff)'에까지 가닿는다. 마르취치는 이 점을 칸트식 용법에 따라, "법은 결코 한 개념 속에 넣을 수는(unter einen Begriff)" 없지만 그러나 "한 개념으로 내세울 수는(auf einen Begriff)"[29] 있다고 묘사하기도 했다. 이 단계에 이르러 '법의 선험철학'은 이제 '법의 존재론'으로 넘어간다. 그리하여 자연법의 선험성은 이제 '존재론적(ontologisch)'—존재적(ontisch)이 아니라— 차원으로 옮겨 앉게 된다.

비엔나 학파의 방법론의 도움을 받아서 법학의 구성에서 존재론적 전제가 본질적으로 필요함을 주목한 사람으로는 마르취치 이외에도 오타 바인베르거를 들 수 있다. 그가 규범이론을 출발하면서 전제하는 논리학의 메타이론은 바로 규범의 존재론, 즉 "규범의 개념 및 존재양식을 규정"함을 목표삼는 것이었다.[30] 그

29) Marcic, 앞의 글, 72면 참조.

30) Weinberger, 앞의 책, 16면과 19면. 여기서 논리학의 메타이론을 논리적 분석이 행해질 수 있는 조건을 정해주는 이론으로, 즉 논리적 체계구축의 근본명제를 정하고 논리학을 학문과 실제에 적용하는 문제에 대해 철학적으로 고찰하는 이론으로 파악하고 있다.

는 규범의 존재론을 일컬어 "하나의 특정한 학문분야의 기본구조, 연구방식 및 논증방식을 근거짓고 확정하고자" 한다고 말했다.[31] 이때 존재론은 하나의 "기본개념들의 체계, 확정 및 전제들의 체계" 의 의미로 받아들여진다.

요컨대 실정법을 그것 자체로서 근거짓는 순수법이론으로부터 나온 켈젠의 근본규범은 실정법에 대한 초실정적 효력근거를 이룬다. 그리고 근본규범의 이 초실정성은 선험적·논리적 전제의 의미를 넘어서, 그야말로 실정법의 존재론적 전제의 의미로 확대되어 이해될 수 있는 한, 그것은 자연법이론의 의미영역과 질적으로 구별되지 않는다고 볼 수 있다. 사유구조의 선험성의 결과로서의 근본규범의 초실정성과 자연법의 초실정성은 형식상으로는 각기 구별되지만, 실질적으로는 동일하다고 볼 수 있는 것이다. 그리고 이러한 실질적 관점은 바로 선험적 질서철학을 존재론으로 풀이하는 바탕에서 가능하다는 것이다. 이때 실정법을 그것 자체로서 근거짓는 질서철학, 즉 법존재론의 탄생이 가능하게 되며 이 법존재론은, 특정한 실정법을 도덕적 혹은 정치적으로 정당화하기 위한 이론이 아니라, 존재하는 것 일체의 가능성의 전제를 묻는 가운데 본질적으로 질서를 구상하기 위한 통찰로서 나타나는 것이다.

아리스토텔레스나 토마스 아퀴나스식 질서철학은 이런 의미에서 법의 존재론으로 불린다. 그것은 말하자면 현실로서의 실정법을 그 자체 안에 이미 내재시키는 동시에 실정법의 존재를 가능케 하는 조건을 담고 있는 선험적 질서론을 뜻하는 것이다. 그것은 바로 질서로서의 '코스모스', '로고스'로서의 자연개념의 의미폭이라고도 할 수 있다. 여기서 다만 마르취치는 자연개념을 둘러싼 역사적 왜곡을 고려하여 '자연'의 법 대신에 '존재'의 법으로 부르기를 권장하는 것이다.[32] 이 선험적 질서를 '자연법'이라고 부

31) Weinberger, 앞의 책, 15면.

32) Marcic, 앞의 책, 78면.

르는 대신에 '존재법'이라고 부름으로써 왜곡의 여지가 덜 생길 것인가는 또 다른 문제로 남기자. 그러나 요컨대 마르취치의 권고에 따름으로써, 그래서 근본규범을 존재론적이라고 부를 수 있게 됨으로써 근본규범의 이론이 실제에 있어서는 자연법 이론의 한 전개양식으로 볼 수 있는 길이 열리게 되는 것은 분명하다.

마르취치에 의하면, 켈젠이 순수법이론에서 말하는 법단계구조론은 바로 토마스 아퀴나스식 질서철학에 해당한다. 이는 존재법으로서의 선험질서를 실제적 현실에 아니라 '관계적 현실(relationale Wirklichkeit)'로 이해함과 동시에 가능하게 된다. 하나가 다른 하나에 대해서 갖는 관계적 현실을 하나의 다른 하나에 대한 '상응(Entsprechung)'이라고도 표현할 수 있다면, "질서로서의 법은 상응의 연결구조이며, 법에 합당하다 함은 하위의 법단계에 의한 행위가 그것을 조건짓는 상위의 법단계에 의한 행위에 대해서 서 있는 상응관계"[33]인 것이다.

"사람들은 헌법이 지시한 대로 행동해야 한다."[34] 이것이 바로 켈젠이 말하는 근본규범의 내용이다. 이것은 이 명제는 형식적으로는 인간이 법공동체를 형성할 수 있기 위한 제1조건에 해당하며, 실질적으로는 존재질서로서의 법이 어떻게 인간에게 다가오는가 하는 바로 법인간학의 차원에 지시되어 있다. 켈젠 자신은 물론 실증주의 법이론가로서 존재와 당위를 엄격하게 구별하는 이원론을 고수한다. 그러나 우리는 켈젠이 최상의 당위로서, 바로 근본규범의 내용으로서 제시한 헌법준수의 원리를, 법존재가 인간존재에 다가오는 형식으로서 이해할 수 있다. 그러므로 당위는 마르취치의 말대로 "존재의 특수한 국면으로서, 법이 걸치고 있는 하나의 형식대상"[35]으로서 이해할 수 있다. 최상의 당위는 존

33) Marcic, 위의 책, 82면.

34) Kelsen, *Reine Rechtslehre,* 204면.

35) Marcic, 앞의 글, 81면.

재론적으로 보면 그러므로 존중이라는—바로 이것이 당위의 존재양식에 해당하는바— 형태로 인간에게 다가온다. 인간과 같은 유한한 존재에게 있어 규범 혹은 선이 나타나는 양식은 의무라는 말을 누가 했던가! 그리고 이 의무는 바로 법칙에 대한 존중이라는 행위의 필연성을 의미한다는 말을 누가 했던가. 그것은 바로 모든 법개념을 선험적이라고 본 칸트의 말이었다.

여기서 우리는 켈젠의 근본규범이 지니는 인식론적 성격이 기실은 선험적·논리적 의미에만 국한될 수 없음을 다시 한 번 확인할 수 있게 된다. 그의 근본규범이론은 종국적으로 법인간학의 차원에 가닿는다. 근본규범을 존재론적으로 파악함으로써, 즉 최상의 당위를 존재의 한 특수한 양식으로 파악함으로써, 이 당위의 존재양식으로서 하나의 행위필연성에 이르게 되니, 그것은 바로, 사람들은 헌법이 지시하는 대로 따라야 한다는, 저 법칙에 대한 존중으로부터 나오는 행위필연성인 것이다.

법과 인간을 의미 있게 연관짓는 '법인간학'이야말로 법을 존재적으로 근거짓는 데 필연적으로 관여한다. 법의 본질은 바로 인간의 삶이라고 말한 사비니와는 전적으로 동일한 의미는 아닐지라도, 법의 본질을 묻는 물음이 인간의 본질을 묻는 물음에—그것이 어떠한 동기, 어떠한 형태로 제기되는 물음이든 간에— 교차됨은, 법이 하나의 인적(人的) 현상임이 부인되지 않는 한, 그리하여 다른 방법론적 혁명이 불가능한 한 피할 수 없다.

켈젠의 순수법이론이 자연법이론으로, 그래서 그의 근본규범이 존재론적으로 파악될 여지가 있다면, 그에 있어서 법인간학적 접근방식도 수긍되어야 한다. 필자는 그의 근본규범의 내용에 대한 지금까지의 고찰을 통해서 이 점을 어느 정도 수긍케 할 수 있었다고 생각한다.

제 10 장

라드브루흐의 상대주의 법철학과 자연법

Ⅰ. 가시의 패러독스의 표현으로서의 상대주의 법철학

학자는 그를 따르는 후진들이 학파를 형성함으로써 비로소 명성을 얻는다. 제자들로 하여금 학파를 만들게 해주는 그 무엇이 바로 이론이다. 제자들 사이의 유대는 말하자면 이론 혹은 노그마인 것이다. 구스타프 라드브루흐의 제자들은 학파를 형성하였는가? 그렇지 않다. 라드브루흐의 많은 제자들은 학파로 남아있지 않다. 그렇다면 한스 켈젠과 나란히 현대 독일이 낳은 가장 굵직한 법사상가였으며—에릭 볼프는 『독일 정신사에 있어서 위대한 법사상가들』[1]로 사비니, 포이에르바흐, 예링에 이어, 켈젠을 제치고 단연 라드브루흐를 마지막으로 택했다—독일어 사용권의 법사상가 가운데서 유럽뿐만 아니라 우리나라, 일본, 대만 등 멀리 극동에까지 이름을 떨친[2] 라드브루흐가 제자들과 나누어 가지

1) Erik Wolf, *Große Rechtsdenkener der deutschen Geistesgeschichte,* Tübingen, 제4판 1963(1939)

2) 그의 전집(全集)은 독일에서보다도 20년이나 앞서 일본에서 먼저 나왔다.

는 유대의 실체는 무엇인가? 그것은 이론이나 도그마가 아니라 '사유하는 양식'이었다. 라드브루흐의 제자이며, 20권으로 예정되어 있는 라드브루흐 전집의 간행자이기도 한 —그 제1권에 해당하는 『법철학』이 그의 긴 서문과 함께 1987년에 출간되었다— 아르투어 카우프만이 이 점을 가장 정확하게 지적할 수 있었다. 그 자신 인식관심이나 이론적 거점이 그의 스승과는 다르면서도 가장 많이 라드브루흐를 인용하는 사람 중의 하나라는 사실은 무엇을 뜻하는가? 필자의 생각에 카우프만은, 이해방식에 있어서 주목할 정도의 차이를 드러내 보이는 비판들이 동시에 라드브루흐에게 가해지고 있는 원인을 이 점에서 가장 바르게 인식하고 있는 사람으로 여겨진다. 라드브루흐가 너무 과장되게 정신적으로 풍요롭고자 했다든가, 모순을 너무 안이하게 그대로 내버려둔다는 등의 지적은, 사람들이 비판의 대상으로 삼고 있는 것이 그의 이론이 아니라 바로 사유하는 방식이라는 점을 가장 잘 설명해준다.

에릭 볼프는 라드브루흐의 사유하는 태도를 "너무 쉽게 한 사물을 완전히 거부하지 않으려는 태도"[3]라고 묘사한 바 있다. 이러한 사유태도는 이론에 강한 사람에게는 미숙의 모습으로 비칠 것이다. 사실 영미계통의 법학자들 중에는 라드브루흐가 전후에 이론적 근거 없이 태도를 바꾸었다고 보는 사람들이 많다. 너무 쉽게 한 사물을 완전히 거부하지 않으려는 정신적인 자세, 그러므로 선택을 제약하지도, 그렇다고 선택으로부터 해방시키지도 않는 태도는, 체계개념을 원하는 철학자들, 해결할 문제를 앞에 둔 법학자들에게는 모호한 태도로서 의미 없이 여겨질지도 모른다. 그러기에 에릭 볼프도, 라드브루흐는 철학자나 법학자들에게서 보다는 역사학자, 사회학자들에게서 더 많이 이해되고 공감되

---

3) Erik Wolf, "Umbruch oder Entwicklung in Gustav Radbruchs Rechtsphilosophie?", in: *Rechtsphilosophische Studien*, Frankfurt, 1972.

었다고 말하지 않았던가.(물론 볼프는 라드브루흐가 구사하는 언어와 사물이 문화사적, 사회적 배경이 풍요하다는 데 찬사를 보내는 의미로 그렇게 말했지만.) 역시 라드브루흐의 제자 그니터 슈펜델은 1978년 라드브루흐 탄생 100주년 기념강연에서, 법학계에 등장한 직후부터 평판이 엇갈린 그의 스승을 빗대어 어느 시인의 말을 변형시켜 이렇게 표현한다. "'파(派)'들로부터는 호의와 미움이 애매하게 뒤섞인 채, 그의 학자적 진면모는 역사에서 의견이 분분하고…."[4] 그러면서 슈펜델은, 법률적 취향과 자질에 확신을 가진 사람들, 법률가라는 직업에 대해 전적으로 자부심을 가지고 만족하는 사람들은 법학에서 라드브루흐가 차지하는 의의를 과소평가하려 들며, 반면 법률가 혹은 법학자가 아니거나, 혹은 그렇더라도 철학이나 예술의 정신에 그의 재능이 접해 있어, 법률적 과업에 대해서는 다만 의혹과 망설임으로써 임하는 사람은 라드브루흐의 위치를 과대평가할 우려가 있다고 경고했다. 이 말은 무엇을 의미하는가? 이는 역사에서 위대한 인물에게 예외 없이 나타난다는 양극성을 일컬음인가? 구스타프 라드브루흐는 과연 위대한 법사상가인가? 법을 익히어 해석하고 적용하는 일 따위에 위대함이란 과연 어디에서 찾아지는가? 법사상가로서의 라드브루흐의 위대함을 제대로 가늠하기에는 우리와 그 사이의 역사적 간격이 아직 너무 가깝다고 말할 수밖에 없다. 다만, 라드브루흐는 법철학자로서 탁월했다. 그를 냉혹하게 비판한 사람들의 예측대로라면 지금쯤은 거론하는 사람 없이 잊혀져 갔을 그의 『법학입문』, 『법철학』은 판을 거듭하면서 독일 안팎에서 읽혀지고 토론되고 인용되고 있는 반면, 그를 헐뜯는 사람들의 저술들은 기억에도 남지 않게 되었다.

한 인물이 학문적 체계 이전에 무엇보다도 그 사유하는 양식으

---

4) Gunter Spendel, *Juristen in einer Zeitwende. Gustave Radbruch zum 100. Geburtstage*, Heidelberg, 1979, 22면.

로 탁월했다면, 그의 탁월함은 그 인간됨의 폭과도 마주친다. 사람들은 라드브루흐의 탁월함을, 특히 그의 철학이 그의 정신적 일체와 삶의 태도로부터 떨어져 있지 않다는 뜻의 탁월함으로도 받아들인다. 그에 있어서 사고는 말하자면 언제나 생의 '과정'을 의미했다. 그의 철학적 물음은 끊임없이 새롭게 결정되어야만 하는 역사적 현실을 비켜가지 않았다. 그러기에 그의 철학함 속에서 생의 내용 및 조건들로부터 유리된 형식 사고는 설 자리가 없었다. 그의 철학은 그런 까닭에 칼 엥기쉬가 옳게 본 대로,[5] 그 형식에 있어서는 해결할 수 없는 마지막 모순이 드러날 때까지 끊임없이 이성의 활동을 전개시키는 목적합리주의로 나타나며, 그 내용에 따르자면 가치철학, 문화철학으로 나타난다.

1933년 독일 대학교수로서 나치정권에 의해 교직에서 추방된 첫 번째 사람으로서, 법현상을 문화, 역사, 정치현상에 끊임없이 접맥시켜 그 경계선상에서 주목했던 사람으로서, 그리하여 법을 절대화시키는 대신 깊은 회의의 눈으로 보았던 사람으로서, 무엇보다도 사회주의의 윤리적 동기에 투철하여 "남보다 더 낫게 가지지 않고자" 애쓰면서, 인간적인 것과 사회적인 것을 결합시킨 사람으로서, 그의 오랜 생에 걸친 경험과 인식의 결과가 민주주의에 대한 친화력으로 나타나, "민주주의는 분명 가치로운 것이다. 그러나 법치국가는 일상의 마실 물, 숨쉴 공기 같은 것이다. 그러므로 민주주의에 있어서 가장 좋은 점은 바로 그것만이 법치국가를 확보할 수 있다는 것이다."[6]라고 말할 수 있었던 사람으로서, 그리고 마지막으로 이 모든 것을 위해서 권력보다는, 이것들을 질서짓는 정신의 우위를 믿은 '인간학적 낙관주의자', '문화

---

5) Karl Engisch, "Gustav Radbruch als Rechtsphilosoph", in: *Gedächtnisschrift für Gustav Radbruch(Gedschr.)*, hrsg. v. Arthur Kaufmann, Göttingen, 1968, 61면.

6) Radbruch, "법률적 불법과 초법률적인 법," 『법에 있어서의 인간』, 손지열/황우려 역, 육법사, 1981, 150, 151면.

낙관주의자'로서, 라드브루흐의 사상은 그의 인간됨에 묻어나 우리로 하여금 그의 철학을 인간 라드브루흐의 행적과 뗄 수 없게 만드는 것이다. 정녕 라드브루흐에게서 흔히 일컬어지는 교수 이상의 그 무엇을 볼 수 있었다고 생각한 엥기쉬의 다음과 같은 묘사는 우리 앞에 놓인 법철학자의 매력을 한층 더 돋보이게 해준다. "라드브루흐는 단지 철학자이지만은 않았다. 그렇다고 그를 두고 철학자이기도 했다는 표현도 옳지 않았다. 왜냐하면 동시에 그는 법률가요, 정치가요, 역사학자요, 예술가이기도 했기 때문에. 그러나 그는 이 모든 직분들을 나란히 수행한 사람은 아니었다. 그는 법학자로서 정치적으로 생각했고, 정치가로서 법률적으로 생각했다. 그는 그의 법사학적 저작들에서 법률적 예리함과 섬세한 역사감각을 결합시켰으며, 필경은 그가 생각하고 쓰고 행한 모든 것에 어울리는 예술적 표현을 구했으며, 찾아냈다."[7)]

누군가가 '문체는 인간이다(Le style, c'est l'homme)'라고 말했다던가. 라드브루흐의 저작은 그의 문학적·심미적 풍요에 의해서 더 한층 우리에게 밀착되어 온다. 그의 정신세계는, 그가 일찍이 고백한 대로, 참으로 괴테적이었다. 괴테야말로 그가 자양을 얻고 외경스럽게 따르고자 했던 모범적인 인간상이었다. 현실에서의 모든 대립과 차이를 기꺼이 승인하고 존경하는 저 관용의 시성(詩聖)과 라드브루흐 사이의 관계를 에릭 볼프는 이렇게 표현했다. "그의 정신적 특질은 가장 깊은 곳, 괴테에게 시적인 것이었던 것 속에 뿌리박고 있었다 … 그것은 라드브루흐의 사색과 행동을 결합하는 가지가지의 아름다운 실을 연결시키는 보이지 않는 끈이다."[8)]

저자는 오늘날 법철학에 엿보이는 형식주의의 경향에 대응한

---

7) Engisch, 앞의 글, 60면.

8) 에릭 볼프, "라드브루흐의 생애와 사상," 라드브루흐, 『법철학』, 제2판, 최종고 역, 삼영사, 2005, 부록, 325면.

균형감각을 갖고자 애쓰면서 라드브루흐의 법철학적 성과를 법이념의 실질화의 관저에서 정리해보고자 한다. 법이 국가권력의 표현으로서의 사실이 아니라, 법이념에 향해있는 가치관계적 현실임을 강조하여, 법을 다시 다른 정신영역들에서의 근본문제, 시대문제에 연결시켜 전체문화의 일부로 보도록 해줌으로써 침체해있던 당대의 법철학계에 강한 자극을 준 라드브루흐는, 어쩌면 일찍부터 한국법철학계에 방향제시적인 역할을 해왔는지도 모르겠다. 법조문의 배후에 놓이는 문화적·경제적·역사적 흐름을 보지 못한 채, 해석학적 척도만을 학문적 객관성으로 받아들이는 데 습관이 되어 있는 우리 학계와 실무계에 무엇보다도 요청되는 바는, 법을 보다 큰 세계관적, 가치관적 유대 속으로 끌어내는 일이다.

서구 근대성문법의 수용과정에서 진정한 '토착화 논의'를 결한 채, 우리 손으로 계수법을 꾸려온 지 어언 반세기가 넘는 시점에서, 법제도는 문화전통의 소산이라는 어느 학자의 말을 빌리지 않더라도, 우리법학은 아직도 '번역법학', '수입법학'이라는 학문적 스캔들에서 완전히 헤어나오지 못하고 있다. 법학에서 구사하고 있는 모든 기본 개념들이 그러한 개념적 통찰이 나오게 된 세계관에 연결되어 있지 못하다면, 그것들은 말들의 '화석'으로만 남아 있는 것에 불과하게 된다. 민족법학이라고까지는 하지 않는다 하더라도 우리의 법학을 찾고자 하는 학계일각의 비판적 움직임은 말들의 화석으로만 남아 있기를 거부하는 법조문의 배후 흐름을 법이론화하고자 하는 움직임이라고 생각된다. 라드브루흐는 법학이 그 위치를 일반교양과 정신사의 범주에 자리잡도록 해줌으로써, 우리들이 움직여야 할 그 작업의 터를 가장 넓게 제공해주었다고 생각된다.

문자로 고정된 생활표현으로서의 법의 해석가능성은 역사의 이해가능성이요, 그러므로 결국 인간 존재의 이해가능성이다. 현존하는 법의 해석학은 그러므로 인간학적 전제와 역사철학적 접근 없이는 불가능하다. 라드브루흐가 현대 법철학계에 보탠 활력은 현존하는 법의 해석학의 진정한 터잡음의 의미로 우리에게 다가오는 것이다.

한스-페터 슈나이더[9]는 라드브루흐가 현대법철학에 미친 영향을 상대주의, 사물의 본성, 법인간학, 사회법의 네 영역으로 요약한 바 있다. 이 네 가지 영역들은 실제에 있어서 라드브루흐 법철학에서 관철된 실질화이념의 여러 측면에 해당한다고 볼 수 있다. 상대주의는 라드브루흐에게 있어서 처음부터 가치상대주의를 의미했다. 그것은 인식론적 질곡으로부터 빠져나올 수 없는 '방법상의 상대주의'가 아니라, 실천이성의 활동에로 통하는 '적극적', '전투적' 상대주의를 뜻한다. "상대주의는 증명될 수 없다고 알아낸 상대방의 신념에 대한 도전을 포함하는 동시에, 부정할 수 없다고 여겨지는 상대방의 신념에 대해서는 단호한 투쟁에의 결의를 하며, 다른 한편에서는 판단과 관용과 적정을 유지하는 것—이것이 바로 상대주의 윤리인 것이다."[10] 어쩌면 그가 강조하고자 했던 것은 그러므로 상대주의가 아니라 상대주의의 윤리였다고 표현해야 옳을지도 모른다. 왜냐하면 그가 상대주의와 함께 염두에 둔 것은 실천이성의 복권, 상대주의의 내적 윤리로서 관용의 확인이었기 때문이다.

항상 양심의 가책을 느끼는 법관에게 라드브루흐가 요구한 것이 법세계에서 해결되지 않은 변증법에 대한 윤리적·실존적 통찰이었다면, 이 태도야말로 그의 상대주의의 참 모습이 아닐까도 생각된다. 그의 상대주의는 하나의 체계를 위한 방법론적 지도이

9) 한스-페터 슈나이더, "현대법철학에 미친 라드브루흐의 영향," 앞의 책, 330면 이하 참조.

10) 라드브루흐, "법철학에 있어서의 상대주의," 『법에 있어서의 인간』, 94, 95면.

념이었다기보다는 “법 안에 있는 인간현존을 사유한다(das Dasein im Rechte zu denken)”고 하는 영원한 과업에 외경하는 윤리적·실존적 태도의 표시라고 생각되기 때문이다. 어쩌면 이것은 바로 정의를 구하는 자의 저 윤리적·구도자적 태도라고도 생각된다.[11]

라드브루흐의 상대주의 법철학을 법치국가이념에 연결지을 수 있다고 생각한 이태리 법철학자 마리오 카타네오는 그의 상대주의가 바이마르 공화국의 사회민주주의 이데올로기의 기초를 제공하는 역할을 했다고 보면서, 라드브루흐의 상대주의가 특별히 정치적 내용을 띠는 데 주목한다.[12] 그리고 상대주의가 띠는 정치적 내용을 그는 근대 계몽주의 시대의 자연법의 그것에 일치시키고, 그래서 라드브루흐의 상대주의는 다른 상대주의자의 그것과 본질적으로 다르며, 결국 보다 덜 상대주의적이라는 결론에 이른다.

라드브루흐의 상대주의는 가치의 패러독스를 학문적 사고의 엄정성 앞에 불러내기 위해서 선택된 표현이었다. 그리고 한스-페터 슈나이더에 의해 지적된 사물의 본성에 관한 이론과 법인간학적 명제, 사회법사상은 상대주의를 통해서 초월하는 정신이 내용적으로 머무르는 장소에 해당한다. 이러한 의미에서 라드브루흐법철학에서의 상대주의는 법철학의 실질화, 가치화에 대응된 균형의식이라고 볼 수 있다. 법철학을 실질화시킨 대가가 바로 상대주의인 것이다. 라드브루흐는 일찍이 법철학을 ‘정신화된 정치(vergeistigte Politik)’[13]라고 표현한 적이 있다. 우리가 플라톤의 철인정치의 의미를 정치의 정신화로 받아들일 수 있는 한, 라드브

11) Erik Wolf, *Griechisches Rechtsdenken,* Bd. I, Frankfurt, 1950, 331면.

12) Mario Cattaneo, “Gustav Radbruch als Begründer und Verteidiger des Rechtsstaates,” in: *Gedschr.* 184면.

13) 라드브루흐, 『법철학』, 39면.

루흐는 가히 저 고대사상가의 이상에 부응한 사람이다.

라드브루흐 법철학에 나타나는 실질화이념은 오늘날 비판법이론가들에게도 방향제시적인 역할을 할 수 있다. 왜냐하면 라드브루흐야말로 법을 끊임없이 정치와 연결시키고자 노력했으며, 그래서 그의 이러한 노력은 법철학에서 '사회법' 사상, '사회주의 문화이론'으로 결실을 맺었기 때문이다. 그는 일찍이 개인의 시민적·정치적 평등이 혹독한 사회적·경제적 불평등에 대치되어 있는 한은 정의에 대해서 말하는 것은 불가능하다고 보았다. 법사고에 있어서 형식주의를 비판하고 자유주의 법사상가들의 고전적인 인식틀에 도전하는 비판법학운동은, 미국에서는 이미 1920년대에, 그리고 유럽에서는 1980년대 이후에 본격적으로 나타난 진보적 흐름으로써 법현상을 우선적으로 정치현상으로 이해하고자 했다. 그러는 가운데 그들이 부딪힌 법적 불확정성의 상황은,—이 상황은 규범만이 아니라 규범과 연관된 정책의 합리성을 연구하려던 사람들이 처하게 되는 법가치 사이의 근원적 모순상황인 까닭에—바로 라드브루흐라는 이름과 더불어 우리들이 다시금 서있게 된 법철학적 문제의 원점, 바로 가치의 패러독스 상황이라고 생각되는 것이다.

Ⅱ. 법실증주의와 자연법의 저편

라드브루흐에게 던져지는 물음, 이른바 "변혁이냐 아니면 지속적인 발전이냐"의 문제를 어떻게 해석해야 할 것인가? 보다 명료하게 표현하여 라드브루흐는 과연 나치불법국가의 영향으로 이른바 '실증주의자'로부터 '자연법론자'로 전향하였는가? '법률적 불법'에 대한 사유 가능성이 범죄적 정권에 의해 현실로 나타나기 전까지는 사실 라드브루흐는 자신의 가치상대주의 법철학이 법률적 실증주의를 뒷받침해 준다는 핵심적인 문제를 가지고 크게 고심하지는 않았다. 그러나 그 후 이 문제를 둘러싼 그의 노력은 우리에게 여러 면에서 가르쳐주는 바가 적지 않았다. 애초에는 라디오 방송용 원고로 작성되었던 "5분간의 법철학(1945)"에서 라드브루흐는 그의 생에 걸친 외적 체험이 그의 법철학의 강조점을 어떻게 이동시켰는가에 대해서 다음과 같이 다섯 가지로 분명하게 요약하고 있다.[14)]

첫째, 실증주의는 "명령은 명령이고 법률은 법률이다"라는 기치와 함께 법률가들과 국민을 자의적이고 잔악하고 범죄적인 법률에 대해서 무방비적이게 만들었다. 그것은 법을 권력에 일치시켜, 오로지 권력이 있는 곳에만 법이 있도록 만들었다.

둘째, 나치는 법은 국민에게 이로운 것이다라고 선전했으나, 이는 실제로는 지배자들에게 이로운 것을 의미했다. 국민에게 이로운 모든 것이 법이 아니라, 이와는 반대로 오로지 법인 것만이 국민에게 이롭다고 말해야 옳다.

셋째, 법은 정의에의 의지이다. 정의란 개개인이 그 명령이나 외관에 관계없이 재판받고 같은 척도로 재어짐을 뜻한다. 만약 정적에 대한 살인은 칭찬되고 다른 인종에 대한 살인은 지시되는 반면, 자기와 생각을 같이하는 동지에 대한 똑같은 행동은 가장 잔혹한 형벌로써 처형된다면, 정의도 없고 법도 없는 것이다.

넷째, 정의와 공공복리, 법적 안정성이라는 법의 세 가치가 언제나 조화롭게 통일을 이룰 수는 없기 때문에 불완전한 법도 유효할 수밖에 없게 된다 하더라도, 그 부정의함과 유해함 때문에 효력을 박탈당해야만 하는 법이 있을 수 있다.

다섯째, 모든 제정법보다 더 강한 법적 근본명제가 있으니, 법률은 이에 반하면 그 효력을 잃는다. 이 근본명제를 사람들은 자

14) 라드브루흐, "5분간의 법철학", 『법철학』, 부록, 272면 이하.

연법 혹은 이성법이라고 부른다.

1945년 이전까지의 라드브루흐 철학은 위에 적힌 다섯 가지의 강조점과 근원적으로 상충되는가? 라드브루흐 자신의 저작은 이 물음에 대해서 부분적으로 긍정하는 답도 제공하고 또 부정하는 답도 제공해 주고 있다. 그러므로 보는 관점에 따라서는 라드브루흐가 전후에 이론적 근거 없이 태도를 바꾸었다고도 말할 수 있고 그렇지 않다고도 말할 수 있다. 그는 사실 그의 『법철학』에서는 법적 안정성의 가치를 지나치게 과장했었다. 법철학적 이율배반을 떠맡아야만 하는 그의 실존적 법관상도 "자기의 법감정을 권위적인 법명령에 희생시키며 다만 무엇이 법인지를 물을 일이지, 결코 그것이 정당한가를 묻지 않는 것이 그 직업적 의무"[15]로 나타나는 도리밖에 없었다. 그럼에도 불구하고 어떻든 그는 전체적으로는 자신의 종선의 『법철학』을 개자할 의사를 전혀 내보이지 않았다.[16]

아르투어 카우프만은 라드브루흐가 1930년대 이전에 벌써 법실승수의를 비판했는가 하면, 또 불법국가로부터 얻은 강한 영향에도 불구하고 법실증주의로부터 완전히 이탈한 적이 없다는 점을 들어, 라드브루흐 법철학을 '법실증주의와 자연법의 저편'에 세운다.[17] 그는 라드브루흐의 법개념이 실증주의적이지도 않고 자연법적이지도 않다는 점을 주시하여 법실증주의와 자연법의 대립 대신, 이 두 상반된 입장을 잇는 다리를 찾아낸다. 카우프만에 의하면 라드브루흐의 법개념은 처음부터 가치에 연관된 개념이었다. 법은 법가치, 즉 정의에 봉사하고자 하는 의미를 지니는 현실

15) 라드브루흐, 『법철학』, 126면.

16) 그는 임종에 대비해서 『법철학』이 변경되지 않은 채로 간행되도록 조처했다고 한다. 이에 대해서는 Erik Wolf, "Umbruch oder Entwicklung Gustav Radbruchs Rechtsphilosophie", 286면 참조.

17) Arthur Kaufmann, *Gustav Radbruch. Rechtsdenker, Philosoph, Sozialdemokrat*, München, 1987, 156면.

이다. 이 점에 있어서는 라드브루흐 법철학은 처음과 나중 사이에 이른바 어떤 변혁이나 단절도 보이지 않는다. 그의 법개념은 처음부터 양 속성을 지니고 있기 때문에 그럴 필요도 없었다. 즉 그의 법개념은 가치관계적 개념인 까닭에 우선 실증주의적이지 않다. 정의에 연관된 규범만이 법으로서의 성격을 지닌다고 보는 그의 입장은 형식적으로 옳게 제정된 자의적 내용의 규범가능성으로서의 실증주의적 법개념을 배제시키기 때문이다. 이와 같은 독특한 법개념이 바로 후에 나오는 '법률적 불법'이론의 터전이 되는 것이다.

라드브루흐의 가치관계적 법개념은 또 자연법적이지도 않다. 이른바 정법이 절대적 법가치와 반드시 합일되지는 않기 때문이다. 즉 법은 법이념을 향해 있어야 하기는 하나, 설사 모든 면에서 법이념에 일치해 있는 것은 아닐 때라도 법이기 때문이다. 이렇게 볼 때 라드브루흐는 그의 법개념에 충실하여 법의 올바른 내용을 모색하는 철학의 방향을 처음부터 지지했던 것이며, 그 방향은 카우프만식으로 표현하여, '법실증주의와 자연법의 저편'을 가리키고 있는 것이다. 결론적으로 라드브루흐는 전후에 법실증주의자에서 자연법론자로 전향했다기 보다는, 법철학적 핵심문제의 원점으로 다시 돌아왔다고 말하는 것이 옳다. 그 원점은 라드브루흐 같은 법철학자가 즉 시대의 비합리적인 조류에 편승하지 않는 목적합리주의자, 인도주의라는 이름의 전통에 충실한 우리 시대의 고전주의자 역사적 사건의 변천 속에서 언제고 다시금 돌아와야만 하는 원점이기도 하다.

변혁이냐 발전이냐의 추궁문제는 결국 라드브루흐식 상대주의 법철학의 극복이라는 과제를 지시한다. 라드브루흐는 그 과제에 다시 한 번 법철학을 실질화시키는 노력으로써 간접적으로 응답했다고 볼 수 있다.

Ⅲ. 상대주의 법철학과 인권

'법실증주의와 자연법의 저편'에 서 있는 법철학은 법의 형식이나, 개념, 구조만을 대상으로 하는 철학이 아니라 법의 실질화를 꾀하는 철학이다. 라드브루흐가 택한 길, 즉 실질적 법철학에로의 길은 칸트의 비판주의에 의해 내용 자체에 대한 인식은 불가능한 것으로 간주되었던 이래로 법철학에서 잊혀졌던 길이었다. 이 길을 라드브루흐는 자연법론과 법실증주의의 공방전으로부터 얻어낸 결실들을 종합하여 개척해 나갔다. 필자가 글머리에서 인권철학으로 이미 규정한 바 있는 라드브루흐의 실질적 법철학을 본격적으로 다루기에 앞서 라드브루흐의 법철학이 내용적 가치규정을 모색하는 철학으로 나타나는 사적 배경을 검토해볼 필요가 있다.

19세기 중엽의 정신세계는 한 마디로 헤겔적인 것이 휩쓸고 간 후 남은 피로감에 아직 빠져 있을 때였다. 그것은 이념적·철학적 정신의 피로감이었다. 역사가 선험적 이데의 자기실현적 변증법적인 과정이어야 하며, 따라서 경험은 바로 이 과정에 상응할 수밖에 없다는 이성의 무모한 모험은 마침내 이념주의의 한계를 노출시키는 것으로 끝이 났다. 그리하여 19세기 중엽부터 20세기로 넘어오는 정신세계는 이념의 자기분열, 자기대치의 와중으로 나타난다. 이러한 시대의 정신적 정세는 각각 실증주의, 신칸트철학, 이데올로기론, 생의 철학, 실존주의로서 표현되었다. 그리고 이러한 분위기는 학문의 문제 영역으로서뿐만 아니라 사회적 물음, 사회적 질서에도 엄청난 영향을 끼쳤다.

이 중에서도 특히 실증주의와 신칸트철학이 법적 질서의 문제 영역에 직접적으로 파고들었다. 모든 학문에 있어서, 즉 법학에 있어서도 문제설정 내지 일반적·방법론적 전제를 얻기 위한 지반으로서 철학이 새로이 요청되었고, 법학을 인접 사회과학영역과의 유대 속에 있게 해야 한다는 요청이 일었다. 이리하여 전통적인 방법은, 그것이 '역사법학'의 방법이든 '개념법학'의 방법이든, 회의적이게 되었으며, 법학을 학문의 일반적 척도와 사회문제에 관련시켜서 재정립해 보려는 움직임이 서서히 일기 시작했던 것이다. 그러나 이러한 움직임은 더 이상 절대적인 것, 필연적인 것을 향한 움직임이 아니라 객관적인 것을 향한 움직임이었다.

이러한 전열에 라드브루흐도 신칸트철학과 사회학으로 무장을 하고서 가담했다. 신칸트철학은 18세기의 정신적 유산을 재음미한 결과였다. 그것은 우선 방법론적 형식주의를 취한다는 점에서, 즉 일정한 대상에 대하여 그것에 맞는 보편타당한 원리를 확립하고자 할 때에는 항상 그 대상의 순수형식을 찾으려 한다는 점에서 칸트적이었다. 소재는 경험에 근거하는 까닭에 항상 상대적이므로, 법에 관한 보편티당의 원리를 확립하려면 우선 법의 순수형식을 추구해야 하며, 이 추구는 그러므로 사실의 추구가 아니라 논리의 추구라는 것이다. 그들이 이해한 합리성은 이러한 의미에서 실증주의에서처럼 현존재를 겨냥하는 기계적·도구적 지력이 아니라, 의미지시적 이성, 즉 칸트적 비판이 비판이성적 정신작용으로서의 합리성이었다. 이러한 방법론적 형식주의에 입각한 신칸트철학의 법이론은 필연적으로 법개념과 법이념을 분리하여 파악하는 이원주의로 연결된다. 즉 법질서는 어떤 구체적인 내용들을 법적인 그것으로 만드는 구성적 원리로서의 개념과 실질적인 정법(정의)판단을 위한 규준이 되는 규정적 원리로서의 이념을 통해서 파악된다는 것이다. 이들은 법개념을 순수논리적 형식개념으로서만 인식했다. 이것이 슈탐러, 켈젠, 코헨 등을 중심으로 하는 마르부르그 신칸트학파(Marburger Neukantianismus)의 중심사상이었다.

이러한 핵심개념은 실질적·내용적 충족을—그것이 사회적 내용이든, 문화세계이든— 유보시킨다. 이 점에서 볼프는 이들 마르부르그학파를 비판하여, "슈탐러가 '정법(das richtiges Recht)'이라고 이름 지은 것은 바른 사고의 범주들, 법적 이해의 형식들 및 법적인 행태의 형식적 원칙들을 한데 모은 것이었지 실질적·윤리적 요청들은 만족시키는 사회적 법이상은 아니었다. 정당한 법을 사고할 수 있는 울타리인 형식들은 확실히 올바른 사유형식이지 결코 올바른 법내용의 체계에 이르는 길을 지시하는 것은 아니다."[18]라고 말했다.

마르부르그학파와 방법론적으로는 같은 방향에 서서 바로 법의 내용적인 가치규정의 길을 학문적으로 모색한 이들이 있었으니 이들이 바로 서남독 신칸트학파(Sudewestdeutscher Neukantianismus)를 이루는 빈델반트, 리케르트, 마이어(M. E. Mayer), 그리고 라드브루흐였다. 라드브루흐의 법가치 고찰 방법도 방법이원주의(Methodendualismus)에 의거하고 있다. 가치고찰과 존재고찰을 서로 별개의 사유모델로 보는 입장, 즉 당위와 존재를 각각 마지막의, 더 이상 소급되지 않는 범주로 보아, 이 구별은 더 이상 자세히 설명되어질 수 없고 오로지 그것은 우리들의 의식에 직접적으로 주어져 있을 뿐이라는 입장은 대상의 인식이 전적으로 방법에 의존한다는 신칸트철학 —이 중에서 특히 마르부르그학파— 의 기본적 확신의 주된 내용이었다. 존재로부터 당위를 이끌어낼 수 없다는 명제는 원래 흄이 발견한 논리법칙(Hume's Law)이었다. 그러므로 이것은 존재로부터 당위가 유래될 수 없다는 소위 인과관계를 언급하는 법칙이 아니라, 존재로부터 당위가 연역될 수 없다는 논리관계를 언급하는 법칙으로 이해되어야 한다. 물론 보다 엄밀하게 말한다면 흄의 이 법칙은 현대논리학에 의해서 존재로부터 당위를 연역할 수 없을 뿐만 아니라 증명할 수도 없다고 해석되고 있지만. 라드브루흐의 이러한 방법이원주의는 후에 설명

18) 에릭 볼프, "라드브루흐의 생애와 사상", 281면.

될 사물의 본성론에 의해 완화되기는 했지만 완전히 없어진 것은 아니었다.

이리하여 가치철학으로 이제 그 모습을 나타내게 되는 라드브루흐의 법철학은 리케르트의 문화, 문화가치로부터 출발점을 얻는다. 라드브루흐는 그로부터 어떤 종류의 문화가치는 각각 이 가치에 관계된 특별한 학문의 출발점이 된다는 것을 배운다. 따라서 법학은 이제 법가치에 의해서 방향지어지는 '가치관계적' 학문으로 정착된다. 정신적 활동에 있어서의 태도에는 가치맹목적 태도(wertblindes Verhalten), 가치평가적 태도(bewertendes Verhalten), 가치관계적 태도(wertbeziehendes Verhalten), 가치초월적 태도(wertüberwindendes Verhalten)가 있으며, 이는 라드브루흐에 따르면 각각 자연과학적 사고의 본역인 '존재'와 논리학, 윤리학, 미학 등 가치철학의 본역인 '가치'와, 문화의 본역인 '의미'와, 가치와 반가치의 저편에 자리하는 종교의 본역인 '본질'을 추구하는 태도를 의미하고 있는 것이다. 법은 여기서 그에 의하면 가치관계적 태도의 범위 안에서만 파악될 수 있다. "법개념은 하나의 문화개념이다. 즉 그것은 가치에 관계된 현실, 가치에 봉사한다는 의미를 가진 현실에 관한 개념이다. 법은 법가치, 법이념에 봉사한다는 의미를 가진 현실이다. 그래서 법개념은 법이념에 의하여 정립된다."[19] 철학의 대상은 라드브루흐에 있어서 가치평가 자체였으며 법철학도 실질적 가치론이요, 법에 대한 평가적 관측이요, 또한 바로 정법론인 것이다. 라드브루흐의 이와 같은 법개념정의와 더불어 이제 어떠한 법철학도 실질적 내용에 관한 물음을 비켜나갈 수 없는 한 교두보가 확보되었다.

현대법철학에 엿보이는 형식주의의 경향(분석법이론, 법논리학, 규범이론 등)에 대해서 여기서 언급할 자리는 아니다. 다만 개념과

---

19) 라드브루흐, 『법철학』, 63면.

구조를 분석하는 틀을 짜는 일 또한 법철학의 학문적 요청에 필수적이기는 하나, 형식과 내용의 변증법적 통합이야말로, 소재와 형식의 숙명적 나뉨을 통해서만 사물을 대상화, 개념화시킬 줄 알았던 저 헬레니즘적 학문전통이 언제나 극복해야만 하는 과제가 아니겠는가. 칼 엥기쉬는 바로 이 점을 염두에 두고 라드브루흐를 지켜보았다. "내용과 형식은 그에 있어서 (톱니의 바퀴처럼) 일치했다. 서로 맞물림에 대한 기쁨, 이념들의 집합에 대한 기쁨은, 이념들 사이의 대립이나 사유운동의 변증법에 대한 기쁨 못지않게 그에 있어서 일종의 심미적 기쁨에 속했다. 예컨대 정의이념과 합목적성 그리고 법적 안정성의 이념이 어떻게 한면으로는 서로 보완하고 다른 한면으로는 긴장과제에 들어서는가, 형식적 평등으로서의 정의가 어떻게 내용적 보충원리인 합목적성을 필요로 하고, 목적이념의 상대성과 불명확성이 실정화된 법 안에서의 확고함과 법적 안정성을 요구하는가, 그리고 이러한 이념들간의 경쟁이 어떻게 일련의 요청 속에서 누그러지는가, … 이 모든 것을 관찰하고 스케치하는 일은 그에 있어서 하나의 정신적·예술가적 즐김이었던 것이다."[20]

대상을 끊임없이 형식과 내용의 상호작용 속에 두는 사유태도는 경직된 학파논쟁이 기실 얼마나 비현실적인가를 드러내준다. 그렇기 때문에 라드브루흐는 이론적으로는 충돌되어 보이는 것들을 실천적으로 공존시키는 철학적 관점을 선호한다. 문화철학, 가치철학을 형법의 문제에 적용하면서 그 자신 신파에 속하면서도 라드브루흐가 절대적 형벌사상에 반대하는 신파의 일면성을 간과하지 않은 것은 그러므로 당연했다. 그의 말을 직접 들어보자. "학파논쟁은 이제 끝났다. 승리와 패배로서가 아니라 서로간의 이해를 통해서 끝난 것이다. 사람들은 이제 사고의 출발점에서

20) Engisch, 앞의 글, 60면.

보다는 실천적 귀결들이 훨씬 더 근접해 있다는 사실을 분명히 알게 된 것이다. 시대의 필요라는 압력에 처하여, 이론적인 견해 차이 때문에 공동의 실천적 행동에로 나가는 길을 더 이상 계속 봉쇄해 두는 일에 이제 사람들은 지쳐버리게 된 것이다."[21)]

라드브루흐의 실질적 법철학에서 이제 문제되는 것은 그가 무엇이 법인가보다는, 무엇이 법이 아닌가를 밝히는 데 주력했다는 점이다. "5분간의 법철학"에서 논의된 것은 법이 아니라, 법으로서의 성격을 결한 것이었다. 1946년의 논문 "법률적 불법과 초법률적 법"에서도 그는 '초법률적 법'보다는 '법률적 불법', 즉 '법으로서의 본질을 결한 것'을 우선적으로 설명했다. "정의가 조금도 추구되지 않는 경우, 정의의 핵을 이루는 평등이 실정법을 제정할 때에 의식적으로 거부된 경우 이와 같은 법률은 단순히 '악법'이 아니라 오히려 법으로서의 본질을 결한 것이다."[22)] 실질적 법철학을 관철시키는 데 있어서 무엇이 (옳은)법인가 이전에 무엇이 법이 아닌가의 문제로부터 접근해 들어가는 방법의 의의가 적지는 않다. 칼 포퍼식의 비판적 합리주의에 의해 이른바 '검증가능성' 대신에 '반증가능성'이, 즉 과학적 명제는 적극적으로 검증될 수 있지 않고 반증이 나오지 않을 때까지만 의미 있는 규준이 될 수 있다고 밝혀진 이래로, 법이 아닌 것을 밝히는 작업의 학문적 객관성은 인정되었다. 그러나 법이 무엇인가에 대한 표상이 전혀 없이는 불법에 대한 표상은 역시 불가능하다. 법에 있어서 최소한의 실질내용에 대한 검토가 철학적으로 법을 규명하는 데 빠질 수 없는 까닭은 여기에 있다. 법철학의 역사에서 법의 자연법적 최소내용, 혹은 '최소한의 자연법'으로 불리어져 왔던 것은 법에 있어서의 이 내용적 '최소한'을 의미했다.

---

21) Kaufmann, "Ein Jurist, der in unsteter Zeit gegen den Strom schwamm," in: *Frankfurter Rundschau,* 1987.7.16. No.161, 11면.

22) 라드브루흐, "법률적 불법과 초법률적인 법," 『법에 있어서의 인간』, 143면.

라드브루흐는 법에 있어서의 이 내용적 최소한을 무엇으로 보았는가? 그것은 인권, 인간의 본성으로부터의 법이었다. 라드브루흐의 전 생애에 걸친 저작에서 지속적인 관심사는 법개념을 결국 인도성으로 이해시키고자 함에 있었다. 1946/47년 겨울학기 법철학 강의에서—이 강의내용은 2명의 수강자에 의해 라드브루흐의 허락을 얻어 『법철학입문(*Vorschule der Rechtsphilosophie*)』으로 간행되었었다—그는 법개념을 전적으로 인도성에 일치시켰다. 법과 민주주의에 대한 라드브루흐의 친화력은 인도주의전통의 애호 그 이상도, 그 이하도 의미하지 않았다. 그러므로 법에 대한 그의 신망은 법이라는 형식을 절대시함으로써가 아니라, 인간의 '법 안에 있음'이라는 외경 속에서 법을 끊임없이 의문 속에 떠올림으로써 철학화될 수 있었다. 인도성의 원리는 "비인간적 잔혹에 맞서는 인간의 친애로서, 비인간적인 굴욕에 맞서는 인간의 존엄으로서, 그리고 마지막으로 비인간적인 문화파괴에 맞서는 인간의 교육으로서"[23] 주창된다.

라드브루흐의 인도성이념이 키케로에로 소급되는 고전적 터전에서 합리주의, 실증주의, 관용주의의 모습으로 그의 법철학의 근본사상에 어떻게 침투되어 있는가는 많은 학자들이 지적한 바 있다. 한스-페터 슈나이더는 라드브루흐의 법인도주의가 독일 법철학계에 일으킨 철학적 인간학의 바람을 자세히 관찰했다.[24] 라드브루흐의 법인간학적 관점은 그의 설명처럼 에릭 볼프에게서는 '외경과 더불어 있음(in Ehrfurcht sein)'이라는 윤리적·실존적 태도로서, "인간의 존엄을 보호하기 위해서(개인성)," "인간의 안녕을 목적으로(사회성)," "인간의 가치의 의미로(인격성)" 나타나, 궁극적으로 인간의 '법에 이르름(ins Recht kommen)'을 뜻하게 된다.[25] 라

---

23) 라드브루흐, 『법철학입문』, 엄민영/서돈각 역, 凡潮社, 1958(4291), 제32절.

24) 한스-페터 슈나이더, 앞의 글, 369면 이하 참조.

25) 이에 대하여 더 자세히는 Wolf, *Recht des Nächsten,* 제2판, Frankfurt, 1966

드브루흐의 법인간학은 또 토마스 뷔르텐베르거의 "형법에 있어서의 인간상"[26]의 기초가 되었으며, 베르너 마이호퍼로 하여금 인간 공존의 사회적 차원, 즉 '역할존재(Alssein)'에 의존하는 사회법사상에 눈뜨게 했다. 그 밖에 프리츠 폰 하벨, 알프레드 페어드로스, 르네 마르취치 등이, 실정법에 대한 실질적 개념정의를 인간의 존엄에서 찾음으로써 라드브루흐의 인권의 철학의 계승자가 되었다.[27]

Ⅳ. 라드브루흐의 상대주의법철학이 남긴 것

라드브루흐의 상대주의는 그 자신의 표현에 의하더라도 자연법론에 대한 대안으로 주장되었다. 그러므로 자연법적 요소는 어느 의미에서 그의 상대주의 안에 포함되어 있다. 사실 그는 상대주의를 불가지론이 아니라 "객관적 인식의 중요한 원천"으로서, 그것도 아주 다양한 법철학적 인식의 원천으로서 파악한다. 그리고 바로 그 점 때문에 그의 상대주의가 쉽게 비판에 노출되기도 하는 것이다. 그에 의하면 상대주의는, 실정법의 구속력은 정당한 법은 인식할 수도 입증할 수도 없다는 사실 위에서만 근거를 찾을 수 있는 까닭에, '실정법의 구속력의 유일한 기초'이며, 무엇이 정당한가가 확인되지 않는다면 무엇이 합법인가가 제정되지 않으면 안 되므로, 그리고 견해와 확신의 다툼을 종결시키는 일은 입법자의 권한 밖에 속하므로, 각각 실증주의, 자유주의와 합류한다. 그의 상대주의는 또 확신범에 대하여 특별형법을 요구하며—

참조.

26) Thomas Würtenberger, "Über das Menschenbild in Strafrecht", in: *Das Polizeiblatt für das Land Baden-Würtenberg* 28(1965).

27) 이에 대하여는 한스-페터 슈나이더, 앞의 글, 373면 이하 참조.

왜냐하면 확신범은 "비열한 가치를 지닌 자라기보다는 다른 생각을 품은 사람"[28]일 뿐이기 때문이다— 법적 안정성은 자신이 만든 법률에 복종할 줄 아는 국가와 다수결의 조직을 전제하는 까닭에 상대주의는 민주법치국가를 요구하며, 법적 확신이 실질적으로 평등한 실현기회를 전제로 하는 한은 상대주의는 사회주의와도 합류한다.

"법철학에 있어서의 상대주의"는 원래 라드브루흐가 독재국가 시대에 리용에서 행한 강연이었다. 슬로건식으로 극단화된 감이 없지 않은 내용에도 불구하고, 그리고 무수한 비판에도 불구하고, 그것은 그의 가치상대주의의 비판자들이 드러내 보이는 윤리적 무관심보다는 값진 것이라 아니 할 수 없다. 상대주의의 극복 대안이 그의 비판자들에게서 제시되지 못하는 한, 책임과 결단이라는 내적 윤리로 확인되고 법철학에 있어서의 전통적인 실질이념에로 귀결되는 그의 상대주의 법철학의 무게는 오늘날도 결코 무시될 수 없다. "우리는 정당한 법을 인식하는 것은 불가능하다는 데에서 출발하였으나 정당한 법에 관한 대단히 중요한 인식을 얻기에 이르렀다. 우리는 상대주의 그 자체에서부터 절대적인 귀결인 고전자연법의 전통적 요청을 도출한 것이다. 자연법의 방법적 원리와는 반대의 입장에 서면서도 우리는 그 실제적인 요청인 인간의 권리, 법치국가, 권력분립, 국민주권에 그 기초를 부여하는 데 성공한 것이다."[29]

관용과 민주주의는 라드브루흐에게 있어서 상대주의를 이념적으로 달리 표현한 것에 지나지 않는다. 국가는 오늘날 법치국가이거나 아니면 도대체가 국가가 아니거나 둘 중의 하나임에 분명하다. 법의 형식적·객관적 성격은 그것 자체적으로 절대적으로 중요하며, 실천적으로 이는 이른바 실질적 정법추구자들이 도달

28) 라드브루흐, "법철학에 있어서의 상대주의", 『법에 있어서의 인간』, 95면.

29) 앞의 글, 102면.

한 결론의 무게와 맞먹는다고 할 수 있다. 법치국가에서의 형식주의, 절차주의는 내용적 적법성의 물음을 완전히 배제시킨다는 의미에서 요청되는 것이 아니라, 내용적 적법성을 보장하는 기능으로서 진지하게 요청되는 것이다. 즉 어떤 행위가 법적 행위로 인정되어, 현실적으로 유효하게 관철되기 위해서 법적용 및 실현절차에서 이행되어야만 하는 모든 조건들의 총괄개념으로서의 형식성이 주목되는 것이며, 이러한 의미로 이해된 법의 형식성은 그러므로 실로 법이론적으로 이해된 '정의(正義)'이며, 이웃을 지배해서는 안 된다는 원리, 달리 생각하는 사람들과의 공존원리인 것이다. 특히 현대와 같은 복수사회에서 법형식성, 즉 절차적 정의의 도구가 중요한 이유도 여기에 있다. 그리고 이념의 실질화를 관철시키고자 했던 라드브루흐가 그럼에도 불구하고 정의의 실질내용주장에 대해서는 마지막까지 자세했던 이유도 여기에 있다. 정의를 실질내용으로 채우고자 하는 노력은 자칫 어느 한 이데올로기를 정치적으로 절대화시키는 기도로 빠질 수 있다는 뜻에서였다. 그에 의하면 달리 생각하는 사람들 사이의 공존체계, 소수와 다수의 공존체계의 개념적 전제로서 필요했던 것이 말하자면 상대주의였던 것이다. 상대주의 법철학은 그러므로 공존의 철학을 뜻한다. 민주주의는 서로 다른 견해들끼리의 싸움으로 지탱하며 상대주의는 그러한 민주주의의 기초이다. 정치형태로서의 민주주의가 얼마나 어려운 형태인가는 그것이 바로 철학적으로는 상대주의의 극복이라는 지난한 과업에 닿아 있다는 것으로 드러난다.

서로 경쟁하는 다양한 모순들을 조정하는 '심리방법'인 민주주의가 단순한 제도 이상의 의미를 지닌다 함은, 즉 민주주의자 없이는 민주주의는 있을 수 없다 함은 무엇을 뜻하는가? 그것은 바로, 대립을 조정하기 위해서는 살아있는 인간의 분별과 숙련이 필요하다는 뜻이다. "민주주의는 그 배후에 상대주의를 갖고 있다. 민주주의는 어떠한 견해에 대하여도 그것이 국가 안에서 다수를 이룰 수 있는 한, 국가의 지도권을 넘겨줄 준비가 되어 있다. 국가의 지도를 이양하는 여부를 결정하는 것은 찬성자의 수이지, 정치적 견해의 실질적 내용이 아니다. 왜냐하면 어떠한 정치관도 증명할 수 없을 뿐더러 반박할 수 없기 때문이다. 이러한 상대주의는 어느 정도 회의론과 체념을 포함하고, 성숙과 분별을 전제로 한다. 따라서 젊은 사람들에게는 그것이 하나의 세계관으로 보일 수밖에 없어 이해하기 어려운 것이다."[30] "민주주의는 어떠한 사회적 이동세력에 대해서도 저항하지 않으며, 비상한 식별력으로써 모든 세력이동에 대해 곧 정치적 표현을 갖도록 도와주는 정치형태이나. 그 가운데서도 결코 무의미하지 않은 과제인, 즉 민주주의는 모든 권력이동에 대해서 세속화된 세계에서 여전히 가능한 유일한 재가, 바로 국민 다수의 의사라는 재가를 허락하는 국가형태라는 것이다."[31]

오늘날 법정책상의 큰 쟁점들은—예컨대 환경보호, 형법개정, 노사간의 갈등문제, 의료윤리문제 등—초실정적, 선실정적 효력을 지니는 인권, 평등, 자율, 자연보호, 단결권 등 일련의 법 원리적 표상에 의존하지 않고서는 접근하기 어렵게 되어 있다. 그러므로 민주주의는, 민주주의적 절차만이 유일하게 정당화된다는 식의 이른바 '민주적 실증주의'의 형태로 드러날 때에도 그것은 '정치적 결단주의'나 혹은 이와 반대로 '철학적 무정부주의'와 마찬가지로, 정치적·윤리적 논의에서 이 시대의 현안들을 둘러싼 찬반논쟁을 공정하게 형량할 수 있는 조건을 만들지 못하게 되고, 따라서 사회가 위기관리 능력을 잃게 된다.

라드브루흐는 오늘날 민주 법치국가에서 '초실정적 법'의 실현

---

30) Radbruch, *Kulturlehre des Sozialismus. Ideologische Betrachtungen,* Berlin, 1949(1927).

31) 앞의 글, 37, 38면.

에 기여할 수 있는 법관의 지위에 대해서 특히 전후에 새롭게 강조했다. “자기의 법감정을 권위적인 법명령에 희생시켜야” 한다고 생각되었던 법관은 이제 실정적 정법형성에 주도적인 역할을 맡게 된다. “초실정적 법이 실현되기 위해서는 우리 머리 위에 어딘가 있는 가치의 천상에 머무는 것이 아니라, 지상의, 사회학적 모습을 얻어야만 한다. 이와 같은 법형성은 법관계급에서 수행된다.”[32] 라드브루흐에 의하면 법관은 초실정적 법이 구체화되는 장소, 즉 초실정적 가치가 실정법에 들어가기 위해 발견한 입구에 해당하는 것이다.

국가에 대해서 법이 고유하게 띠는 법칙성은 독립된, 사회학적으로 완결된 법관계급의 존재를 통해서 표현된다. 이러한 의미에서 법관은 다수의 정치적 권리 및 그 사회적 이익의 무제한적 효력을 저지하는 사회적 기능을 수행할 수 있다. 다시 말해서 라드브루흐는 법관에 의존하여 민주주의 및 사회법사상에 한계를 설정할 수 있다고 생각했던 것이다.[33] 그 한계는 물론 ‘개인주의’, ‘인도주의’로부터 온다. 법형성을 위한 법관의 창조적 역할은 그러므로 입법적 전능과 다수의 독점에 제동을 걸 수 있는 유일한 장치이다. 현대사회에서의 ‘법의 지배’는 라드브루흐에게도 그러므로 결국 ‘재판의 지배’를 의미했던 것이다. 이 점에서 라드브루흐는 법학방법론상 새로운 기여를 했다고까지 평가될 만하다.[34] 라드브루흐는 『사회주의 문화이론(1927)』에서 우리들이 체험한 모순, 즉 “사회학과 민주주의 이데올로기 사이의, 민주주의 사상의 어버이들이 제창한 민주주의의 이상형과 민주주의가 나타나는 사

32) Radbruch, “Neue Probleme in der Rechtswissenschaft,” in: *Eine Feuerbach-Gedenkrede, hrsg.* v. Eb. Schmidt, 1952, 33면.

33) 이에 대해서는 Zong Uk Tjong, Über die Wendung zum Naturrecht bei Gustav Radbruch, ARSP LVI 2, 1970, 259면 참조.

34) 위의 글, 260면 참조.

회적 현실 사이의 모순"[35]을 '민주주의의 위기'의 원천으로 꼽은 적이 있다. 개인의 자유와 사회적 권리에 대한 분쟁이 점점 더 재판의 형식으로 해결되고 있는 오늘날, 법관은 적어도 법이론적으로는 '민주주의의 위기'의 가장 적정한 관리자라고 생각되어 마땅하다.

라드브루흐는 상대주의 법철학을 민주주의를 기초짓는 철학으로 내세웠다. 상대주의의 한계 및 극복문제는 그러므로 민주주의의 극복 및 한계를 뜻한다.

이로써 그의 법철학과 함께 우리가 법철학적 핵심문제의 원점에 다시 돌아오게 된 길을 더듬는 필자의 임무는 미흡하나마 달성되었다. 법의 내용적 가치규성의 길을 모색한 라드브루흐는 가치의 패러독스 상황, 즉 법적 불확정성의 상황에서 법철학을 다시 한 번 실질화시키는 방향을 택했다. 그리고 그것은 인권의 철학, 관용과 민주주의를 기초짓는 공존의 철학으로 결실을 맺었다. 이 모든 것을 위해서 라드브루흐가 가치상대주의를 더 이상 주장할 수 없게 되거나 포기할 필요는 없었다. 법을 끊임없이 정치에 연결시키고자 했던 —그의 법철학이 본질적으로 정치의 정신화의 의미를 띠움을 다시 한 번 기억하기 바란다— 라드브루흐에게 있어서 상대주의는 민주주의 이념을 기초짓는 철학으로서 근원적으로 배제될 수 없는 까닭이다.

35) Radbruch, Kulturlehre des Sozialismus, 35면.

제 11 장

피니스의 자연법이성주의

Ⅰ. 실천이성의 원리로서의 자연법

자연법전통의 주류역사에서 자연개념은 그 엄청난 다양성에도 불구하고, 우선적으로 인간의 본성으로부터 규정되어 왔다. 즉 자연법론은 정의로운 법을 인간의 본성에서 연역하려는 이론이었다. 올바른 인간의 행위를 지시하는 규범원리가 있다면 이는 인간의 본성에 관한 내재적 진리와 논리적으로 연관될 수밖에 없다고 본 것이다. 자연법론자들은 인간의 본성에서 결정적인 요소는 이성일 수밖에 없다고 보았다. '인간에 의한 제정'이라는 실정법의 법으로서의 성격이 입법에 있어서의 '의지'라는 요소와 '강제력'의 요소에 있다면 자연법의 법으로서의 속성은 '이성'에 놓이는 것이다. 인간본성으로서의 이 이성은 무엇이 선하고 무엇이 악한 것인가를 구별할 수 있고 인간에게 선을 따르도록 명하는 기능을 부여받는다. 이것이 바로 이론적 이성개념에 대립되는 실천적 이성개념이다. 다시 말해서 규범제정당국, 입법자로서의 이성개념인 것이며, 아리스토텔레스의 윤리학 이래 토마스 아퀴나스, 칸트에 이르도록 자연법의 바탕이 되어왔던 것이다. 자연법이 '시대의 철학'으로 규정되었던 저 17,8세기는 그런 의미에서 '이성법'의 시대로 불리기도 했었다.

이렇듯 자연법의 매력은 이성을 통해 규범적·도덕적 실천력을 획득할 수 있다는 점이다. 자연법철학의 전통에서 예나 제나 확고한 것은 자연법을 이성의 기본원리로 본다는 점이다. 키케로가 "법은 자연에 근원을 둔 최고의 이성"[1]이라고 말했을 때 그가 염두에 둔 것은 바로 자연법이었다. 자연법에 관한 최근의 저술들도 이 전통을 확인하고 있다. 영국의 법철학자 존 피니스(John Finnis)도 『자연법과 자연권』[2]에서 이러한 전통을 다시 한 번 확인해 보이고 있다.

피니스에 의하면 자연법은 인간존재에 있어서 기본적인 선을 추구하고 실현하기 위해서 요청되는 사려분별을 가능케 해주는 실천적 원리이다. 그는 자연법론을 "행위하려고 하는 사람들 — 그들이 법관이든, 정치인이든, 시민들이든간에 — 의 실천적 성찰을 돕기 위한 이론"[3]으로 규명했다. 자연적 성향에 따른 행위가 자연법에 속하는데 이 자연적 성향은 바로 이성에 따라 행위하려는 성향이다. 그런데 피니스에 의하면 이성적인 인간은 모두 인간의 노력의 목표로서의 기본적 선의 가치에 동의해야 한다고 보지 않을 수 없다. 그러므로 자연적 성향은 또한 기본적 선에의 자연적 성향이라고 아니 할 수 없다. 여기서 우리는 피니스의 자연법이 아리스토텔레스의 목적론적 자연개념을 받아들이고 있다는 점을 알 수 있다.

이렇게 접근해 들어가는 피니스의 자연법론은 처음부터 도덕적 판단의 합리적 기초에 관한 이론으로 드러난다. 그의 자연법에 대한 관심은 일차적으로는 법학적이기보다는 도덕이론적인 것이

1) De legibus, 1, 6. The Loeb Classical Library XVI, Harvard University Press, 1970, 317면.

2) Finnis, *Natural Law and Natural Right*, Oxford, 1980.

3) Finnis, 앞의 책, 18면.

다. 이는 그가 법학이나 윤리학 혹은 심지어 정치철학은 모두 실천이성의 원리 및 가치에 의존하고 있기 때문에, 강학상의 목적이나 설명의 편의를 위해서는 분류될 수 있을지 몰라도 근원적으로는 하나의 단일한 탐구단위를 형성한다고 보고 있기 때문이다. 자연법은 그러므로 무엇이 인간을 위한 선인가를 묻고, 또 그것을 추구하기 위해 요청되는 실천적 인식능력을 신봉하는 사람들에게만 의미 있는 사유대상이 된다. 자연법론자들은 이성의 명령에 모순되는 것을 인간본성 자체에 모순되는 것으로 파악하고, 인간에게 있어서 선은 이성에 합치되는 것이며 악은 그에 반대되는 것으로 파악하는 사람들인 것이다. 이들에게는 도덕적으로 요청된다는 것은 이성적으로 요청되는 것과 같은 것이요, 이것은 바로 자연법에 따라 요청되는 바와 같은 것이 되는 것이다.

II. 기본적 가치와 권리의 원천으로서의 자연법

피니스는 인간이 마땅히 추구하는 기본적인 선의 가치를 일곱 가지로 꼽았다. 생명, 지식, 놀이, 심미적 경험, 사회적 친교, 실천적 합리성, 종교가 그것들이다.[4] 첫째의 기본적 가치는 자기보존본능에 상응하는 생명가치이며 인간을 자기결정의 주체상태로 만드는 모든 활력의 요소들이 이에 속한다. 그런가 하면 지식은 도구적 지식이 아닌, 소박하게 호기심이라고 부를 법한 것으로서 무지를 거부하고 그릇된 신념보다는 참된 신념을 선호하는 자연적 성향이다. 기타 놀이 그 자체에 대해 열중하는 성향이나, 아름다움을 추구하고 감상하는 성향, 기꺼이 사교하고자 하며 친구의 안녕을 위해 행동하고자 하는 성향도 기본적 선에 속한다. 실천

4) Finnis, 앞의 책, 86면 이하.

적 합리성은 자신의 지력을 동원하여 자신의 삶의 방식과 성격 그리고 자신의 행동을 효과적으로 결정하고 해결할 수 있는 성향이다. 그리고 마지막으로 이 세계와 인간의 기원에 대한 질문을 던지려는 종교에의 성향.

피니스는 이러한 기본적 가치로서의 선들을 추구함에 있어서 방법론적으로 요청되는 실천이성의 원리를 다음의 아홉 가지로 열거한다. 첫째, 삶을 위해 합리적인 계획을 세울 것 그래서 조화로운 목적과 방향에로 나아갈 것, 둘째, 기본적인 인간의 가치를 존중할 것, 셋째, 인간을 상호 존중할 것, 넷째, 한 가지 특수 의도에만 집착하는 편견을 드러내지 말 것, 다섯째, 쉽게 포기하지 말고 매사에 헌신적일 것, 여섯째, 제한된 정도로서만 실용주의, 결과주의의 노선을 받아들일 것, 일곱째, 기본적 가치에 반하는 것을 택하지 말 것, 여덟째, 공동선에 기여할 것, 아홉째, 양심에 따라 행동할 것.[5]

피니스가 열거한 인간의 기본선들은 공동체의 관점에서 본 것이라는 특징을 지닌다. 이 공동체적 삶속에서만 기본적 선의 추구에 대한 조건들이 존재하기 때문이다. 그래서 그는 자연법을 "인간의 삶과 공동체를 규율하는 실제적 타당성의 원리"라고 보았다. 피니스의 이러한 태도는 토마스 아퀴나스에 깊이 의존하고 있다.

피니스는 이러한 기본적 선의 가치로 드러나는 자연법명제는 입증을 해야 하거나 정당화를 필요로 하지 않는, 따라서 자명한 것이라고 주장한다. 피니스는 아리스토텔레스나 토마스 아퀴나스와 같은 자연법론자들은 인간본성이나 물리적인 현상으로부터 규범을 도출하려고 한 사람들이 아니라, 무엇이 인간에게 자명한 선인가를 반성적으로 성찰하고자 한 사람들이라고 주장한다. 이

5) Finnis, 앞의 책, 103면 이하.

점에서 그는 자연법론자들을 통틀어서 존재로부터 당위를 이끌어 내고자 이른바 '자연주의적 오류'를 범하는 사람들로 비난하는 것은 잘못이라고 본다.

실천이성의 요청을 일체의 규범적 규준 내지 이상으로 설정하는 자연법은 정의의 실현에 관계한다. 정의가 실천이성의 요청인 한 자연법은 정의에 대한 사유양식이기도 한 것이다. 정의는 공동체의 복지를 위한 협력조건들을 구체화한 양식이며, 이의 포괄적인 양식이 바로 자연법인 것이다.

이러한 자연법의 맥락에서 파악되는 정의론은 공동선으로부터 출발하는 관점을 선호한다. 피니스도 이러한 입장에 서 있다. 그는 배분적 정의(개인들에게 나누어지지 않으면 공동선에 기여하지 못하는 것에 관한 조건들)의 기본요소로서 평등을 인정하면서도, 분배문제에 있어서 동등한 존중과 배려의 원리를, 다른 규준들이 적용될 수 없거나 혹은 결론에 이르는 데 실패한 경우에 적용될 수 있는 부차적 원리로 본다. 이는 궁극적으로 정의의 목표를 평등이 아닌 삶의 기본가치의 실현을 위한 문제, 즉 공동선의 증진에 두고 있기 때문이다.

평등분배적 표상보다는 예컨대 질병으로부터 보호되고, 자기실현을 위해 교육받고, 정의의 온갖 적으로부터 방어되는 등등을 과제로 떠올리는 피니스는 그렇기 때문에 분배문제를 해결하는 데 보편적으로 적용될 단 하나의 규준을 거부한다. 그러나 그는 인간의 기본적 선의 실현이라는 목적에 비추어 공동체 구성원 각자를 배려한다는 관점에서 정의로운 배분기준의 서열을 매긴다. 기본적 선에 직접 연관되는 필요, 그보다는 간접적인 것으로서 사회에서의 역할과 책임에 연관된 필요로서의 기능, 개인적인 성취, 기회와 연관되는 능력, 능력을 이용한 산물로서의 공적, 마지막으로 공정성 등이 그것이다.

정의의 문제를 공동선으로부터 출발시키는 그의 자연법철학으로 인해 그는 오늘날 개인적 선택이나 이득의 의미로 풀이되는 권리에 대해 문제를 제기하고 다른 해석을 가한다. 오늘날 권리는 확실히 실천이성의 요청을 표현하는 한 시대적 방식을 제공해 준다. 자연권에 대한 논의가 헌법적 구성의 의미를 얻은 이래로 권리담론은 자유에 대한 동등한 권리로서의 평등을 그토록 강조해 주었고, 결과지향주의의 얇은 계산을 차단시켰으며, 그래서 더 많은 그리고 더 세부적인 권리의 목록으로 인권을 풍성하게 해주었음은 부인할 수 없다.

피니스의 자연법철학은 권리론을 정의의 책무에 봉사하기 위한 것으로 본다. 그는 권리를 선택이론이나 의사론에 넘기기를 거부한다. 그는 어떤 종류의 자유와 이득은 삶을 유지하는 데 있어서 개인의 안전과 발전, 존엄을 유지하는 데 필수적인 까닭에 그것은 권리로 불리기도 한다고 본다. 이렇게 보면 권리의 핵심개념은 개인적 선택이나 이득이 아니라, 근본적인 개인의 필요와 일치하게 된다. 그는 권리의 어원 'ius'를 개념사적으로 추적함으로써 정당한 것, 공정한 것을 의미했던 이 용어가 중세 후기에 이르면서 누군가가 이에 대해 요청할 수 있는 주관적 권한으로 의미변화 하는 과정을 설명한다. 그리고 이 말이 '정당한 관계'로부터 '배타적으로 이득을 받는 사람과의 관계'로 향해 버림으로써, 법에 따라 당사자들 사이에 이루어진 조화로운 책무관계라는 표상이 —이는 바로 권리와 의무의 통합표상이자 어떤 상황에서의 올바름의 표상인바— 바래지게 되고, 다만 어떤 사람이 가지는 이익개념으로 협소화되고 말았다고 주장한다. 피니스는 권리개념이 이렇게 협소해진 점을 염두에 둔다면, 정의의 구조를 위해서는 전략적으로 권리개념보다는 의무개념이 보다 전면에서 설명에 도움이 되는 역할을 맡도록 하는 것이 권고할 만하다고 본다.

Ⅲ. 문제점 및 의의

피니스의 자연법론은 법철학계의 자연법논의에 신선한 충격을 불러일으켰다. 그의 이론으로 자연법에 대한 찬반논의가 다시 불붙었던 것이다. 그의 자연법론이 지니는 문제점과 의의를 몇 가지 살펴보기로 하자.

우선 그의 자연법론이 법적 결정에 대한 일말의 지침역할을 할 수 있기에는 역시 너무 막연하다는 점에 대해서. 사실 피니스의 실천이성의 기본원리들은 고대 자연법사상의 완성형태라고 일컬어지기도 하는 로마의 법학자 울피아누스의 올바른 사회생활의 세 가지 원리, 즉 '정직하게 살아라, 남을 해치지 말라, 각자에게 그의 것을 주라'를 연상시키기도 한다. 실증주의자 하트가 '자연법의 최소한의 내용'으로 꼽은 것들도 인간의 본성으로부터 도출된 자명한 이치일 것이다. 근대 자연법사상가인 크리스치안 볼프는 이런 류(類)의 세분화된 자연법원리들을 300여 가지로 늘어놓은 바도 있다.

그런가 하면 토마스 아퀴나스에 있어서 자연법의 제1원리는 '선을 행하고 악을 피하라'라는 것이었다. 여타의 모든 자연법원리는 그에 의하면 궁극적으로 이 제1원리에 귀결된다. 인간에 있어서의 선을 그는 세 가지로 분류한다. 첫째는 생명 그 자체이다. 그러므로 생명의 보존이나 그 장애물의 제거에 도움이 되는 것은 무엇이나 자연법에 속한다. 둘째로 후손을 낳고 교육하는 것은 선이다. 그러므로 가족의 보호와 복리증진은 모두 자연법에 속한다. 셋째로 평화롭고 화목한 사회를 이루려는 것이 인간의 선인 까닭에, 종교와 학문의 자유를 보장하고 사회의 정의와 평화와 질서를 확립하는 것 또한 자연법의 내용에 속한다. 이 밖에 그는 황금률을 위시하여 성경의 모든 도덕적 내용을 자연법의 가르침

으로 보았다.[6)]

자연법론자들이 그려 보이는 기본적 선의 목록들이나 실천이성적 판단들은 통상 사람들이 가치 있는 것으로 여기는 이러저러한 경험내용들이기도 하다. 그런 만큼 그것들은 사람들이 저마다 원하는 것들을 모두 포함시킬 수 있을 만큼 다양하게 언급되어 있다. 자연법을 비판하는 사람들은 바로 실천이성이 명한 바인 자연법의 내용의 이러한 잡다함을 들어, 자연법론이 실정법질서의 정의로움을 위한 확실한 규준을 제공해 줄 수 없는 부질없는 이론임을 바로 자연법의 역사가 증명해 보이고 있다고 주장하는 것이다. "자연법론이 자연에 내재하고, 자연으로부터 연역된 규범의 내용을 규정하려 들자마자, 그것은 아주 날카로운 대립에 직면한다. 이들 주창자들은 '하나'의 자연법이 아니라, 매우 상이하고 또 서로 대립되는 여러 자연법들을 선언했다. 그 한 자연법론에 의하면 개인소유권만이, 그 다른 자연법론에 의하면 단체소유권만이, 그 하나에 의하면 민주주의만이, 그 다른 것에 의하면 독재주의만이 '자연적'인 것, 다시 말해 정의로운 것이다."[7)]

사실 이런 관점에서 볼 때 자연법론이 법적·도덕적 이슈를 해결하기 위해서 과연 얼마만큼 지침이 될 수 있을 것인가에 대한 회의가 일어나는 것은 불가피하다. 피니스만 하더라도 예컨대 그의 이성이 명하는 바에 따라 산모의 건강을 위해 부득이한 경우가 아닐 때는 낙태는 금지된다고 보고, 압도적인 다수를 살리기 위해 한 명의 혹은 아주 소수의 인명을 뺏는 일을 금하고, 자살을 금하고, 결과가 아무리 좋다 할지라도 거짓말을 이성에 명백히 반하는 것으로서 금한다. 그러나 이에 반대되는 결론들 또한 어쩔 수 없는 이성적 숙고의 산물이 아닐까? 실천이성은 과연

6) 토마스 아퀴나스의 자연법내용에 대해서는 존C.H.우, 『정의의 원천. 자연법연구』, 서돈각 역, 박영사, 1987, 36면 이하 참조.

7) 한스 켈젠, 『켈젠법이론선집』, 심헌섭 편역, 법문사, 1990, 252면.

생명의 위해를 가하는 침략행위를 방어하기 위한 살인을 허용하는가 금하는가? 원하지 않는 아이를 낙태시키는 것을 금하는가 허용하는가? 조국을 위한 살인을 금하는가? 사형을 금하는가? 비배우자간의 인공수정을 금하는가? 뇌사자의 장기이식을 금하는가? 개인소유권을 허용하는가 아니면 단체소유권을 허용하는가? 이 문제들의 일부에 대해서 피니스는 오늘날의 실정법의 내용들과는 반대되는 대답을 했으며, 일부에 대해서는 침묵했다.

그러나 이 글의 서론에서 이미 살핀 대로 자연법은 법적 결정을 위한 세부규율의 의미의 지침일 수는 없다. 피니스가 자연법 사고와 더불어 보여주고자 한 것은 법의 핵심적 의미는 바로 법이 무엇을 성취할 수 있는가에 집중되어 있다는 것이었다. 사회현실을 기술하고자 한 것이 아니라, 인간공동체가 가지게 된다면 바람직할 제도를 구성하고자 한 것이 그의 관심이었던 것이다. 그러기에 그가, 인간이 좋아하는 최고의 목표와 선에 대해서 관심을 기울인 나머지, 인간의 악에 대해서는 주의를 거의 기울이지 않았다고 하여 나무랄 수는 없는 일이다.

둘째로 피니스의 자연법론이 과도한 이성낙관주의에 흐르고 있다는 지적에 대하여. 규범 제정적인 권위를 갖는 입법자로서의 이성, 실천이성을 부인하는 사람들은 자연법도 부인한다. 그들은 규범은 인간의 의지적 제정행위에서 나온다고 본다. 입법은 인식의 기능이 아니라 의욕의 기능일 뿐이라는 것이다. 그리고 인간의 이성은 인식능력을 지칭하는 것이요 결코 있어야 하는 것에 대한 요청인 의욕의 기능을 떠맡을 수 없는 만큼, 이성의 자기입법원리 즉 인식하는 동시에 의욕하는 이성이란 개념은 모순된 개념일 뿐이라는 것이다. 그래서 한스 켈젠 같은 철저한 법실증주의자는 인식하는 동시에 의욕하는 이성은 인간의 이성이 아니라 신적 이성일 수밖에 없다고 보았다. 그러므로 그는 실천적 이성개념은 논리적으로 불가능하며 종교적·신학적 입장에서나 가능

할 법한 자기모순에 빠진 개념이라는 것이다.[8)]

법의 본질이 이성인가 아니면 의지인가 하는 논쟁은 법철학 안에서 오랜 역사를 지닌다. 오늘날까지도 법철학서들은 법이 평가규범인가 아니면 결정(명령)규범인가를 두고 논쟁을 이어가고 있다. 확실한 것은 의지만이 법을 형성하는 것은 아니라는 것이다. 법은 인식하고 의욕한 결과이다. 법을 가진다 함은 사람의 의지는 어느 정도로 규제되지 않으면 안 된다는 것을 의미하며, 이는 바로 이성에 따른 규제 이외에 다른 것일 수 없다. 주권자의 의사가 법이 된다는 것은 바로 그런 의미인 것이다. 그렇지 않다면 그것은 법이 아니라 불법 혹은 불의로 불릴 수밖에 없을 것이다.

어려운 법문제는 우리가 우리 인간이 처한 조건들을 면밀하게 성찰하여 신중하고 진지하게 생각하기만 하면 다 사라질 것이라고 보는 피니스식의 이성낙관주의는 아무래도 너무 나이브한 것 같다. 그러나 인간의 실천적 도덕적 인식능력에 대한 어느 정도의 신뢰 없이는 인간의 목적적 활동에 대해서 생각하고 최소한의 민주적 합의가능성을 검토하는 일은 불가능하다. 그런 의미에서 우리는 실천이성의 원리들이 우리에게 도덕적 상대주의의 바람으로부터 피난처를 제공해주고, 또 과도한 회의주의에 대한 해독제로 작용할 수 있는 점을 부인할 수는 없을 것이다.

그리고 자연법론자들이 자연법이 이성의 원리라고 본다고 하여, 이와 함께 사람의 이성이 완전하다거나 그래서 법의 체계가 이성의 완전한 구현이라고 주장하는 것으로 이해해서는 안 된다. 그들에 의해서도 인간의 이성은 발전적인 개념으로 이해되고 있다. 일찍이 토마스 아퀴나스도 불완전으로부터 점차 완전으로 나아가는 것이 사람의 이성이라고 말한 바 있다.

인간의 이성이나 도덕의식이 발전함에 따라 자연법도 변한다는

---

8) 한스 켈젠, 앞의 책, 247면 참조.

것은 대부분의 자연법사상가들에게 당연한 진리에 속해 왔다. 자연법사상은 이성에 대한 맹신으로 인해 합리주의의 오류에 빠져들거나 아니면 이성에 대한 불신을 통해 비합리주의에 무방비하게 노출될 위험을 줄이고, 법적 합리성은 납득할 만한 합리성, 어느 정도의 합리성의 의미임을 수긍하는 것이다.

마지막으로, 그가 자연법 원리의 자명성을 주장함으로써 "자연 없는 자연법"이 되고 말았다는 비판에 대하여. 자연법에 있어서 자연개념은 인간의 규범적 바탕으로서의 이성에 합치되는 개념이다. 그것은 서로 인과관계에 따라 연결되어 있는 사실들의 총합으로서의 자연이 아니다. 처음부터 규범적 질서개념으로서 즉 있어야 할 이념으로서 설정된 자연인 까닭에, "자연 없는 자연법"이라는 비판은 설득력이 없다고 생각된다.

사항색인

[ㄱ]

[ㅂ]

[ㅇ]

[ㅈ]

【저자소개】

저자 박은정(朴恩正)은 이화여자대학교 법학과를 나와 독일 프라이부르크 대학교에서 법학박사학위를 받았다. 현재 서울대학교 법과대학 교수로 재직 중이며, 한국법철학회 회장, 유네스코 국제생명윤리위원회(IBC) 위원 등을 역임했고, 아시아생명윤리학회(ABA) 부회장, 경제인문사회연구회 이사 등으로 활동하고 있다.

대표적인 저서로는 「자연법사상」(민음사, 1987), 「현대의 사회문제와 철학」(교육과학사, 1993), 「생명공학시대의 법과 윤리」(이화여자대학교출판부, 2000), 「Bioethics Research Ethics and Regulation」(Seoul National University Press, 2005) 등이 있으며, 논문으로는 "형의 양정에 있어서의 문제점", "지구화와 여성주의 법이론" 외 다수가 있다.

자연법의 문제들

2007년 7월 20일 초판인쇄
2007년 7월 25일 초판발행

저 자 박 은 정
발행인 이 방 원
발행처 세창출판사
서울 서대문구 냉천동 182 냉천빌딩 4층
전화 723-8660 팩스 720-4579
e-mail: sc1992@empal.com
http://www.sechangpub.co.kr
신고번호 제 300-1990-63 호

잘못 만들어진 책은 바꾸어 드립니다. **정가 24,000 원**

ISBN 978-89-8411-246-9 93360